승자의 역사를 만드는 뻔뻔함과 음흉함의 미학

후흑학

초판 1쇄 발행 2011년 7월 4일 **초판 29쇄 발행** 2024년 10월 21일

지은이 신동준
펴낸이 최순영
기획 H₂기획연대_설완식

출판2 본부장 박태근
지식교양 팀장 송두나
디자인 이세호

펴낸곳 ㈜위즈덤하우스 **출판등록** 2000년 5월 23일 제13-1071호
주소 서울특별시 마포구 양화로 19 합정오피스빌딩 17층
전화 02) 2179-5600 **홈페이지** www.wisdomhouse.co.kr

ⓒ 신동준, 2011

ISBN 978-89-6086-457-3 03320

* 이 책의 전부 또는 일부 내용을 재사용하려면 반드시 사전에 저작권자와
  ㈜위즈덤하우스의 동의를 받아야 합니다.
* 인쇄·제작 및 유통상의 파본 도서는 구입하신 서점에서 바꿔드립니다.
* 책값은 뒤표지에 있습니다.

후흑학

승자의 역사를 만드는 뻔뻔함과 음흉함의 미학

신동준 지음

위즈덤하우스

|서문|

동북아 허브시대의 개막을 꿈꾸며

 2011년 벽두에 있은 오바마 미국 대통령과 후진타오胡錦濤 중국 국가주석의 정상회담은 중국이 명실상부한 G2로 등극했음을 만방에 선포한 것이나 다름없다. 실제로 중국은 2010년 GDP에서 세계 제2위의 경제대국 일본을 앞질렀다. 총 41개 항으로 구성된 성명에서 두 정상은 상호 존중과 공동 이익을 바탕으로, 21세기 아시아 태평양 지역의 안정과 번영 등을 청사진으로 제시해 G2 시대의 전망을 밝게 했다. 위안화 절상과 무역 불균형 해소 등의 문제에서는 합의점을 찾지 못했지만, 이견은 이견대로 두고 이해가 일치하는 부분에서 상호 협력하자는 구동존이求同存異를 약속한 게 그 증거다. 북한의 우라늄 농축 프로그램에 대해 공동으로 우려를 표시한 것은 구동존이의 구체적인 성과에 해당한다. G2의 힘이 정면으로 충돌하는 우리나라의 입장에서 볼 때 나름 좋은 기회가 도래한 셈이다.

 G2가 한 배에 올라탄 오월동주吳越同舟의 시기에, 통일시대와 이어지는 '동북아 허브시대' 개막의 선봉 역할을 떠맡은 장본인은 기업의

CEO최고 경영자와 임직원들이다. 《관자管子》가 역설하고 있듯이 부국강병은 부민富民이 전제돼야 가능한데, 그 부민을 책임진 사람이 바로 기업의 CEO와 임직원들인 것이다.

대기업과 중소기업을 막론하고 한국에서 세금을 내고 있는 모든 기업은 국가 전략상 소프트웨어의 중추에 해당한다. 이들이 막강한 인력과 기술력을 바탕으로 미국과 중국의 시장을 석권하고 민부民富와 국부國富를 축적해야만 하드웨어인 정치·군사·외교의 실무진이 G2의 조정자 역할을 해낼 수 있다. 통일시대와 동북아 허브시대 개막의 요체가 바로 여기에 있다. 기업의 CEO와 임직원들의 어깨가 그 어느 때보다 무거워진 셈이다.

2011년을 전후로 한 세계의 경제·경영 환경은 '스마트smart 전쟁'으로 요약할 수 있다. 우리는 이미 2010년 벽두에 애플Apple 사의 스마트폰 돌풍으로 말미암아 커다란 홍역을 치른 바 있다. 이런 중차대한 시기에 현실은 매우 우려스럽다. 서울대 이공계가 정원 미달로 애를 먹고 있는 게 상징적인 예다. 이런 상태가 지속될 경우 한국의 기업은 언제 미국과 중국의 하청업체로 전락할지 모를 일이다. 이 책을 펴낸 이유가 바로 여기에 있다. 우리도 오늘의 중국을 가능케 한 '후흑厚黑'의 천하경영전략을 적극 활용하자는 뜻이다.

국가 총력전 양상으로 전개되고 있는 21세기 경제·경영 환경 아래에서는 《손자병법孫子兵法》이 역설하고 있듯이 지피지기를 제대로 실천하지 않을 경우 이내 패퇴할 수밖에 없다. 중국의 수뇌부가 구사하는 후흑 방략에 대한 연구가 절실한 이유다. 이는 선택이 아닌 필수다.

그럼에도 현재 우리나라는 거꾸로 가고 있다. 지난 2010년 10월 야당의 한 중진 의원이 시진핑習近平 국가부주석을 끌어들여 이명박 정부를 '한반도 평화의 훼방꾼'으로 매도한 게 그 증거다. 중국 외교부 대변인이 적극 해명하고 나섬으로써 논쟁이 일단락되기는 했으나, 설전을 전개한 여야 모두 국제적인 망신을 당한 것은 말할 것도 없고 국익을 심각하게 훼손했다는 비판을 면키 어렵다.

당시 중국은 '공산당 17기 5중전회'를 개최해, 두 가지 핵심 현안을 결정해야 하는 매우 중요한 시기였다. 하나는 제12차 5개년 계획이고, 다른 하나는 당 중앙군사위 부주석 선출 건이었다. 모두 10년 앞을 내다본 사안이었고, 이른바 '12·5 계획'은 중국의 향후 경제 발전 방식을 성장 중심에서 분배 중심으로 바꾸겠다는 중차대한 의미를 담고 있었다.

더욱 중요한 것은 시진핑 부주석이 후진타오의 뒤를 이어 2012년부터 향후 10년 동안 중국을 이끄는 최고지도자로 확정되었다는 점이다. 이는 미국에서 새 대통령을 선출한 것에 비견할 만한 일이었다. 2012년은 우리나라를 비롯해 정권 교체가 일상화된 일본은 말할 것도 없고, 미국과 러시아까지 대통령을 바꾸거나 새 임기를 시작하는 해다. 한반도를 포함해 주변 4강국의 지도자가 거의 동시에 바뀌는 사상 초유의 일이 바로 코앞에 닥친 것이다.

이런 시기에 북한을 '김씨 세습 왕조'라 언급하며 한반도 정책에 대한 새로운 가능성을 내보이던 중국의 시진핑이 '6·25전쟁은 정의로운 전쟁'이라는 말을 했다는 것은 있을 수 없는 일이다. 대중국 정책에 대한 기본적인 방략이 없는 탓에 이런 상황이 벌어진 것이다. 이에 대한 책임은 청와대를 포함한 여야가 함께 져야 한다. 그럼에도 이들 모두는 반성하는 모습을 보이기는커녕 '4대강 정비 사업'과 '무상 복지' 타령으로 날을 새우고 있다.

2010년에 터져 나온 연평도 사건 등 일련의 참사에서 알 수 있듯이 통일시대 개막과 관련한 중국의 역할은 막중하기 이를 데 없다. 현재 북한은 중국에 기대어 잔명을 이어가고 있다고 해도 과언이 아니다. 중국이 인공호흡기를 떼는 순간, 북한은 자멸할 수밖에 없다. 한·중 간 교역 규모도 날로 커지고 있다. 이미 우리나라 전체 교역액의 4분의 1에 육박하는데, 이는 미국과 일본과의 교역액을 합친 것보다 많다. 조만간 닥칠 북한의 급변 사태는 한민족의 운명을 바꾸는 날이 될 수밖에 없다. '글로벌 장터'인 중국 시장을 장악하기 위해 밤낮없이 뛰고 있는 기업의 CEO와 임직원들이 민간 외교관의 역할까지 수행해야만 하는 절박한 시점이다.

필자가 후흑의 책략에 주목하는 것도 바로 이 때문이다. 후흑으로 무장한 중국의 정계 지도자와 기업의 CEO들을 상대하기 위해서라도 후흑을 더욱 철저히 연구할 필요가 있다. 이 책이 대표적인 난세로 거론하고 있는 중국의 춘추전국시대와 초한지제楚漢之際, 삼국시대, 남북조시대, 그리고 근현대에서 후흑의 대표적인 사례史例를 샅샅이 뒤진 이유다. 독자들은 이 책을 통해 난세의 시기에 활약한 수많은 군웅들의 후흑 대결 양상을 쉽게 이해할 수 있을 것이다. 기업의 CEO와 임직원 모두가 후흑을 철저히 연마해, 통일시대와 '동북아 허브시대'의 개막에 공헌해줄 것을 기대한다.

2011년 입하
학오재學吾齋에서
신동준 쓰다.

| 차례 |

| 서문 | 동북아 허브시대의 개막을 꿈꾸며 • 4
| 들어가는 글 | 후흑학이란 무엇인가 • 10

1부 후흑학, 난세의 처세술

01 | 후흑학의 탄생 • 27
02 | 면후심흑의 3단계 • 40
03 | 박백과 불후불흑 • 48

2부 역사의 승자, 후흑의 대가들

01 | 구천이 와신상담으로 부차를 제압하다 • 61
02 | 유방이 임협의 무리와 항우를 깨뜨리다 • 70
03 | 장량이 《육도삼략》으로 한신을 도모하다 • 87
04 | 조조와 유비가 심흑과 면후로 싸우다 • 100
05 | 손권과 사마의가 후흑의 지존을 다투다 • 127
06 | 장개석과 모택동이 후흑 천하를 논하다 • 149

3부 승자의 전략, 후흑술

01 | 공空 – 위기에 빠져나갈 퇴로를 만들라 • 171
02 | 공貢 – 반룡부봉하되 역린을 조심하라 • 196
03 | 충沖 – 호언장담으로 기선을 제압하라 • 211
04 | 봉捧 – 박수갈채로 자부심을 만족시켜라 • 222
05 | 공恐 – 솜에 바늘을 숨기고 때를 노려라 • 233
06 | 송送 – 비자금을 활동자금으로 활용하라 • 243
07 | 공恭 – 사람을 가려 때에 맞게 칭찬하라 • 256
08 | 붕繃 – 큰 인물로 포장해 신뢰케 만들라 • 269
09 | 농聾 – 귀머거리 흉내로 속셈을 감추라 • 280

4부 후흑으로 오늘에 답하라

01 | 후흑이 있어야 살아남는다 • 297
02 | 상사와 부하로 사는 처세의 기술 • 308

| 참고문헌 | • 350

|들어가는글|
후흑학이란 무엇인가

후흑과 박백

'후흑厚黑'은 청조 말의 기인 이종오李宗吾가 저술한 《후흑학厚黑學》에 나오는 말로, 두꺼운 얼굴을 뜻하는 '면후面厚'와 시커먼 속마음을 뜻하는 '심흑心黑'을 줄인 말이다. 우리말의 '뻔뻔함'과 '음흉함'에 해당되는데, 많은 사람들이 후흑을 '뻔뻔함과 음흉함을 바탕으로 한 처세술' 정도로 오해하고 있는 것도 이 때문일 것이다.

그러나 원래 《후흑학》을 관통하는 키워드는 '후흑구국厚黑救國'이다. 후흑으로 부강한 나라를 만들고, 열강의 침탈로부터 나라의 독립과 자존을 쟁취하자는 게 근본 취지다. 《후흑학》을 쓴 이종오는 《장단경長短經》을 쓴 당나라 중엽 조유趙蕤 및 《장서藏書》, 《분서焚書》를 쓴 명나라 말기 이탁오李卓吾와 더불어 중국의 '3대 기인奇人'에 속한다.

이들이 3대 기인으로 불리는 것은 1천여 년 넘게 불변의 진리로 통용되어온 성리학의 '왕도王道' 대신 법가와 종횡가 및 병가 등이 역설한

'패도覇道'의 관점에서 역사를 바라보고, 인물과 사건을 평했기 때문이다. 성리학을 절대시한 조선조의 기준으로 보면 일종의 '사문난적斯文亂賊'에 해당한다. 실제로 이들의 서적은 모두 이단서로 몰려 불태워지는 등의 수모를 당했고, 저자들 역시 은둔 생활을 하거나 자살하는 등의 굴절된 삶을 살았다.

이종오는 중화민국 시기에 활약한 까닭에 이탁오처럼 자살하는 지경에 이르지는 않았다. 여기에는 중국의 인민들에게 후흑으로 무장해 서구 제국주의 열강의 침략에 단호히 맞서 자주독립을 이루자고 역설한 게 크게 작용했다. 명실상부한 G2의 일원으로 우뚝 선 현재와 비교할 때 금석지감今昔之感이 있다.

《후흑학》에서 중국의 역대 인물 중 후흑의 대표적인 인물로 꼽은 사람은 춘추시대 말기에 활약한 월왕 구천句踐이다. 구천은 와신상담으로 오왕 부차夫差를 죽음으로 몰아넣고 천하의 패권을 차지한 인물이다. 세계의 최빈국이었던 중국이 등소평鄧小平의 개혁·개방 이래 무섭게 실력을 기른 결과, 갑자기 미국과 어깨를 나란히 하는 G2의 일원이 된 과정은 구천의 행보와 사뭇 닮아 있다. 2011년의 미중정상회담이 보여주듯이 중국은 G2의 일원이 되었음에도 칼날의 빛을 칼집에 숨기고 어둠 속에서 힘을 기르는 이른바 도광양회韜光養晦의 책략을 멈추지 않고 있다. 도광양회는 '자신의 재능을 밖으로 드러내지 않고 인내하면서 기다린다'는 뜻으로 후흑의 정수에 해당한다. 중국의 수뇌부는 미국을 완전히 제압해 명실상부한 G1이 될 때까지 도광양회의 책략을 계속 구사할 것이다.

2011년의 미중정상회담 이후 중국 수뇌부가 구사하는 후흑이 더욱 관심을 끄는 이유가 있다. 현재 중국 내부에서는 돌돌핍인(咄咄逼人; 거침없이 상대를 압박한다) 내지 화평굴기(和平崛起; 평화적으로 대국화한다)의 외교 노선이 불러온 역풍으로 말미암아 도광양회를 향후 100년간 더 견지해야 한다는 주장이 나오고 있다. 후흑의 진수가 과연 어떤 것인지를 웅변하는 대목이다.

이는 기본적으로 미국의 G2 운운하는 립 서비스lip service에 현혹됐다가는 일본이 20년 장기 침체에 빠졌듯이 미국의 계략에 말려들 수밖에 없다는 경계심에서 비롯된 것이다. 서구 열강의 제국주의 행보를 연상시키는 돌돌핍인과 인접한 인도 등을 긴장케 만드는 '굴기' 외교 모두 득보다 실이 크다는 자각은 곧바로 효과를 나타냈다. 미중정상회담에서 후진타오가 '개발도상국' 운운하며 겸양어를 구사한 게 그것이다. 말할 것도 없이 명실상부한 G1이 되는 그날까지 은밀히 힘을 기르려는 속셈이다. 후흑의 요체를 꿰고 있다고 평할 수밖에 없다.

중국의 수뇌부는 물론 13억 중국인 모두 아편전쟁 이래 서구 열강에게 무참히 당한 치욕을 결코 잊지 않고 있다. G2 운운하는 립 서비스에 결코 현혹될 리가 없다. 무서운 후흑 무장武裝이다. 현재 많은 전문가들은 중국이 2020년대에는 GDP에서 미국을 제치고 세계 제1위의 경제대국이 될 것으로 내다보고 있다. 우리 한국에게는 세계의 내로라하는 비즈니스맨들이 죽기 살기 식의 치열한 각축을 벌이는 '글로벌 장터'가 바로 옆에 차려지는 셈이다. 여기서 패할 경우 한국 경제의 명실상부한 G5 도약은 물론 통일시대의 개막도 수포로 돌아갈 수 있다.

그럼에도 현재 한국 정부의 군사·외교 및 경제 라인에서 중국통을 찾기가 힘들다. 온통 미국통과 일본통만 있을 뿐이다. 중국어를 유창하게 구사하고 중국의 현지 사정은 물론, 중국 전래의 역사문화 전통을 훤히 꿰고 있는 기업 CEO 및 임직원들과는 완전 딴판이다. 이명박 정부는 한때 주중 대사에 대통령 비서실장 출신을 임명해 격을 갖추기는 했으나, 그도 중국 전문가가 아니기는 마찬가지다. 후흑으로 무장한 중국 수뇌부를 그와 정반대되는 이른바 '박백薄白'으로 상대한 셈이다. 박백은 인의仁義 도덕을 기치로 내걸고 왕도를 추구하는 것을 말한다.

조선은 구한 말 박백으로 패망한 적이 있다. 당시 조선의 사대부들은 패도로 무장한 사무라이들을 접하면서 조선이 왕도를 견지하면 도이島夷들도 언젠가는 감복할 날이 올 것이라고 떠벌였다. 난세의 시기에 붓을 들어 칼에 맞서고자 한 꼴이다. 미국통과 일본통만이 있는 현재의 상황도 이와 하등 다를 바가 없다.

전 국민이 후흑으로 무장해 있는 중국을 상대하면서 계속 이런 한심한 박백으로 대처한다면 통일시대고 뭐고 다 날아갈 가능성이 높을 뿐 아니라, 글로벌 장터를 통일시대 개막의 전초기지로 활용코자 하는 한국의 기업들을 어렵게 만들 뿐이다. 도와주기는커녕 발목을 잡는 형국이 될 것이다. 한반도에 대한 중국의 영향력이 날로 확대되고 있는 이때, 중국의 정치 지도자와 기업 CEO의 후흑을 읽는 것은 필수 과제에 속한다. 먼저 급한 대로 중국의 현지 사정과 역사문화를 꿰고 있는 기업 CEO와 임직원을 발탁해 중국어 하나 제대로 구사하지 못하는 외교 및 경제 라인을 대신토록 하는 것도 한 방법이 될 것이다. 2011년 벽두에 '중국부'는 아닐지라도 최소한 '중국청'이라도 만들어야 한다고 역설한 어느 기업 CEO의 얘기를 귀담아 들을 필요가 있다.

후흑술

후흑은 인간의 심성이 선하다는 맹자의 '성선설' 대신 인간의 심성은 기본적으로 이기적이라는 한비자의 '성악설'에 기초하고 있다.《한비자韓非子》는 노자의《도덕경道德經》에 최초의 주석을 가한 제왕학의 바이블에 해당한다. 무위자연無爲自然을 역설한 도가와 신상필벌信賞必罰을 역설한 법가 사상이《한비자》에서 만나고 있는 것이다. 이종오의《후흑학》은 바로 이를 정밀하게 파헤친 명저에 해당한다. 필자가 2010년 말에《후흑학》(인간사랑)의 전면 개정판을 내기에 앞서 2003년에 펴낸 초판 번역본에서《난세를 평정하는 중국통치학》(효형출판)이라는 제목을 굳이 사용한 이유다.

한비자와 노자의 제왕학에 기초한 후흑은 맹자의 성선설에 기초한 유가 제왕학의 박백과 뚜렷이 구별된다. 실제로 이종오는《후흑학》에서 맹자의 성선설과 성리학에 통렬한 비판을 가하고 있다. 일반인에게 후흑이 뻔뻔함과 음흉함에 기초한 단순한 처세술 정도로 각인된 것도 이와 무관치 않을 것이다. 실제로 이종오는《후흑학》에서 출세를 하기 위해 자신의 몸을 낮추고, 여러 개의 빠져나갈 구멍을 만들며, 원만한 인간관계를 수립하는 등의 다양한 처세술을 논하고 있다. 이는 21세기 비즈니스에서도 그대로 통하는 처세술이기도 하다.

이종오는 유비를 '면후'의 대가로 꼽았다. 유비는《삼국지연의三國志演義》에 늘 인자하고 너그러운 사람으로 묘사돼 있으나, 정사인《삼국지三國志》와《자치통감資治通鑑》을 보면 다혈질 인간의 전형이었다. 조자룡이 천신만고 끝에 자신의 아들인 아두를 구해오자 문득 장수를 잃을 뻔했다고 내뱉은 말이 그 실례이다.《삼국지연의》에는 독우를 매질한 사람이 장비로 나와 있으나, 사실 독우를 매질한 장본인은 유비였다. 그는 이런 식의 철저한 이미지 관리를 통해 주위 사람들에게 자신을 관인寬仁한 인물로 각인시키는 데 성공했다. 이는 처세의 달인만이 할 수 있는 것이다. 《삼국지연의》에 '난세의 간웅'으로 묘사돼 있는 조조 역시 임기응변의 심흑 처세술을 유감없이 보여주고 있다.

이종오가 유비와 조조 등을 예로 들어 후흑의 구체적인 실천 지침으로 열네 가지 비책을 제시한 것은 바로 관공서와 기업 등의 현장에서 후흑을 구사하고자 하는 독자들의 요청에 따른 것이었다. 관직을 구하는 '구관육자진언求官六字眞言'과 관직을 굳건히 유지하는 '주관육자진언做官六字眞言', 공무 처리의 두 가지 비법인 '판사이묘법辦事二妙法' 등이 그 것이다. 이는 말할 것도 없이 뻔뻔함과 음흉함에 기초한 처세술이다.

인의를 최고의 도덕규범으로 내세운 조선조 관료 사회에도 후흑이 존재했다. 서울대학교 최명 명예교수는 그의 역저 《삼국지 속의 삼국지》에서 '영웅론'을 다루면서 조선조에 나타난 후흑의 대표적인 사례를 면밀히 분석한 바 있다. 이 책에서 다룬 대상 중 한 사람이 바로 조선조 세종 때의 명재상으로 손꼽히는 황희 정승인데, 다음은 그에 해당하는 구절이다.

> 조선에도 후흑의 달인이 있었다. 황희가 그 주인공이다. 하루는 두 시비侍婢가 사소한 일로 다퉜다. 한 시비가 와서 하소연하자 "네 말이 옳다"고 했다. 잠시 후 다른 시비가 와서 하소연하자 이번에도 "네 말도 옳다"고 했다. 곁에 있던 부인이 "이 말도 옳고 저 말도 옳다면 대체 누구 말이 옳단 말인지요"라고 따지자 "부인 말씀도 옳소"라고 했다. 그는 후흑의 중요성을 알았음에 틀림없다. 고금을 막론하고 벼슬살이를 잘한 인물과 명재상으로 소문난 사람들이 대개 이런 부류에 속한다. 그들은 하나같이 위로는 군왕의 목에 나 있는 역린逆鱗을 건드리지 않고, 아래로는 부하들의 마음을 상하지 않게 하려고 늘 웃으며 무사안

일을 능사로 삼는다. 후흑의 소유자들인 것이다.

21세기인 현재라고 다를 리 있겠는가! 정계와 관계에서 명성을 떨치고 있는 내로라하는 인물 중 상당수가 이런 유형에 속한다. 원래 이종오가 신문과 잡지 등의 언론 매체를 통해 열네 가지 비책을 제시한 것은 지방 군벌이 발호한 난세의 와중에서도 굳이 출세를 하고자 하는 속물들을 질책하고자 한 것이다. 그가 후흑술을 개인의 출세와 일족의 안녕을 위해 구사하면 비루해지나, 국민과 나라를 위해 구사하면 오히려 청사에 그 이름을 남길 수 있다고 외친 것은 바로 이 때문이다.

후흑구국

이종오의 후흑구국은 마키아벨리가 《군주론君主論》에서 난세의 군주는 결코 통상적인 도덕률에 얽매여서는 안 되고 반드시 '여우의 지혜'와 '사자의 용맹'을 기본 덕목으로 갖춰야 한다고 역설한 것과 취지를 같이한다. "내 영혼보다 피렌체 공화국을 더 사랑했다"고 술회한 데서 알 수 있듯이 마키아벨리는 외적의 침공에 시달리는 조국 피렌체 공화국이 부국강병을 이뤄 이탈리아 반도 통일의 주역이 되기를 고대했다. 그가 《군주론》을 쓴 근본 이유다. 이종오가 패망 위기에 처한 중국의 앞날을 크게 우려하며 《후흑학》을 쓴 것과 하등 다를 바가 없다. 일각에서 후흑술을 '중국판 마키아벨리즘'으로 평하는 것도 크게 틀린 말이 아니다.

원래 이종오는 마키아벨리를 연구한 사람이 아니다. 그는 오직 《한비자》와 《도덕경》, 《손자병법》 등의 제자백가서와 24사史 등의 사서를 열심히 읽었을 뿐이다. 그가 '구국'의 비결로 찾아낸 후흑이 마키아벨리의 주장과 맥을 같이하는 것은 전적으로 우연이다. 원래 고금동서를 막론하고 기인들이 세상을 보는 눈은 시공을 뛰어넘어 서로 통하는 바가 있기 마련이다.

동양에서는 난세의 시기가 도래하면 각지에 군벌들이 우후죽순처럼 나타나 인의를 기치로 내걸고 온갖 궤계詭計를 구사하며 유혈전을 치르는 양상이 빚어졌다. 단 한 번의 예외도 없었다. 삼국시대의 조조와 유비 등이 대표적인 인물일 뿐 아니라 20세기의 모택동毛澤東과 장개석蔣介石도 하등 다를 바가 없다.

사서에는 이를 군웅축록群雄逐鹿으로 표현했는데, 군웅들이 가시권에 들어온 사슴을 잡기 위해 서로 정신없이 줄달음친다는 뜻이다. 천하를 거머쥔다는 뜻의 '득록得鹿'과 천하를 잃는다는 뜻의 '실록失鹿'이라는 표현은 여기에서 나왔다. 득록은 발이 가장 빠른 자의 몫이다. 현실에서는 무력전과 심리전, 첩보전 등의 우열로 판가름 날 수밖에 없다.

주목할 점은 발이 빠른 자나 느린 자나 너나 할 것 없이 '축록전'에 나선 자 모두 겉으로는 '인의'를 내걸고 구세제민救世濟民을 떠벌인다는 점이다. 인의는 양두구육羊頭狗肉에 지나지 않는다. 이기면 모든 것이 미화돼 '만세의 구세주'가 되고, 패하면 모든 게 폄하돼 '만고의 역적'이 되기 때문이다. 새 왕조의 건립 과정을 기록하면서 궤계가 난무한 당시의 상황을 그대로 기록코자 하면 사관의 목이 백 개가 있을지라도 모자랐을 것이다. 이종오가 제자백가서와 24사를 샅샅이 뒤진 뒤에야 득록의 요체가 후흑에 있다는 사실을 뒤늦게 찾아낸 이유가 바로 여기에 있다. 실제로 그는 《후흑학》 첫머리에서 후흑을 뒤늦게 찾아낸 배경을 다음과 같이 써놓았다.

> 당초 나는 글을 안 후 영웅호걸이 되고자 했다. 유가 경전인 사서오경을 수도 없이 읽었으나 아무 소득이 없었다. 제자백가와 24사를 통해 얻고자 했으나 초기에는 이 또한 아무 소득이 없었다. 그래서 나는 과거 영웅호걸이 된 자는 분명히 세상에 전해지지 않는 비술을 터득했을 터인데 나만 못나서 그것을 찾아내지 못한 것으로 생각했다. 그러던 중 왕조의 흥망성쇠와 이를 논한 사관의 평이 완전히 상반되고 있다는 사실을 알게 됐다. 이후 연구를 거듭한 끝에 그 비결은 바로 낯가죽이 두꺼운 '면후'와 속마음이 시꺼먼 '심흑'에 지나지 않는다는 사실을 알게 됐다.

이종오가 후흑을 찾아낼 수 있었던 것도 200~300년 단위로 왕조가 뒤바뀌는 중국의 역사를 정밀하게 탐색한 덕분이다. 고금동서를 막론하고 사서는 승자의 기록일 수밖에 없다. 이종오가 사서를 통해 만세의 구세주와 만고의 역적이 엇갈리게 된 비결을 찾아낸 것은 바로 행간을 읽었기 때문에 가능했다. 만세의 구세주가 되기 위해서는 반드시 승리해야 하고, 승리하기 위해서는 반드시 후흑의 달인이 되어야만 한다.

기업 CEO의 책무

현재 일본에도 후흑학에 버금하는 학문이 있다. '야스오카학安岡學'이 그것이다. 역대 총리의 스승 역할을 수행해 '일본의 국사國師'로 불린 야스오카 마사히로安岡正篤의 제왕학을 말한다. 이는 동양 고전에 나오는 지혜의 정수를 추출한 것이다. 야스오카는 이종오에 필적할 만한 기인이다.

유독 동아시아 3국 중 우리나라만 이런 기인이 없다. 없으면 배우기라도 해야 하는데 그럴 생각조차 하지 않는다. 미국의 대통령학을 비롯한 구미의 리더십 이론만으로도 능히 21세기의 격랑을 헤쳐 나갈 수 있다고 생각하는 탓인지 모르겠다.

그러나 동양 전래의 제왕학 이론은 대통령학 등 서양의 리더십 이론과는 많은 차이가 있다. 자칫 대통령학 이론을 그대로 적용했다가는 낭패를 보기 십상이다. 풍토가 다르면 생장하는 동식물도 다르듯이 동아시아 3국에 부합하는 리더십 이론이 있다. 그게 바로 후흑학과 야스오카학이다.

이는 결코 대통령학을 배우지 말라는 얘기가 아니다. G1인 미국을 이해하고 효과적으로 접근하기 위해 이 또한 반드시 배워야 한다. 그러나 대통령학의 잣대로 중국과 일본의 정계 지도자와 기업 CEO의 움직임을 파악해서는 안 된다는 얘기다. 실제로 중국인 및 일본인과 비즈니스 협상을 할 때는 협상 전에 술자리를 갖는 게 유리하게 작용하나, 미국 등 서구 사람들과의 협상에서는 이게 아무 도움도 되지 않는다. 오히려 역효과를 볼 수도 있다.

원래 동양 전래의 제왕학은 겨우 200여 년밖에 안 되는 미국의 대통령을 분석 대상으로 삼는 대통령학과는 그 깊이와 폭 등에서 비교가 안 된다. 제왕학은 '인간 경영'의 압권에 해당한다. 일례로 21세기에 들어와 이른바 '구루Guru'로 칭송받는 서구의 내로라하는 경제경영 학자들의 최근 행보를 들 수 있다. 이들이 마치 경천동지할 듯이 내놓은 이론을 보면 동양 고전에 나온 일부 구절을 단장취의斷章取義한 뒤 이리저리 살을 붙인 것에 불과하다.

이종오의《후흑학》은 단순히 동양의 고전만 섭렵한 결과물도 아니다. 그는 토마스 헉슬리Thomas Huxley의《진화와 윤리Evolution and Ethics》를 번역한 엄복嚴復의《천연론天演論》을 비롯해 다윈의《종의 기원The Origin of Pieces》과 무정부주의자 크로포트킨Pyotr Kropotkin의 저서 등을 두루 읽었다. 그의 후흑은 동서고금의 서적들을 두루 섭렵한 뒤 나온 것으로, 그의《후흑학》을 두고《한비자》와《도덕경》의 제왕학 이론을 하나로 버무린 당대의 기서로 꼽는 이유가 바로 여기에 있다.

원래 노자는 제자백가 중에서 마치 곤륜산과 같은 존재다. 모든 산맥이 여기서 뻗어나갔기 때문이다. 반면 한비자는 동해에 비유할 만하다. 수많은 강물이 모두 이곳에 모이기 때문이다. 공公·왕王·천天·도道로 요약되는《도덕경》의 제왕학 이치는 후흑의 체體에, 법法·술術·세勢로 상징되는《한비자》의 제왕학 이치는 후흑의 용用에 해당한다. 한비자가 제자백가 중 최초로《도덕경》에 주석을 가한 이유를 짐작하게 해주는 대목이다. 하지만 이런 노자와 한비자의 제왕학 이론을 후흑의 체용으로 해석한 사람은 이종오가 유일하다. 명대 말기에 남녀평등을 주장하는 등 당대의 기인으로 활약한 이탁오도 이 경지까지 나아가지는 못했다.《후흑학》의 진수는 '박백학'을 이론적으로 격파하고 후흑구국을 고창한 데 있다.

중국은 이미 오래전부터 '책사의 나라'로 불렸다. 이는 중국인 모두 난세의 논리에 익숙하다는 뜻이다. 여기에는 200~300년 단위로 왕조가 바뀐 게 크게 작용했다. 일본이 야스오카학을 만들어낸 것도 같은 맥락이다. 12세기 말 가마쿠라 막부가 등장한 이후부터 에도 막부가 무너지는 19세기 중엽까지 600여 년 동안 200~300년 단위로 막부의 주인이 바뀌었다. 500년 단위의 고려와 조선이 거듭 들어선 것을 하등 자랑할 게 못 된다. 이는 우물 안의 개구리처럼 좁은 소견으로 세상을 바라보는 무기력한 상황이 지속됐다는 얘기에 지나지 않는다.

21세기 현재 중국 수뇌부는 도광양회의 달인에 해당한다. 화평굴기를 내세우면서 때론 돌돌핍인의 강압적인 모습을 보이지만 기본은 어디까지나 도광양회. 최근 중국이 전통극인 변렴變臉을 시연하듯이 무시로 자신의 얼굴을 바꾸어 보이는 이유다. 지난 2010년 9월 〈뉴욕타임스〉는 이같이 분석한 바 있다.

현재 중국이 보여주는 얼굴은 크게 세 가지다. 첫 번째 얼굴은 아시아에 대해 '채찍'을 든 모습이다. 한국과 일본이 주요 타깃이다. 두 번째 얼굴은 미국에 대해 '예의'를 차린 모습이다. 칼날을 숨기고 은밀히 실력을 키우는 도광양회의 행보가 아직 필요하다는 판단에 따른 것이다. 세 번째 얼굴은 이란과 북한 등에 대해 '배려'하는 모습이다. 이들 나라는 중국의 이익과 직결돼 있기 때문이다.

한반도는 바로 중국이 3개의 변렴을 연출하는 무대다. 지정학적으로 한반도는 G1의 '신중화 질서'를 추구하는 중국과 아직은 G1으로 군림하는 미국의 힘이 정면으로 부딪치는 현장이 될 수밖에 없다. 중국의 '변렴' 행보를 제대로 파악치 못할 경우 통일시대의 개막은 요원하다.

구한말 당시 후흑으로 무장한 사무라이를 앞에 두고 왕도 운운하며 박백으로 맞서다가 자멸한 조선 사대부들의 전철을 밟아서는 안 된다. 이미 3대 세습으로 인해 자멸의 길을 걷고 있는 북한에 이어 남한마저 계속 박백으로 나아갈 경우 구한말의 악몽이 재현될 가능성이 높다. 붓으로 칼을 상대할 수 없듯이 후흑은 반드시 후흑으로 맞서야 한다.

'백의정승'으로 알려진 유대치와 금석학의 대가인 오경석 모두 당시의 기준에서 볼 때 중인 출신의 의원과 역관에 지나지 않았다. 그러나 이들은 북학파의 거두 박지원의 후손인 박규수와 더불어 개화파의 사상적 대부가 되었다. 이들이 정권을 잡았으면 조선이 그토록 허망하게 망하지는 않았을 터이다.

21세기는 아편전쟁 이래 서양이 근 200년 가까이 세계를 주도한 시대가 저물고 동아시아가 세계의 중심으로 부상하는 대격변의 시기에 해당한다. 고구려 패망 이후 늘 외세의 위협에 시달리며 전전긍긍하는 삶을 살아야 했던 과거 역사의 저주스런 사슬을 끊어내기 위해서는 반드시 부국강병을 이뤄야 한다. 그러기 위해서는 이런 선각자들이 대거 등장해 통일시대와 동북아 허브시대를 열어나가야 한다. 실제로 일본이 메이지유신 이래 1세기 반 넘게 동아시아의 패자로 군림한 것은 이토 히로부미를 비롯한 수많은 유신지사들이 우후죽순처럼 등장해 대격변의 시기를 슬기롭게 헤쳐 나갔기 때문에 가능했다.

우리에게도 기회가 왔다. 2011년을 전후로 한 일련의 상황이 이를 뒷받침한다. 우리도 2010년에 무역 흑자 면에서 사상 처음으로 일본을 눌렀다. 삼성과 LG 제품이 '외국 전자 제품의 무덤'으로 알려진 일본에서 전례 없이 선전하고 있고, 미국의 자동차 판매 시장에서는 현대·기아차가 토요타 Toyota를 앞질렀다. 불가능은 없다. 우리도 하면 된다. 후흑으로 무장한 중국에 슬기롭게 대처하고 야스오카학으로 무장한 일본을 제압하기 위해 전 국민의 지혜를 모아야 할 때인 것이다.

세계 권력의 축이 서쪽에서 동쪽으로 이동하는 대격변의 기회는 두 번 다시 오지 않을 것이다. 과거 일본은 이런 기회를 최대한 활용해 동아시아 패권국으로 우뚝 선 바 있다. 우리라고 못할 것도 없다. 더구나 글로벌 장터가 바로 옆에 섰다. 이를 한국의 장터로 만들 필요가 있다. 우리 하기 나름이다. 태산이 높다고 한숨만 쉬면 만사휴의萬事休矣다. 과감히 도전해야 한다. 그게 총 한 번 제대로 쏘지 못하고 나라를 빼앗긴 못난 조상들의 과오를 만회하는 길이기도 하다.

 우리가 하기에 따라서는 우리도 중국처럼 조만간 일본을 추월할 수 있다. 지금 좋은 조짐이 나타나고 있다. 글로벌 장터를 우리의 장터로 만들기 위해 중국의 농민공과 침식을 같이하며 중국의 현지 사정과 역사문화를 꿰기 위해 애쓰는 기업 CEO와 임직원들이 있기 때문이다. 이들의 모습은 메이지유신 당시 서양 문물을 수입하기 위해 구미 각국을 정신없이 뛰어다닌 일본 지사들의 모습과 사뭇 닮아 있다.

 국가 존망이 걸린 중차대한 시기에 정쟁이나 일삼는 정치인이나 우물 안의 개구리 식으로 무사안일에 빠져 미국통과 일본통만이 횡행하는 관료들에게서는 별반 기대할 게 없다. 지역 할거 구도와 낡은 고시제도에 기대 요직을 독차지한 채 온갖 규제 권한을 휘두르며 기업의 발목이나 잡고 있는 이들의 꼴이 구한말의 사대부와 꼭 닮아 있다. 글로벌 장터를 장악하기 위해 분투하고 있는 기업 CEO와 임직원의 노고에 찬사를 보내는 이유가 여기에 있다. 그러나 여기서 만족해서는 안 된다. 스스로를 끊임없이 채찍질하는 마부정제馬不停蹄의 노력이 절실히 요구된다. 통일시대와 동북아 허브시대의 개막 여부가 바로 이들에게 달려 있기 때문이다.

|1부|

후흑학, 난세의 처세술

후흑학의 탄생

면후심흑의 3단계

박백과 불후불흑

구천이 와신상담으로 부차를 제압하다

유방이 임협의 무리와 항우를 깨뜨리다

장량이 《육도삼략》으로 한신을 도모하다

조조와 유비가 심흑과 면후로 싸우다

손권과 사마의가 후흑의 지존을 다투다

장개석과 모택동이 후흑 천하를 논하다

공공恐 – 위기에 빠져나갈 퇴로를 만들라

공공貢 – 반룡부봉하되 역린을 조심하라

충沖 – 호언장담으로 기선을 제압하라

봉捧 – 박수갈채로 자부심을 만족시켜라

공恐 – 솜에 바늘을 숨기고 때를 노려라

송送 – 비자금을 활동자금으로 활용하라

공恭 – 사람을 가려 때에 맞게 칭찬하라

붕繃 – 큰 인물로 포장해 신뢰케 만들라

농聾 – 귀머거리 흉내로 속셈을 감추라

후흑이 있어야 살아남는다

상사와 부하로 사는 처세의 기술

厚黑學

01
후흑학의 탄생

후흑학의 저자 이종오

2010년 벽두에 출간된 《차이나 메가트렌드》(안기순 옮김, 비즈니스북스, 2010)를 쓴 나이스비트 John Naisbitt, Doris Naisbitt를 포함한 미래학자들은 중국을 배제한 동북아시대는 있을 수도 없고, 21세기 세계사의 새로운 전개도 불가능하다고 입을 모으고 있다. 모든 면에서 중국과 경쟁하면서 협조해야만 하는 우리로서는 후흑으로 무장한 중국을 더 정확히 알 필요가 있다.

미국의 예일대학교 폴 케네디 Paul Kennedy 교수가 역설했듯이 분단된 상황으로는 중국과 미국의 격돌 양상으로 진행되고 있는 21세기 동북아시대를 능동적으로 헤쳐 나가기가 어렵다. 이는 한반도가 4강국의 힘이 정면으로 충돌하는 중심 지역에 놓여 있기 때문이다.

이종오가 젊었을 때 바라본 중국의 현실이 현재의 한반도와 꼭 닮아 있었다. 당시 세계의 열강은 모두 중국에 몰려들어 빈사 상태의 청 제국과 그 이후의 중화민국을 집어삼키기 위해 혈안이 되어 있었다. 이종오가 손문이 세운 반청 혁명 조직인 '동맹회'에 들어가 중국의 자주독립을 제일의第一義로 내세운 이유가 바로 여기에 있다. 《후흑학》은 이런 약소국 중국이 살아남기 위한 방략을 집대성해놓은 책이다. 실제로 1949년에 중화인민공화국이 들어선 이후 주은래周恩來와 등소평 등이 지속적으로 추구한 '제3세계 비동맹'은 이종오가 역설한 '세계 약소민족 연합'을 구체화한 것이기도 하다.

이종오는 청조 말기인 광서 5년(1879) 정월, 사천 부순현 자류정에서 중농의 자식으로 태어났다. 자서전 성격의 〈우로자술〉에 따르면 '종오宗吾'라는 이름은 그가 수차례에 걸쳐 고친 이름이다. 그는 어린 시절 성격이 매우 괴팍하고 안하무인격이어서 주변 사람들은 모두 그를 '인왕人王'이라고 불렀다. 그의 부친은 그를 인왕이라는 두 글자를 합친 전全 자에다가 세世 자를 앞에다 붙인 '세전世全'으로 불렀다.

얼마 후 점쟁이가 그의 운명에 오행상의 금이 부족하다고 해서 전 자 옆에다 쇠 금 자를 붙인 '세전世銓'으로 바꿨다. 후에 기숙사 선생이 그의 운명에 금이 아니라 나무가 부족하다고 하자 그 또한 부친이 지어준 이름을 달갑지 않게 여겨 스스로 '종유宗儒'로 개명했다. 이는 공자를 믿고 따르겠다는 취지에서 나온 것이었다. 하지만 그는 25세가 되는 광서 29년(1903) 유교에 대해 자못 불만을 느낀 나머지 공자를 존경하고 따르기보다는 차라리 자신을 존경하고 따르는 것이 낫겠다고 생각해 이름을 다시 '종오宗吾'로 바꿨다. 스스로를 조종祖宗으로 삼는다는 뜻이다.

그는 늘 자신의 이름에 대해 이같이 말했다.

"이른바 '종오'라는 두 글자는 나의 사상이 독립했음을 상징한다."

이후 종오라는 두 글자는 전국적으로 유명세를 타 모르는 사람이 거의 없게 되었다.

그의 형제는 모두 일곱이었고 자매는 둘이었는데, 그는 형제 중 여섯째였다. 태교와 유전을 믿은 그는 자신이 독서를 좋아하게 된 것은 전적으로 유전 탓이라고 말했다. 그가 태어난 해의 앞뒤 몇 년 동안은 바로 그의 부친이 문을 걸어 잠그고 독서에 몰두하던 시기였다. 그는 태교의 정당성을 이같이 증명해 보였다.

송대의 문장가인 소순蘇洵은 27세가 되어서야 학문에 열중했다. 그는 송대 진종 상부 2년(1008)에 태어나 인종 명도 2년(1035)에 만 27세가 되었다. 소동파蘇東坡는 이듬해 12월 19일 태어났고, 소철蘇轍은 3년 뒤 2월 20일에 태어났다. 그들 두 형제는 바로 소순이 독서에 파묻혀 있던 시기에 태어났다. 역사상의 인물들 가운데 27세가 되어서야 뒤늦게 학문에 열중한 사람은 오직 소순뿐인데 그는 소식과 소철이라는 당대의 문장가를 낳았다. 나이 마흔이 되어서야 비로소 분발하여 학문을 시작한 이는 나의 부친뿐인데 '후흑 교주'인 나를 낳았으니 이 어찌 기이한 일이 아니겠는가?

소동파는 재기가 자유분방하고 문장 역시 호방하다. 소철은 사람이 매우 차분하고 노장사상과 노자 주해를 고금의 걸작으로 꼽았다. 소순이 처음에 분발해 학문에 열중하기 시작했을 당시에는 매우 도도하고 힘이 넘쳤지만, 이후 점차 이치를 깊이 파고들면서 성격이 차분해졌다. 소동파와 소철의 성품이 각각 다르게 나타난 것도 이 때문이다. 나 또한 부친이 독서에 몰두하던 말년에 태어났다. 나의 성격이 침착하고 노자를 좋아하는 것도 소철과 닮았다고 할 수 있다. 그러나 애석하게도 나는 농가에서 태어나 정식으로 배움을 위한 입문 과정을 거치지 못했기 때문에 아무래도 소철에 비교하기에는 좀 부끄러운 점이 있다.

그의 부친은 성실한 농부였다. 열심히 일한 덕분에 살림이 점차 펴지기 시작하면서 땅도 제법 사들이게 되었다. 그러나 병이 날 정도로 일을 심하게 한 나머지 마흔이 되었을 때 의사로부터 이런 충고를 듣게 되었다.

"이제 편히 요양하지 않으면 생명이 위험합니다."

이 말을 들은 그는 곧 집안일을 완전히 아내에게 맡기고 자신은 오로지 요양에만 힘썼다. 3년이 지나자 병세가 점차 나아지기 시작했다. 그는 요양 기간 중 비로소 책을 볼 수 있는 기회를 얻게 되었다. 그는 먼저 《삼국지연의》와 《열국지烈國志》 같은 책을 본 뒤 유가의 사서삼경을 풀이해놓은 책을 읽었다. 그는 이 책들을 보고 또 보면서 점차 다음과 같은 한 가지 이치를 깨닫게 되었다.

"책이 곧 세상만사이고, 세상만사가 곧 책이다."

이후 그는 오직 이 책들만 보고 그 밖의 다른 책은 거의 들춰보지도 않았다. 당시 그는 큰 병을 앓고 난 뒤라 더 이상 거칠고 힘든 일은 하지 못하고 다만 가끔씩 사탕수수 잎을 따거나 누에콩을 심을 때 재를 덮어주는 일을 하는 게 고작이었다. 그러나 그는 틈나는 대로 책을 읽었다. 일꾼들이 밭으로 일하러 나갈 때마다 그는 담뱃대나 난로를 갖고 나가 애지중지하는 책을 끼고 밭 가장자리에 앉아 일꾼들과 한담을 나누거나 홀로 책을 읽곤 했다.

이종오의 술회에 따르면 당시 그의 부친은 세 권의 책만을 애지중지하며 읽었다고 한다. 한 권은 《성유광훈聖諭廣訓》이다. 이 책은 청나라 건륭제가 세상에 공포·시행한 것을 모아놓은 것으로 권말에는 주백로朱柏

盧가 만든 〈치가격언治家格言〉이 덧붙여져 있었다. 또 한 권은 《귀심요람劂心要覽》이다. 이 책에는 사마광 등이 지은 유명한 구절들이 실려 있었기 때문에 그는 그것을 격언서라고 불렀다.

마지막 세 번째 책은 청대 가정제 때 나는 새도 떨어뜨린다는 당대의 권신 엄숭嚴嵩을 탄핵하다 죽은 충신 양계성楊繼盛이 지은 〈십악오간十惡五奸〉을 참고해 만든 《상주문上奏文》이다. 이 책에는 집안을 다스리는 격언이 덧붙여져 있었다. 그는 임종하기 며칠 전까지도 책 읽는 것을 그치지 않았는데, 늘 이렇게 말하곤 했다고 한다.

"책을 그렇게 많이 읽어서 무엇하겠는가? 한 권의 책이라도 읽다가 좋은 구절이라고 생각되는 것이 있으면 반드시 죽을 때까지 기억해두고 그것대로 실행에 옮겨라. 그 이외에 자기 생각과 맞지 않는 책들은 볼 필요가 없다."

그가 가장 아끼고 큰 소리로 읽던 부분은 《성유광훈》 중에 나오는 다음 구절이었다.

"사람의 자식이 되어 부모에게 효도할 줄 모르는 자는 왜 홀로 부모가 자식을 사랑하는 마음을 헤아리지 못하는 것인가?"

이밖에도 《귀심요람》의 이런 구절도 그가 애송하는 것이었다.

"빈천은 근검을 낳고, 근검은 부귀를 낳고, 부귀는 교사(驕奢: 교만과 사치)를 낳고, 교사는 음일(淫佚: 방종과 나태)을 낳고, 음일은 다시 빈천을 낳는다."

부친의 이런 모습이 이종오에게 지대한 영향을 미친 것은 말할 것도 없다. 이종오의 술회가 이를 뒷받침한다.

"나의 이론은 모두 나의 부친에게서 비롯된 것이다. 독서 방식도 나의 부친에게서 배운 것이다."

이종오의 부친이 향년 69세에 세상을 떠났을 때 그의 집안 형편은 그럭저럭 먹고 지낼 만했다. 사천 지방에는 광동 출신인 이종오의 조상을 모시는 사당이 없었다. 다른 사람의 말에 의하면, 외지 사람들이 들어와서 사당을 세우면 항상 토박이들로부터 시달림을 당했다고 한다. 결국 광동에 사는 모든 이씨 집안사람들을 모아 '봉봉회棒棒會'라는 조직을 만들었다. 광동 사람이 사천 지방으로 이사 와서 결혼할 때는 반드시 광동 사람을 택했다. 가끔씩 전례를 깨고 그 지방 여자와 결혼을 하게 되면 신부는 시댁 문을 들어서는 즉시 광동어를 배워야만 했다. 가족이나 친척이 오갈 때는 더욱 광동말로 해야 했는데 그렇지 않으면 조상을 팔아먹었다는 비난을 받았다.

이씨 집안은 이종오의 8대조인 이윤당으로부터 그에 이르기까지 이미 8세대나 흘렀지만 그들 모두 광동 사람과 결혼했다. 이종오는 바로 이런 강렬한 애향심에다가 대대로 전해오는 개성 있는 가문의 혈통을 이었던 셈이다. 젊었을 때 손문의 동맹회에 가입했던 그는 1911년 신해혁명 후 국민당 정부의 관원과 사천대학 교수 등을 역임했다. 이후 자유 기고가로 활동하다가 1944년 종전을 앞두고 세상을 떠났다.

후흑으로 나라를 구한다

이종오가 사상 최초로 거론한 후흑이라는 용어는 각각 '면후'는 '뻔뻔함'으로, '심흑'은 '음흉함'으로 번역할 수 있다. 많은 사람들이 그의 후흑학을 대략 '뻔뻔함과 음흉함을 바탕으로 한 처세학' 정도로만 이해하고 있으나, 이는 후흑학의 취지를 제대로 파악하지 못한 것이다.

그가 역설한 후흑의 궁극적인 목적은 '후흑구국'이다. 앞에서도 말했듯이 마키아벨리가 조국인 피렌체 공화국을 교황과 외국의 부당한 간섭으로부터 독립시킨 후 이탈리아 반도 통일의 주역으로 만들기 위해 《군주론》을 저술한 것과 같은 취지이다.

그가 후흑학을 최초로 거론하기 시작한 것은 1912년경이었다. 사천 지역의 신문에 기고한 일련의 후흑 관련 기사가 인구에 회자하면서 1930년대 이후에는 중국 전역에 걸쳐 후흑을 모르는 사람이 없게 되었다. 수많은 종류의 《후흑학》 서적이 출간된 것도 바로 이즈음이었다. 그러나 이후 국공 내전과 대약진운동, 문화대혁명 등이 전개되는 와중에 《후흑학》은 단지 '기서'로만 알려진 채 사람들의 뇌리에서 점차 사라져 갔다.

《후흑학》이 새삼 세인들의 이목을 끌기 시작한 것은 지난 1980년에 홍콩에서 복간본이 나오면서부터였다. 이는 모택동이 《후흑학》을 탐독한 뒤 대륙을 뒤흔든 문화대혁명을 일으켰다는 소문이 유포된 사실과 무관치 않았다. 물론 이는 와전된 소문이기는 했으나 문화대혁명 이전에 공자를 이종오만큼 통렬하게 비판한 사람도 그리 많지 않았다. 그러나 이종오의 공자 비판은 문화대혁명 당시의 '비공批孔'과는 차원이 다른 것이었다. 그가 비판한 공자는 성리학자들이 말하는 공자였다. 공자의 모든 것을 무턱대고 배척했던 비공과는 엄연히 달랐다.

《후흑학》은 1980년대 이전까지만 해도 중국보다는 오히려 싱가포르를 비롯한 동남아시아와 일본 등지에서 널리 알려졌다. 중국은 모택동 사후 비로소 해외의 후흑학에 대한 높은 관심에 주목해 다양한 판본을 복간하기 시작했다. 이후 《후흑학》에 대한 열기는 식을 줄을 몰랐다. 여기에는 중국 당국이 후흑구국 정신의 중요성을 재발견하면서 이종오의 저서에 대한 대대적인 복간 작업에 일조하고 나선 게 결정적인 배경으로 작용했다.

현재 중국의 후흑학 연구는 매우 활발하다. 후흑 이론을 바탕으로 정치, 경제, 군사, 사회 등 각 방면의 문제점을 진단하고, 후흑의 활용 방안을 포함한 다양한 비전을 제시한 서적이 그 수를 헤아리기 어려울 정도로 쏟아지고 있다. 이런 흐름은 갈수록 더욱 고조되는 양상을 보이고 있다. 이는 후흑학이 중국의 역사문화 전통에 뿌리를 둔 결과로 해석할 수 있다. 중국 전래의 제왕학이 바로 후흑의 이론적 근거인 것이다.

원래 중국과 같이 방대한 지역과 많은 인민을 보유한 나라를 효율적으로 다스리기 위해서는 중앙집권적 제국 체제를 유지하는 것이 필요하다. 이를 최초로 구현한 인물이 500여 년에 걸친 춘추전국시대의 난세를 종식시킨 진시황이다. 그러나 진 제국은 진시황의 급작스런 죽음으로 불과 15년 만에 무너지고 말았다. 이후 유방에 의한 제2의 통일 제국인 한漢 제국이 출현할 때까지 군웅들 사이에서 치열한 각축전이 펼쳐졌다. 사가들은 이 시기를 이른바 '초한지제楚漢之際'라고 한다. 큰 틀에서 볼 때 초한지제는 춘추전국시대의 연장선 위에 있다.

후한 제국 말기에 등장한 삼국시대는 그 시기도 100년에 달하는 데다 전투 양상도 치열해 춘추전국시대를 방불케 한다. 이것이 삼국시대를 춘추전국시대에 이어 제2의 난세로 간주하는 이유다. 삼국시대도 이미 천명이 다한 후한 제국을 대신해 천하를 다스릴 수 있는 사람이 과연 누구인지를 가리기 위한 각축전이었다는 점에서 보면 초한지제와 별반 다를 게 없다.

1840년 아편전쟁 발발을 시작으로 1911년 신해혁명을 거쳐 1949년 중화인민공화국이 성립할 때까지 약 100여 년의 기간 역시 춘추전국시대와 삼국시대 못지않은 난세의 시기로 볼 수 있다. 무수한 군벌이 등장해 '난세의 평정'을 구호로 내걸고 치열한 각축전을 벌인 점이 똑같다. 약 100여 년에 걸친 근현대의 난세에는 춘추전국시대와 삼국시대 등 그 이전에 등장했던 난세 양상이 압축된 형태로 나타났다. 중국의 전 역사를 개관할 때 이 시기를 춘추전국시대와 삼국시대에 뒤이은 제3의 난세로 간주할 수 있다.

고금을 막론하고 난세의 시기를 관통한 키워드는 '군벌 각축'이다. 사서는 이를 '군웅축록'으로 표현해놓았다. 군웅들이 가시권에 들어온 사슴을 잡기 위해 서로 각축을 벌인다는 뜻이다. 여기의 사슴은 곧 대권을 상징한다. 천하를 거머쥐는 것을 득록, 천하를 잃는 것을 실록으로 표현한 이유가 여기에 있다. 난세의 시기는 곧 득록을 위한 군웅축록의 시기나 다름없다.

군웅축록의 시대에 득록에 성공하기 위해서는 말할 것도 없이 성능이 좋은 무기를 보유해야만 한다. 무력의 수준이 성패를 좌우하는 것이다. 아무리 거창한 명분을 내세울지라도 본질은 득록을 위한 각축전에 지나지 않는다. 장개석과 모택동의 각축도 예외가 될 수 없다. 축록전에 나선 난세의 군웅치고 국가와 인민, 역사를 내세우지 않는 자는 단 한 명도 없다. 이기면 모든 것이 미화돼 '절세의 구세주'가 되고, 패하면 모든 것이 폄하돼 '만고의 역적'이 된다. 앞에서도 말했듯이 이종오는 '승자의 기록'인 사서를 읽는 비결을 이같이 언급한 바 있다.

나는 24사를 읽으면서 많은 진실이 누락된 사실을 발견했다. 사관의 논평은 흥망성쇠의 이치와 완전히 상반될 뿐만 아니라 성현이 말한 도리에도 부합하지 않았다. 처음에는 이를 눈치채지 못했으나 우연히 삼국시대의 인물을 생각해내면서 문득 옛 사람의 성공비결이 낯가죽이 두꺼운 '면후'와 속마음이 시커먼 '심흑'에 지나지 않는다는 것을 알게 됐다. 사마천은《사기》를 쓰면서 유방과 항우의 관상만 언급해 놓았을 뿐 두 사람이 얼마나 뻔뻔하고 음흉한지에 대해서는 한마디도 언급해 놓지 않았다.《사기》를 좋은 사서로 평하는 것은 문제가 있다.《후흑학》은 바로《사기》를 포함한 24사의 흑막을 파헤친 것이다.

승자의 역사인 사서의 기록을 살펴볼 때 반드시 그 이면을 면밀히 검토해야 하는 이유가 여기에 있다. 이종오도 사서를 읽을 때 그 행간을 읽음으로써 절세의 구세주와 만고의 역적이 엇갈리게 된 배경을 찾아냈다. 절세의 구세주가 되기 위해서는 반드시 승리해야 하고, 승리하기 위해서는 반드시 후흑의 달인이 되어야 한다는 게 바로 그가 24사를 통독한 뒤 최종적으로 내린 결론이다.

역사의 전개 과정을 직선적으로 파악한 서양과 달리, 동양은 역사의 흐름을 끊임없이 돌고 도는 이른바 '순환 사관'으로 파악했다. 마치 사계절이 끊임없이 순환하듯이 역사 또한 치세와 난세 사이를 끊임없이 오간다고 본 것이다. 이는 경제학에서 경제변동이 호황과 불황 사이를 오가는 사이클을 그리고 있다고 파악하는 것과 닮아 있다.

역사상 왕조 교체기의 패턴을 최초로 언급한 사람은 삼국시대 초기 위나라에서 활약한 중장통仲長統이다. 그는 자신의 저서《창언昌言》에서 역사의 순환 배경을 이같이 분석해놓았다.

천명을 받은 호걸이 나라를 세워 제왕의 자리를 후사에게 물려주는 상황에 이르게 되면 호걸들의 웅지는 이미 재가 되어 연기처럼 사라지고, 민심도 이미 안정되고, 현귀한 가문도 이미 확립된 까닭에 지존은 오직 한 사람만 있게 된다. 이때는 설령 아무리 어리석은 인물일지라도 지존의 자리에 있는 것만으로도 능히 은덕을 베풀어 천지와 같게 되고 위신威信 또한 귀신을 닮게 된다. 그러나 이후 군주들은 천하에 감히 자신과 대적할 자가 없을 것으로 생각해 멋대로 방종하고 욕심을 끝없이 키우게 된다. 이에 신임을 받은 측근은 모두 간사한 아첨꾼이고, 중용되는 자는 모두 비빈들의 가족이 된다. 드디어 천하의 고혈을 모두 태워버리고 만민의 골수까지 빼내게 되니 원성이 길에 들끓고 백성이 편히 살 수 없게 된다. 이에 재난과 전란이 어지러이 일어나고 사방의 오랑캐가 배반하여 분분히 침략하면서 조정이 붕괴되고 대세가 순식간에 기울어진다. 존망存亡이 이로써 부단히 다시 바뀌게 되고 천하의 치란治亂은 이로써 다시 돌기 시작한다.

치세와 난세의 상호 관계를 동전의 앞뒷면으로 파악한 탁견이다. 20세기 중엽 라이샤워Edwin Reischauer도 자신의 저서 《동아시아-위대한 전통East Asia: The Great Tradition》에서 중국의 역대 왕조의 교체 패턴을 이와 유사한 맥락에서 파악했다. 그 골자는 다음과 같다.

군웅할거의 상황에서 최후의 승리를 거둬 새 왕조를 개창하면 국고가 저절로 충실해지고, 백성들 또한 안정된 질서 속에 생업에 종사할 수 있어 인구가 급격히 증가하게 된다. 그러나 이내 사치 풍조가 만연해 토지가 점차 집권층의 지배하에 들어가면 국고가 비어가고 이를 보충키 위해 농민들의 조세 부담이 극한 상황에 이르게 된다. 백성들이 도적때로 돌변하는 상황에서 뛰어난 인물이 등장해 봉기의 깃발을 올리면 사방에서 이에 호응하는 무리들이 우후죽순처럼 일어나고 마침내 이들을 막을 길이 없게 된다. 각지에 할거한 군웅은 각기 황제와 왕을 칭하며 사방으로 영역 확장에 나서고 수십 년간에 걸친 각축 끝에 최후의 승리를 거머쥔 자가 마침내 새 왕조를 열고 황제의 자리에 오르게 된다. 이로부터 왕조 교체의 순환이 다시 시작된다.

실제로 중국의 역사를 개관하면 중장통과 라이샤워가 역설한 왕조 교체의 기본 패턴에서 한 치도 벗어나지 않는다. 진시황 사후 진 제국이 혼란에 빠진 틈을 타 유방이 귀족 출신인 항우를 제압함으로써 최초의 농민 출신 황제가 되고, 조조와 유비, 손권이 천하를 3분하는 삼국시대를 이끌어내고, 300년에 걸친 남북조시대를 종식시킨 수나라가 무리한 고구려 정벌로 내분이 일어난 것을 이용해 이연과 이세민이 당 제국을 건립하고, 조광윤이 5대10국의 혼란기를 수습해 북송을 세우고, 주원장이 비밀결사인 백련교도에서 몸을 일으켜 농민반란군의 수장이 된 후 북경으로 진격해 명 제국을 일으키고, 만주족이 명나라 장수 오삼계의 투항을 계기로 북경에 입성해 청조를 세우는 과정 등이 이들의 주장과 정확히 일치하고 있다.

원세개의 북경 정부가 발족한 1912년부터 모택동이 천안문에서 중화인민공화국의 성립을 선포한 1949년까지의 과정도 예외가 아니다. 실제로 통치 체제 및 이념 등의 작동 배경을 살펴보면 중화인민공화국 역시 청조의 뒤를 이은 새로운 중화 제국에 지나지 않는다. 솔즈베리Harrison Salisbury가《새로운 황제들》(박월라·박병덕 옮김, 다섯수레, 2000)에서 모택동과 등소평을 역대 황제에 비유한 게 이를 뒷받침한다.

청조 말기에 태어난 이종오가《후흑학》을 쓴 것도 같은 맥락이다. 그는 비록 새로운 중화 제국의 성립을 보지 못하고 눈을 감았지만, 언젠 간 장개석이든 모택동이든 더 철저하게 후흑을 연마한 인물이 중국을 통일해 전 세계를 향해 힘찬 포효를 할 것을 의심치 않았다. 실제로 이는 모택동과 등소평에 의해 구현됐다. 21세기에 들어와 중국이 G2로 우뚝 선 게 그 증거다.

| 02 |
면후심흑의 3단계

후흑의 연마 과정은 크게 3단계가 있다.

제1단계는 '낯가죽이 성벽처럼 두껍고 속마음이 숯덩이처럼 시꺼면' 소위 '후여성장厚如城墻, 흑여매탄黑如煤炭'의 단계이다. 처음에는 낯가죽이 한 장의 종이처럼 얇으나 점차 밀리미터에서 센티미터, 미터 단위로 늘어나 마침내 성벽처럼 두터워진다. 마찬가지로 최초의 얼굴색은 우유처럼 흰색인데 점차 회색, 검푸른 색으로 변하다가 마침내 숯덩이처럼 시꺼멓게 되는 것이다. 이 경지가 되면 능히 제1단계 연마가 끝났다고 할 만하다. 그러나 이 경지는 비록 성벽이 두텁다고는 하나 대포의 공격에 파괴될 수 있듯이 초보적인 수준에 불과할 뿐이다. 또한 속마음이 숯덩이처럼 검다고 하나 안색이 혐오스러워 사람들이 접근하길 꺼린다. 따라서 이 단계는 아직 초보적인 연마 단계에 불과하다.

제2단계는 '낯가죽이 두꺼우면서 딱딱하고 속마음이 검으면서도 맑은' 소위 '후이경厚而硬, 흑이량黑而亮'의 단계이다. 낯가죽이 두꺼운 데 능통한 사람은 당신이 어떤 공격을 퍼붓더라도 미동도 하지 않는다. 유비가 바로 이런 사람이다. 조조 같은 사람도 그를 어떻게 할 방법이 없었다. 속마음이 시꺼먼 데 능통한 사람은 마치 빛바랜 칠흑 간판이 귀한 대접을 받는 것과 같이 남에게 인정을 받는다. 조조가 바로 이런 사람이다. 그는 속마음이 시꺼멓기로 유명했지만 중원의 이름난 호걸들이 마음을 빼앗겨 그에게 귀복하고 말았다. 이 단계는 가히 '속마음은 칠흑같이 시꺼멓지만 얼굴은 투명하리만큼 밝다'고 말할 수 있다. 이 단계에 도달하면 실로 제1단계와는 천양지차가 있다. 그러나 이 단계에 들어설지라도 그 자취를 나타내는 형체와 색채가 드러난다.

제3단계는 '낯가죽이 두꺼우면서도 형체가 없고 속마음이 시꺼먼 데도 색채가 없는' 소위 '후이무형厚而無形, 흑이무색黑而無色'의 단계이다. 이 단계에 이르면 하늘은 물론 후세 사람들마저 그 사람을 후흑과는 완전히 정반대인 소위 '불후불흑不厚不黑'의 인물로 여기게 된다. 그러나 이런 경지는 도달키 어렵다. 따라서 오직 옛날의 대성현 중에서 이런 인물을 찾아볼 도리밖에 없다.

후흑학, 《정관정요貞觀政要》의 그림자

고금동서를 막론하고 난세에 천하를 거머쥐는 열쇠는 얼마나 많은 인재를 휘하로 그러모아 어떻게 활용하는가 하는 데 달려 있다. 동양에서는 이를 전통적으로 '득인得人'과 '용인用人'으로 나눠 설명했다. 득인의 요체는 삼고초려를 통해 천하의 인재를 두루 구하는 데 있다. 용인의 요체는 인재를 적재적소에 배치해 자신의 기량을 최대한 발휘토록 전폭적인 신뢰를 보내고 적극 뒷받침하는 데 있다.

21세기 글로벌 경쟁하에서는 전 세계의 인재가 대우와 발전 가능성 등을 찾아 자유롭게 이동하고 있는 까닭에 과거 그 어느 때보다 득인과 용인의 중요성이 커졌다고 할 수 있다. 이런 상황에서 2등은 없다. 패할 경우 세계시장에서 이내 퇴출되기 때문이다. 반면 치열한 혈전 끝에 승리할 경우 천하의 재부를 한 손에 거머쥘 수도 있다.

이는 전쟁이 벌어졌을 때의 상황을 가상하면 쉽게 알 수 있다. 적과 백병전을 전개할 때 무조건 이겨야만 한다. 잠시라도 방심했다가는 이내 황천객이 되고 만다. 병사들을 훈련시킬 때 1등을 강조하는 이유가 여기에 있다. 먹느냐 먹히느냐의 살벌殺伐이 생사를 가르기 때문에 불가피한 일이다. 이를 한가하게 '1등주의' 운운하며 비난하는 것은 호사가들의 배부른 언어 유희에 지나지 않는다. 21세기 글로벌 경제 전쟁이 바로 이와 같다. 후흑의 천하 경영 방략이 더욱 절실히 요구되는 이유가 여기에 있다.

다행스럽게도 우리나라를 포함한 동양 3국에는 예로부터 생사를 가르는 '살벌'한 상황을 분석해놓은 많은 고전들이 전해져 내려오고 있다. 《삼국지》와 《열국지》, 《관자》, 《한비자》, 《손자병법》 등이 그것이다. 최근 기업 CEO들이 이들 고전을 열심히 탐독하는 것도 이런 시대 흐름과 무관치 않을 듯싶다.

동양에서는 이미 수천 년 전부터 제왕을 포함해 일선 장수들이 취해야 할 바람직한 리더십에 대해 끊임없이 천착해왔다. 서양에서는 이에 버금하는 노력을 기울인 인물로 16세기 초에 활약한 마키아벨리 정도밖에 없다. 그는 서양에서 정치와 종교철학을 구별한 최초의 인물로 꼽히고 있다. 리더십 이론에 관한 한 서양은 동양보다 그 역사가 극히 일천한 셈이다. 실제로 서양의 강단 경영학계에서 소위 '구루'로 칭송받는 사람들이 제시하고 있는 잡다한 경영전략 이론을 보면 동양 고전에 나오는 무수한 금언 중 한두 개를 뽑아 마치 새로운 이론인 양 살짝 포장해 내놓은 것에 지나지 않는다.

일본의 귀족들이 다니는 가쿠슈인대학學習院大學에서는 21세기 현재까지도 《정관정요》를 필수 교양과목으로 정해놓고 있다. 《정관정요》는 당 태종 이세민과 군신들이 바람직한 리더십 유형을 놓고 격론을 벌인 내용을 수록한 책이다. 이를 필수 교양과목으로 채택한 것은 이 책이 무궁무진한 득인술과 용인술의 이치를 일목요연하게 정리해놓은 점을 높이 평가한 결과다.

원래 이세민은 역대 제왕 중 왕도와 패도를 적절히 섞어 쓰는 소위 '왕패병용王霸竝用'의 통치술을 구사한 것으로 유명하다. 실제로 당 제국은 그의 치세 때 최고의 성세를 구가했다. 이세민이 법가와 유가 사상에 정통한 다양한 인재를 고루 발탁한 덕분이다. 당시 그가 보여준 득인술과 용인술은 놀라운 바가 있다.

그는 기본적으로 능력만 있으면 관계가 소원한 사람은 물론 적대 관계에 있는 사람까지도 과감히 끌어들였다. 그가 가장 신임한 장수 울지경덕은 원래 적장 유무주 밑에 있던 장수였다. 그가 유무주를 물리쳤을 때 울지경덕이 수나라 장수 심상과 함께 당나라에 투항했다. 얼마 후 심상이 배반하자 좌우에서 후환을 없애기 위해 울지경덕까지 함께 도륙할 것을 주장했지만 이세민은 다음과 같이 말하면서 반대했다.

"대장부는 서로 의기가 투합하면 몸과 마음을 다 바치는 법이다. 이런 사소한 일은 따질 필요가 없다. 나는 결코 남을 비방하는 말을 믿거나 선한 사람을 함부로 의심하지 않는다."

그러고는 오히려 울지경덕에게 많은 선물을 했다. 감격한 울지경덕이 이세민에게 충성을 다한 것은 물론이다. 이후 이세민과 대립한 태자 이건성이 울지경덕을 매수하려 하다가 실패하자 자객을 보내 암살하려고 했지만 그는 조금도 동요하지 않고 끝까지 이세민을 추종했다. 그가 '현무문의 변' 때 큰 공을 세우고 오국공에 봉해진 이유가 여기에 있다.

위징도 원래는 이건성의 참모로 있을 때 이건성에게 이세민을 죽일 것을 건의한 인물이다. 현무문의 변 당시 누군가 이 일을 폭로하자 이세민은 위징을 데려오게 한 뒤 이같이 꾸짖었다.

"그대는 어찌하여 우리 형제 사이를 이간질하였는가?"

위징이 대답했다.

"당시 저는 태자의 참모였으니 당연히 그분을 위한 계책을 내놓아야 했습니다. 그러나 안타깝게도 태자는 저의 말을 듣지 않았습니다. 그렇지 않았다면 이런 상황에 이르지는 않았을 것입니다."

곁에 있던 사람들 모두 이세민이 위징을 중형에 처할 것으로 생각했다. 그러나 이세민은 처벌은커녕 오히려 그를 간의대부諫議大夫에 임명했다. 이세민은 기본적으로 인재를 등용할 때 친인척이나 연공서열을 배척했다. 그는 항상 신하들에게 이렇게 말하곤 했다.

"군주는 반드시 공평무사해야 천하의 인심을 얻을 수 있다. 관리는 고하를 막론하고 유능한 인재를 등용해야지, 친분 관계나 자격 요건으로 관직의 고하를 결정해서는 안 된다."

인재를 단박에 알아보는 지감知鑑과 적진에 있던 자까지 널리 포용해 과감히 기용하는 탁용擢用은 득인술과 용인술의 정수에 해당한다. 이종오가《후흑학》에서 제시한 여러 비책도 당 태종이 역설한 득인술 및 용인술과 하등 다를 바가 없다. 사물이 지니고 있는 빛과 그림자 가운데

《정관정요》가 빛의 측면에 초점을 맞춘 데 반해,《후흑학》은 그림자 측면에 초점을 맞춘 것만이 다를 뿐이다.

강한 중국을 위한 실무적 방법론

21세기에 들어와 중국의 부상과 더불어 전래의 득인술과 용인술이 각광을 받고 있는 것은 자연스러운 일이다. 사실 동양에는 이게 더 잘 맞는다. 미국 교과서 일변도인 한국과 달리 중국의 비즈니스 스쿨이 미국 비즈니스 스쿨의 교과목을 참고용 정도로만 활용하고 있는 게 그 증거다. 이들이 중시하는 것은 바로《논어論語》와《한비자》,《손자병법》,《춘추좌전》,《전국책》,《사기史記》,《삼국지》등 전래의 고전에 등장하는 수많은 격언과 사례들이다.

20세기 초에 활약한 이종오가 반半식민지로 전락한 중국을 구하기 위해 후흑구국을 제일의로 내세운 것은 G2의 일원으로 부상한 현재의 관점에서 볼 때 격세지감이 있다. 그러나 본질이 달라진 것은 아니다. G2의 시점에서 후흑의 궁극적인 목적을 재해석하면 대략 크게는 전 인류의 이용후생利用厚生에 기여하고, 작게는 나라의 부국강병에 기여하는 것으로 규정할 수 있을 것이다.

후흑을 구현하는 방법이 달라질 리 없다. 중국이 G2의 다른 한 축인 미국을 제압하는 데 초점을 맞추고 있기 때문이다. 실제로 중국 정부의 국가 발전 전략은 등소평이 생전에 제시한 도광양회 전략에서 크게 벗어나지 않고 있다. 미국을 따라잡은 후 명실상부한 신중화 질서를 새롭게 구축하려는 속셈이다.

원래 도광양회는 이미 수천 년 전에 월왕 구천이 구사한 책략이기도 하다. 이종오는《후흑학》에서 월왕 구천의 도광양회 책략을 최고 수준의 후흑으로 규정했다. 중국 정부가 등소평의 개혁개방 선언 이후 현재에 이르기까지 수십 년 동안 하나같이 견지하고 있는 도광양회 전략의 성과는 놀라운 바가 있다.

시사주간지 〈타임〉이 지난 2009년 말에 "21세기 첫 10년 동안 세계에서 가장 큰 영향을 미친 사건은 9·11테러나 아프가니스탄전쟁이 아니라 중국의 굴기(崛起: 떨쳐 일어남)다"라고 발표한 게 그 증거다. 중국은 이미 2009년 수출에서 독일을 앞질렀고, 자동차 판매량도 미국을 제치고 세계 1위가 됐다. 한국은 물론 일본조차 대중對中 수출이 대미 수출을 압도하고 있다. 더구나 중국은 이미 내리막길로 들어선 미국의 노화 시장과 달리 무한한 잠재력을 지닌 신흥 시장에 해당한다.

이런 현상은 비단 경제 분야에 그치는 것이 아니다. 과학기술 및 교육문화 분야도 놀라운 진전을 거듭하고 있다. 이는 한 해에 근 200만 명에 달하는 이공계 졸업생이 쏟아져 나오고 있는 현실과 무관할 수 없다. 10년 전만 해도 중국의 아프리카 진출 비즈니스맨은 2만 명을 넘지 않았으나 지금은 40만 명이 넘는다. 모두 후흑이 역설한 도광양회를 충실히 이행한 덕분이다.

한국과 일본을 비롯해 구미 각국의 명품 시장을 중국인들이 싹쓸이하고 있다. 중국인들의 자부심은 하늘을 찌르고 있다. 세계 각국에 중국의 역사문화 전통을 상징하는 공자학원이 우후죽순처럼 등장하고 있다. 이는 21세기에 들어와 문득 G2의 일원으로 등장한 중국이 새삼 자신들의 역사문화 전통에 눈을 돌린 결과다. 자부심의 회복이 아닐 수 없다. 중국 내에서 이종오가 활약했던 암울했던 시절을 기준으로 한

'후흑'을 새롭게 해석하는 움직임이 활발히 전개되는 것도 이와 무관할 수 없다.

　이종오가《후흑학》에서 역사상 최고 수준의 '면후심흑'을 터득한 인물로 꼽은 사람 중에는 월왕 구천 이외에도 삼국시대 위나라의 권신인 사마의司馬懿가 있다. 두 사람과 대비되는 인물은 말할 것도 없이 이들의 후흑 책략에 의해 패망한 오왕 부차와 조씨 황실의 대표 주자였던 조상曹爽이다. 이들은 면후심흑과 정반대되는 '면박심백面薄心白'의 인물이라고 할 수 있다. 난세의 시기에 승리를 낚고 장차 천하를 거머쥐기 위해서는 후흑을 깊이 연마해 가장 높은 경지인 불후불흑의 단계로 나아가야 한다는 이종오의 주장은 탁견이다. 문제는 그것이 쉽지 않은 데 있다.

　과연 어떻게 해야 '불후불흑의 단계로 나아갈 수 있고, 이와 대비되는 박백은 구체적으로 어떤 것을 말하는 것일까? 이종오는 불가와 도가 등에서 역설하는 '공空'과 '도道'의 개념에서 그 해법을 찾고 있다. 박백은 이와 정반대되는 것으로 맹자와 주희 등의 성리학자들이 역설한 '의義'와 '이理'의 이념에 함몰된 자들을 말한다.

| 03 |
박백과 불후불흑

어떤 사람이 "후흑학이 어찌 이같이 정밀하고 깊을 수 있습니까?"라고 묻기에 나는 이같이 대답했다.

"유가에서 말하는 중용은 '무성무취無聲無臭'의 단계에 이르러야 비로소 그것을 완성했다고 할 만하고, 불도를 닦는 사람은 '보리무수菩提無樹, 명경비대明鏡非臺'의 단계에 가야만 진정한 깨달음의 경지에 갔다고 할 수 있다. 하물며 후흑학은 수천 년 동안 전해져오지 않은 비전秘典인데 마땅히 '무형무색無形無色'의 단계에까지 들어가야 비로소 그 경지에 도달했다고 할 수 있다."

요순·우·탕의 삼대三代에서 현대에 이르기까지 왕후장상과 호걸, 성현은 무수히 많았다. 그러나 후흑학을 통해 성공하지 못한 사람은 단 한 명도 없었다.

대지약우의 경지

이종오가 말한 유가의 중용中庸은 왕도와 패도를 섞어 쓰는 '왕패병용'을 뜻한다. 이는 맹자가 아닌 순자의 학문으로 구체화됐다. 그럼에도 오랫동안 이런 사실이 무시돼왔다. 주희가 집대성한 성리학의 아성이 그만큼 강고했던 것이다. 그러나 이로 인해 동양은 이후 점차 퇴보하기 시작해 마침내 19세기 중엽에 들어와 서구 열강의 식민지 침탈 대상으로 전락하고 말았다.

그렇다면 후흑과 동일한 의미로 사용된 유가의 중용은 구체적으로 무엇을 말하는 것일까? 일찍이 공자는 《논어》의 〈위정〉 편에서 안회를 다음과 같이 칭송한 바 있다.

"내가 안회와 더불어 온종일 얘기했다. 그가 내 말을 어기지 않아 일견 어리석은 듯했다. 그러나 그가 물러간 뒤 그의 사생활을 살펴보니 그 내막이 충분히 드러났다. 그는 결코 어리석지 않다."

북송 때의 소동파도 공자가 안회를 칭송한 것과 비슷한 취지로 소위 '대지약우大智若愚'를 언급한 바 있다. 크게 깨달은 사람은 마치 어리석은 사람처럼 행동한다는 뜻이다. 이는 이종오가 말하는 후흑의 최고 단계인 불후불흑에 해당한다. 유가 사상이 결코 이종오가 말한 후흑과 동떨어져 있는 게 아니다. 맹자와 주희 등이 이를 제대로 파악치 못했을 뿐이다.

공자는 《논어》의 〈공야장〉 편에서 위衛나라 대부 영무자寗武子를 대지약우의 구체적인 사례로 든 바 있다.

"영무자는 나라에 도가 있을 때는 지혜롭게 처신했고, 나라에 도가 없을 때는 마치 어리석은 듯이 처신했다. 그가 행한 지혜로운 처신은 가히 좇아서 할 수 있다. 그러나 그가 어리석은 듯이 행동한 것은 감히 좇아서 행할 수 없다."

위나라는 위성공衛成公이 재위 3년(기원전 635)에 달아나는 등의 일로 인해 매우 어지러워졌다가 3년 만에 가까스로 안정을 찾았다. '무도無道'는 바로 어지러웠던 3년간을 가리키고, '유도有道'는 그 이후의 안정된 기간을 지칭한다. 영무자는 위성공이 초나라로 달아날 때 말고삐를 잡고 수종해 3년 동안 온갖 어려움을 다 겪은 뒤 마침내 그를 모시고 귀국했다. 이후 영무자는 대부 공달을 집정으로 천거한 뒤 곧바로 정계 일선에서 물러났는데, 이를 공자가 칭송한 것이다.

후대인들은 영무자의 대지약우 행보에 대한 공자의 평가를 놓고 치열한 논전을 벌였다. 이들의 논전은 크게 고주古注와 신주新注 대립으로 요약할 수 있다. 고주를 대표하는 인물은 전한 제국 때 활약한 공자의 후손인 공안국이다. 그는 이같이 해석했다.

"짐짓 어리석은 것처럼 행동하는 것이 사실과 같았으므로 미칠 수 없다."

이에 대해 신주를 대표하는 남송대의 주희는 다음과 같이 해석했다.

"위성공이 무도하여 나라를 잃었을 때 영무자가 어렵고 험한 것을 피하지 않고 마침내 그 몸을 보전하고 그 군주를 건졌다. 그가 처한 곳은 지혜 있는 선비가 깊이 피하고 즐겨하지 않는 곳인 까닭에 이들 두고 그의 어리석은 듯이 행동한 것은 미칠 수 없다고 말한 것이다."

고주는 영무자의 행보를 어리석음을 가장해 몸을 보전했다는 의미로 풀이한 셈이다. 이는 소위 '명철보신明哲保身'을 달리 말한 것으로, 명철은 현명한 철인哲人을 뜻하고, 보신은 몸을 온전히 한다는 의미다. 그러나 난세에는 이게 쉽지 않다. 자신은 나름 명철보신을 행했다고 생각했으나 명철은 '암우暗愚', 보신은 '망신亡身'으로 연결된 사례가 부지기수이기 때문이다.

오늘날 통상 명철과 보신을 따로 떼어 말하고 있는 것도 이런 전례와 무관할 수 없다. 명철은 계속 좋은 뜻으로 쓰이고 있으나, 보신은 과거와 달리 처세술에 능해 요리조리 잘 빠져나가는 행보를 지칭한다. 공자가 영무자를 두고 보신했다고 칭송한 것과는 전혀 다른 뜻으로 풀이되고 있는 셈이다. 이는 성리학의 폐해로 인한 것이다.

원래 명철이 전제돼야 보신이 가능하다. 이종오가 후흑을 언급한 것도 작게는 자신과 일족, 크게는 나라를 보전코자 한 데서 나온 것이다. 그런 만큼 보신은 매우 좋은 뜻이다. 아무리 큰 뜻을 지니고 있을지라도 보신이 전제돼야 큰 뜻도 이룰 수 있기 때문이다. 물론 자신의 신념을 관철시키기 위해 순교를 택하는 경우는 예외다. 이는 속세俗世의 차원을 뛰어넘는 출세出世의 종교 영역이므로 이종오가 역설한 후흑과는 거리가 멀다.

속세를 삶의 기본 터전으로 삼을 경우 보신은 후흑의 대전제에 해당한다. 이는 우리말의 '처신을 잘하다'라는 뜻에 가깝다. 그럼에도 주희 등의 성리학자들은 보신을 비루한 것으로 간주했다. 약삭빠른 처세술로 치부한 결과다. 이종오가 후흑을 역설하며 명철과 보신을 분리한 성리학자들을 질타한 이유가 여기에 있다.

《논어》〈공야장〉 편의 보신에 관한 해석에서 이종오와 성리학자들의 관점이 극명하게 엇갈린다. 하루는 공자가 제자 공야장을 다음과 같이 평했다.

"사위로 삼을 만하다. 비록 옥에 갇히는 처지에 있기는 했으나 이는 그의 죄로 인한 것이 아니었다."

그리고는 자신의 딸을 처로 삼게 했다. 이어 제자 남용南容을 두고는 이같이 평했다.

"나라에 도가 있으면 버려지지 않을 것이고, 나라에 도가 없을지라도 형륙(刑戮; 벌을 받아 주살됨)을 면할 것이다."

공야장은 공자의 사위다. 그는 강직하면서도 인내심이 있었다. 남용은 노나라 귀족의 자손으로 공자의 제자가 된 인물로, 제자들 중 신분이 가장 높은 축에 속했다. 공자는 그에게 형의 딸을 시집보냈다. 후대 인들은 공자가 자신의 딸을 공야장에게 시집보내고, 조카딸을 남용에게 시집보낸 것을 두고 여러 해석을 내렸는데, 북송 때 나온 다음 해석이 대표적이다.

"공야장은 인물이 남용에 미치지 못했다. 그래서 공자는 자신의 딸을 공야장에게 시집보내고 형의 딸을 남용에게 시집보낸 것이다. 이는 공자가 작고한 형에게 후하게 대하고, 자신에게 박하게 대한 것이다."

이를 두고 성리학의 효시인 정이천은 '사심을 가지고 성인을 엿본 것이다'라며 강력 비판했다. 사실 공자가 자신의 딸과 조카딸을 각각 공야장과 남용에게 출가시킨 것을 두고 우열을 논하는 것 자체가 소모적이다. 여기서 중요한 것은 공자가 유도와 무도의 시기를 나눠 남용을 평가한 대목이다. 특히 무도의 시기에 대한 평에 주목할 필요가 있다.

나라에 도가 통하는 유도의 시기는 곧 치세를 뜻한다. 치세에 남용과 같이 뛰어난 인재가 이내 발탁될 것이라고 한 공자의 예견은 특별할 것도 없다. 문제는 소인배들이 횡행하는 난세의 무도한 시기다. 이런 시기에 과연 남용과 같은 군자가 취할 태도는 어떠해야 하는 것일까? 공자는 바로 이에 대한 해답을 남용에 대한 평으로 대신한 것이다.

고금을 막론하고 유도의 치세에는 옳은 소리를 하며 바른 길로 나아가면 된다. 소인배는 발을 붙이지 못하거나 몸을 웅크릴 수밖에 없다. 그러나 무도의 난세는 다르다. 많은 군자가 몸을 숨기는 반면, 약삭빠른 소인배가 전면에 나서 거침없이 치부하며 권력을 휘두르는 세상이 된다. 이런 시기에 무턱대고 정도正道와 의리義理를 역설하면 소인배들의 미움을 사 목숨을 잃기 십상이다. 난세의 시기를 기록한 사서는 이런 사례를 부지기수로 수록해놓고 있다.

춘추시대 말기의 난세를 살아간 공자가 남용을 두고 '형륙을 면할 것이다'라고 말한 이유가 여기에 있다. 바로 남용의 명철보신을 칭송한 것이다. 난세의 시기에 때와 장소를 가리지 않고 정도와 의리를 외치다가 자신의 몸을 망치고 멸문지화滅門之禍까지 당하는 우를 범하지 말라고 당부한 것이다.

그렇다고 치세와 난세를 막론하고 군자의 행보를 역설한 공자가 사람들에게 치세에는 바른 말을 하되 난세에는 입을 다물라고 주장한 것은 결코 아니다. 충언을 할지라도 때와 장소, 대상 등을 가림으로써 군자의 소임을 다하라고 주문한 것이다. 궁극적인 목적은 말할 것도 없이 나라를 평안히 하고 백성을 이익 되게 하는 '영국이민寧國利民'이다. 이종오가 역설한 후흑구국의 취지와 하등 다를 바가 없는 것이다. 이종오가 후흑구국을 달성키 위한 비법으로 후흑의 최종 단계인 무형무색無形無色을 역설한 이유가 여기에 있다.

후흑과 박백이 갈리는 지점

그럼에도 많은 사람들이 이종오가 말한 후흑을 처세술 정도로만 이해하고 기본 취지를 망각하고 있다. 이는 보신을 약삭빠른 처세술로 치부한 성리학자들의 기본 입장과 별반 다를 바가 없는 것이다. 이종오는 이를 후흑과 대비되는 박백에 불과하다고 질타했다. 《후흑학》에 실려 있는 〈박백학〉의 다음 대목이 이를 뒷받침한다.

> 이종오가 후흑을 얘기하면서 욕설과 풍자에 망설이는 바가 없게 되자 전 사회의 노여움을 사게 되었다. 특히 삼강오륜으로 상징되는 성리학의 윤리도덕 수호를 자신들의 사명으로 생각하는 고루한 자들로부터 집중적인 공격을 받았다. 당시 세상 돌아가는 데 관심이 많은 한 벼슬아치가 그를 공개적으로 비난하고 나섰다. 그는 후흑학과 정반대되는 '박백학'이란 글을 써서 성도의 모 신문에 연속 기고했는데 말끝마다 도덕을 말하며 후흑학에 거친 공격을 마구 퍼부었다. 이종오는 그 글을 읽고 나서도 전혀 괘념치 않고 그가 그냥 떠들도록 놓아두었다.

이를 통해 후흑과 박백이 갈리는 지점은 바로 난세의 보신에 대한 평가에 있음을 알 수 있다. 주희를 종주로 삼은 성리학자들은 치세와 난세를 불문하고 불변의 철리哲理와 명분을 극도로 중시했다. 이런 박백의 입장에 서게 되면 후흑은 있어서도 안 되고 구사해서도 안 된다. 치세에는 소인배가 아닌 대인의 도가 통하고 있기 때문에 나름 일리가 있다.

그러나 치세가 아닌 난세의 시기에는 어떻게 될까? 이는 패망의 길이다. 이종오는 바로 중국이 제국주의 열강의 반식민지로 전락한 상황에서조차 정도와 의리, 명분 등을 내세우며 박백을 숭상하는 중국의 고식적인 식자층을 비판한 것이다. 이는 중국 현대문학의 조종에 해당하는 노신魯迅이 《아Q정전》에서 고식적인 박백을 질타하며 '미친개는 몽둥이로 다스려야 한다!'고 역설한 것과 취지를 같이하는 것이다. 이종오가 성리학을 질타한 이유가 여기에 있다. 박백을 좇는 것은 마치 굶주린 호랑이에게 고깃덩이를 던지는 것처럼 중국을 서구 열강의 과분瓜分 대상으로 상납하는 것이나 다름없다고 목소리를 높인 것이다.

이종오가 말하는 후흑은 공자가 《논어》에서 중원을 이적의 침입으로 막아낸 관중을 극구 칭송한 것과 맥을 같이한다. 난세의 시기에 군자가 취해야 할 명철보신의 행보가 바로 이것이다. 이종오가 동양 전래의 제자백가 사상은 물론 외래 사상인 불교와 기독교, 마르크시즘 등 동서고금의 모든 사상을 검토한 뒤 반식민지로 전락한 중국의 활로를 후흑에서 찾은 배경이 여기에 있다.

그가 최고 단계의 후흑을 무형무색의 불후불흑에 비유하면서 유가의 중용과 불가의 보리무수를 같은 것으로 풀이한 것도 바로 이 때문이다. 원래 보리무수는 중국 선종의 6조 선사로 알려진 혜능慧能의 선시禪詩에서 따온 것이다. 이는 중국 전래의 처세술인 대지약우 및 '난득호도難得糊塗' 행보와 맥이 닿아 있다.

21세기 현재 중국인들이 생각하는 최상의 후흑은 소위 '난득호도'로 표현되고 있다. 이는 총명해지는 것도 어렵지만 어리석은 체하는 건 더 어렵다는 뜻이다. 이 말은 원래 청대 건륭제 때 화가 겸 학자로 명성을 떨쳤던 정판교鄭板橋가 처음으로 사용한 말이다. 건륭 19년(1754) 가을 산동 범현에서 유현濰縣의 지현知縣으로 있던 정판교는 어느 날 먼 친척 형으로부터 한 통의 편지를 받았다. 조상 대대로 물려받은 가옥의 담장을 놓고 이웃과 송사가 벌어졌으니 지방관에게 잘 봐달라는 편지 한 통을 써달라는 청탁이었다. 그는 편지를 다 읽은 뒤 시 한 수를 써서 보냈다.

"천 리 먼 곳에 편지를 보낸 것이 담장 하나 때문인가? 그에게 몇 척尺을 양보하면 또 어떤가? 만리장성은 아직도 남아 있는데 어찌 진시황은 보이질 않는가?"

원래 중국인은 한국인과 달리 직설적으로 표현하는 것을 저급하게 생각한다. 자신의 총명함을 가볍게 드러낸다고 보기 때문이다. 수양이 덜 됐다고 보는 것이다. 난득호도의 '호도'는 말 그대로 깨진 도자기를 살짝 풀을 붙여 온전한 것처럼 만들어놓듯이 명확히 결말을 내지 않고 일시적으로 땜질하는 것을 말한다. 우리 속담의 '눈 가리고 아웅'에 가깝다.

그러나 중국어 '후투糊塗'는 같은 한자를 쓰는 우리말의 호도와 뉘앙스가 다르다. 머저리라는 뜻에 가깝다. 난득호도를 제대로 이해하지 못하면 중국 문화를 언급하기가 어렵다. 모든 중국인들이 난득호도의 삶을 생활화하고 있기 때문이다.

그런 의미에서 모택동 시절의 대약진운동과 문화대혁명은 난득호도의 기본 정서와 동떨어져 있었다. 백白이 아니면 흑黑이라는 식의 서구식 논리가 횡행했기 때문이다. 이런 시기에는 아무리 뛰어난 난득호도의 행보일지라도 별반 소용이 없다. 이를 다시 중국 전래의 난득호도 정서로 되돌려놓은 사람이 바로 등소평이다.

그는 개혁개방을 선언하면서 검은 고양이든 흰 고양이든 쥐만 잘 잡으면 된다는 이른바 '흑묘백묘론黑猫白猫論'을 설파했다. 이는 난득호도의 정신을 다른 말로 표현한 것이다. 중국이 개혁개방 이후 불과 30년 만에 세계 최빈국에서 일약 G2의 일원으로 우뚝 선 배경이 여기에 있다. 이종오가 역설한 후흑구국의 취지가 제대로 구현된 셈이다. 등소평의 흑묘백묘론이 없었다면 중국은 지금도 대다수 인민이 헐벗은 가운데 자본주의냐 사회주의냐를 놓고 소모적인 사상 논쟁을 계속하고 있었을지도 모를 일이다.

| 2부 |

역사의 승자, 후흑의 대가들

후흑학의 탄생

면후심흑의 3단계

박백과 불후불흑

구천이 와신상담으로 부차를 제압하다

유방이 임협의 무리와 항우를 깨뜨리다

장량이《육도삼략》으로 한신을 도모하다

조조와 유비가 심흑과 면후로 싸우다

손권과 사마의가 후흑의 지존을 다투다

장개석과 모택동이 후흑 천하를 논하다

공空 – 위기에 빠져나갈 퇴로를 만들라

공貢 – 반롱부봉하되 역린을 조심하라

충沖 – 호언장담으로 기선을 제압하라

봉捧 – 박수갈채로 자부심을 만족시켜라

공恐 – 솜에 바늘을 숨기고 때를 노려라

송送 – 비자금을 활동자금으로 활용하라

공恭 – 사람을 가려 때에 맞게 칭찬하라

봉繃 – 큰 인물로 포장해 신뢰케 만들라

농聾 – 귀머거리 흉내로 속셈을 감추라

후흑이 있어야 살아남는다

상사와 부하로 사는 처세의 기술

厚黑學

| 01 |
구천이 와신상담으로
부차를 제압하다

월왕 구천은 회계싸움에서 진 뒤 스스로 오왕 부차의 신하가 되었다. 그의 처는 부차의 첩이 되었다. 이것이 구천이 구사한 '면후'의 비결이다. 구천은 후에 거병하여 오나라를 깨뜨렸다. 부차는 사람을 보내 통곡하며 자신은 신하가 되고 부인은 첩이 되겠다고 빌었으나 구천은 조금도 고삐를 늦추지 않았다. 당시 그의 입장에서는 후환을 없애기 위해서라도 부차를 죽음으로 몰아가지 않으면 안 되었다. 이것이 구천이 구사한 '심흑'의 비결이다. 후흑으로 나라를 구하기 위해서는 먼저 면후가 나온 뒤 심흑이 뒤따라야 한다.

유방과 사마의를 능가하는 구천의 후흑

인구에 회자하는 오월동주吳越同舟와 와신상담臥薪嘗膽의 성어는 춘추시대 말기 장강 하류 남쪽 유역에 할거한 오나라와 월나라가 배경이다.

오왕 합려와 그의 아들 부차, 이들에게 치욕을 당한 후 섶에서 잠을 자고 쓸개 맛을 보며 절치부심 복수의 칼날을 간 월왕 구천, 이들을 보좌한 오자서와 손무, 범리范蠡과 문종文種, 이들 사이에 낀 경국지색 서시西施 등이 오월 쟁투 무대의 주인공들이다.

이종오는 《후흑학》에서 구천을 후흑의 달인으로 평가했다. 초한지제의 유방과 삼국시대의 사마의보다 더 높이 평가했다. 사실 구천이 보여준 와신상담의 행보는 인간이 어떤 목표를 이루고자 하거나 과거의 치욕을 씻기 위해 절치부심할 경우 어느 경지에까지 이를 수 있는지를 잘 보여준다. 이종오가 월왕 구천을 최고의 후흑 대가로 꼽은 것도 바로 '와신상담'을 높이 평가한 결과다.

그렇다면 과연 이종오가 중국의 역대 인물 중 후흑의 최고 달인으로 꼽은 월왕 구천은 과연 구체적으로 어떤 후흑술을 구사했던 것일까? 《오월춘추》의 〈구천귀국외전句踐歸國外傳〉에 다음과 같은 대목이 나온다.

> 구천은 늘 고신로심(苦身勞心: 몸과 마음을 다해 일을 수행함)하여 밤낮으로 열심히 이를 생각했다. 졸음이 올 때는 요(蓼: 매운 맛이 나는 여뀌)를 이용해 잠을 쫓아내고, 다리가 차가울 때는 끓인 물에 발을 담가 추위를 몰아냈다. 겨울에는 늘 포빙(抱氷: 얼음을 껴안음)하고, 여름에는 오히려 악화(握火: 불을 곁에 둠)했다. 종일토록 자신의 마음을 수심에 차게 만들고, 각고의 노력으로 자신의 의지를 더욱 굳건히 하면서 문을 출입할 때는 부단히 입 속으로 이를 되뇌었다. 한밤에는 늘 잠읍(潛泣: 몰래 눈물을 흘림)하고, 울음이 끝나면 하늘을 처다보며 길게 탄식했다.

위의 대목에는 흔히 알려져 있는 와신상담 대신 '포빙악화抱氷握火'라는 성어가 나오는데, 뜻은 와신상담과 같다. 복수의 칼을 가는 월왕 구천의 처절한 모습이 잘 나타나 있다. 통상적인 사람의 모습이 아닌 것이다.

그렇다면 와신상담의 고사를 실어놓은 《사기》의 〈월왕구천세가越王句踐世家〉는 월왕 구천의 행보를 어떻게 묘사해놓은 것일까? 이에 따르면 당시 월왕 구천은 월나라로 돌아가 오나라에서 받은 치욕을 설욕키 위해 자리 옆에 쓸개를 매달아놓은 뒤 앉으나 누우나 이를 쳐다보고 음식을 먹을 때도 이를 핥았다. 그러면서 그는 스스로에게 이같이 다짐했다.

'너는 회계산에서의 치욕을 잊었는가?'

회계산은 월왕 구천이 마지막까지 버티다 범리의 권유를 좇아 항복을 한 곳이다. 이 일화가 바로 와신상담의 전거가 됐다. 와신상담의 일화는 다른 사서에는 전혀 나타나지 않고 있다. 사마천이 《사기》를 저술하는 전한 제국 초기에 만들어져 인구에 회자되었을 가능성을 시사한다.

이와 관련해 관심을 끄는 것은 베이징대 교수 엽자성葉自成의 '반구천론反句踐論'이다. 그는 지난 2004년 중국의 향후 세계 전략을 모색한 《중국대전략》에서 중국 정부가 취하고 있는 소위 도광양회(韜光養晦; 칼날의 빛을 감추고 때를 기다림)의 폐기를 주장하면서 다음과 같이 제언하고 나섰다.

도광양회는 월왕 구천의 계략이다. 능력을 감추고 세상에 나서지 않으면서 때를 기다리는 계략이었던 것이다. 그러나 목적을 이루기 위해 모든 도덕규범을 고려하지 않는 이 방법은 주의할 필요가 있다. 음모와 위계는 국가 간에 쓰이는 것이기는 하나 이런 하급의 전략으로 목적을 이루는 것은 잘못이다. 도덕과 신의를 중시하는 중국의 전통적인 주류 사상과 어울리지 않는다. 이제는 세계를 향해 중국은 세계 대국이 될 것이라고 당당히 말하고, 세계의 모든 나라와 평화롭게 지내는 코끼리가 되어야 한다.

그의 이런 주장은 최근 막강한 경제력을 바탕으로 세계 유일의 초강대국인 미국과 어깨를 겨루고자 하는 중국 정부의 자부심이 반영된 결과이기도 하다. 내용상 2010년에 들어와 중국의 대국주의 행보를 경계하는 취지에서 나온 돌돌핍인과 맥을 같이한다. 여기의 '돌돌'은 놀라서 이상히 여기는 소리 또는 모양으로, 기예 등이 뛰어난 것을 보고 경탄하는 것을 뜻한다. '핍인'은 사람을 힘으로 밀어붙이는 것을 의미한다. 돌돌핍인은 과거 제국주의 열강들처럼 기세등등하게 힘으로 몰아붙이는 무력 외교와 같은 뜻이다.

이는 중국의 외교정책이 근육질을 드러내는 '힘의 외교'를 본격화했다는 것을 뜻한다. 직접적 계기는 지난 2010년 9월에 벌어진 중·일 간의 센카쿠 열도(중국명 다오위다오 군도) 사태'다. 당시 센카쿠 열도 인근 해상에서 중국 어선이 일본 순시선을 잇달아 충돌한 뒤 중국 선장이 체포되면서 빚어진 이 사태는 얼마 후 일본이 중국인 선장을 석방하면서 싱겁게 끝났다. 전 세계가 중국의 막강한 힘을 절감한 것은 말할 것도 없다.

그렇다면 중국은 등소평 이래 지속적으로 견지해온 도광양회를 버리고 돌돌핍인의 무지막지한 외교로 돌변한 것일까? 그렇지는 않다. 돌돌핍인은 중국의 막강한 기세를 두려워하는 측에서 만들어낸 말에 불과하다. 중국은 앞으로도 미국과 어깨를 나란히 하는 수준이 될 때까지 도광양회를 계속할 것이다. 도광양회가 바로 중국 전래의 난득호도 정신과 부합하고 있기 때문이다.

원래 병법에서 말하는 도광양회 전략은 구천의 '와신상담'과 '포빙악화' 전략이기도 하다. 이 전략은 후진타오 정부가 들어선 이래 소위 화평굴기 전략으로 수정된 바 있다. 그러나 기본 취지만큼은 별반 달라진 게 없다. 여러 정황을 종합해볼 때 엽자성의 반구천론은 화평굴기 전략이 주효해 중국의 국력이 미국과 어깨를 나란히 한 뒤에야 비로소 설득력을 지닐 수 있다. 중국의 비약적인 경제 발전이 앞으로도 몇 십 년 더 아무 탈 없이 진행된 뒤에나 가능한 것이다. 중국이 근세 이래 수백 년 동안 전 세계를 주름잡은 대영 제국의 뒤를 이은 대미 제국大美帝國과 맞서 도덕과 신의를 기치로 내건 왕도적 세계 질서를 구축코자 하면 그 상대인 대미 제국을 실력으로 제압할 수 있어야만 한다. 이는 진시황과 한 무제가 중화 질서를 구축키 위해 막강한 무력을 지닌 흉노 등의 북방 세력과 끊임없이 대립하며 막대한 국력을 기울였던 전례에 비추어 의심할 바가 없다.

중국이 장차 엽자성 교수가 말하는 왕도적 세계 질서를 구축코자 한다면 앞으로도 수십 년 동안 지속적인 고속 성장을 거듭하는 수밖에 없다. 사실 이 길만이 중국을 제1의 가상 적국으로 삼고 있는 미국의 견제를 극소화하면서 장차 대등한 실력 내지 우월한 실력을 구축할 수 있는 계기를 마련해줄 수 있다.

실제로 후진타오 정부는 화평굴기를 기치로 내세워 공연히 미국을 비롯한 구미 열강을 자극하는 결과만 초래했다. 2010년의 센카쿠 열도 사태로 인해 미국과 일본을 비롯한 서구 열강의 경계심을 더욱 강화시킨 것은 말할 것도 없다. 아직도 여러 면에서 미국과 어깨를 나란히 할 수 없는 상황에서 득보다 실이 클 수밖에 없다. 중국 내에서 도광양회의 기조를 100년간 더 견지해야 한다는 주장이 나오는 이유가 여기에 있다. 도광양회의 책략은 이종오가 역설한 후흑구국 정신의 요체이자 후흑술의 백미에 해당한다.

간언을 흘려들은 부차

그렇다면 최고의 후흑술 대가로 평가받는 월왕 구천과 대비되는 오왕 부차는 과연 어떤 인물이었기에 끝내 구천에게 패하고 만 것일까? 지난 2010년 6월 중국 강소성 소주蘇州에서 부차 시대에 제작된 각종 청동 유물을 조명하는 특별전이 열린 바 있다. 소주박물관의 전면 재개관을 기념하기 위해 인근의 상해박물관을 비롯한 각 지역 박물관에서 대여 받은 오왕 부차와 관련한 유물 아홉 건을 포함해 모두 17점을 특별전에 내놓았다. 비록 수량이 많지는 않았지만 부차 치세 당시 오나라의 문화를 엿볼 수 있는 귀중한 유물이 다수 전시됐다.

오왕 제번이 사용한 칼이라는 문구를 34글자로 새긴 청동 검과 그의 아들 오왕 합려가 직접 만들었다는 글자를 넣은 또 다른 청동 칼, 합려의 아들 오왕 부차가 직접 만들었다는 내용이 적힌 청동 양날 칼 등이 그것이다. 기원전 6세기경 오월동주의 시기에 활약했던 인물들이 마치 살아나온 듯한 착각을 일으킬 만한 귀중한 유물들이다.

가장 관심을 끈 것은 용을 비롯한 각종 도안을 화려하게 장식한 세 발 달린 청동 주전자다. 상해박물관이 대여한 이 주전자는 높이 27.8센티미터에 주둥이 지름 11.7센티미터, 몸통 중심부 지름 24.9센티미터 크기로, 어깨 부근을 돌아가면서 다음과 같은 내용의 12글자가 새겨져 있다.

"吳王夫差, 吳, 金鐵女子之器, 吉"

'오나라 왕 부차가 판단컨대, 이는 금철과 같이 귀중한 여인을 위해 만든 기물로, 이를 지니면 길할 것이다'라는 뜻이다. 여기의 '오吳'는 헤아리거나 생각한다는 뜻의 우虞 자와 같은 뜻이다. 이 기물을 하사받은 여인은 대략 오왕 부차의 총애를 입은 여인일 것이다. 중국인들은 그 여인이 바로 전설상의 미녀인 '서시'일 것으로 믿고 있다.

서시에 관한 얘기는 사마천의 《사기》에는 나오지 않고, 후대에 나온 《오월춘추》에 나온다. 이로 볼 때 오나라가 패망한 뒤 만들어진 얘기일 가능성이 높다. 이 청동기는 당시 오왕 부차가 이처럼 아름다운 청동 주전자를 하사할 정도로 매우 빼어난 어떤 여인에 침잠해 정사를 제대로 돌보지 않았음을 시사한다. 서시의 일화가 전혀 터무니없이 만들어지지는 않았음을 뒷받침하는 대목이다.

《오월춘추》에 나오는 서시 일화는 후흑의 진수를 잘 보여주고 있다. 이에 따르면 이 계책은 대부 문종의 머리에서 나온 것이었다. 당초 월왕 구천은 대부 문종을 불러 오왕 부차를 미혹케 만들 수 있는 계책을 물은 적이 있었다.

"내가 들건대 오왕 부차는 여색을 좋아하고 술에 빠져 정사를 돌보지 않는다 하오. 오왕 부차를 더욱 방탕케 만들 수 있는 계책이 있소?"

"오왕 부차는 여색을 탐하는 데다가 재상인 백비는 교언巧言과 아첨을 좋아합니다. 이때 미희를 바치면 틀림없이 받아들일 것입니다. 원컨대 대왕은 두 명의 미인을 선발해 그들에게 바치도록 하십시오."

"좋은 생각이오."

그리고는 관상을 잘 보는 사람을 보내 나라 안을 찾아보게 했다. 그러자 곧 저라산(苧羅山; 절강성 제기현 남쪽)에서 땔감을 내다 팔아 생활하는 나무꾼의 딸 서시와 정단鄭旦이라는 두 여인을 찾아냈다. 서시는 저라산

밑에 있는 시씨施氏 마을의 서쪽에 산 데서 유래한 것이다.

월왕 구천은 범리에게 분부하여 각기 100금을 갖다 주고 두 미희를 데려오게 했다. 이에 서시와 정단은 비단 옷을 입고 비단 휘장을 친 수레를 타고 도성으로 들어갔다. 두 여인은 노래와 춤, 화장하는 법, 걸음 걷는 법 등을 배웠다. 마지막으로 도성의 거리로 나가 여러 가지 학습을 참관케 했다. 서시와 정단은 이같이 3년 동안 연마하여 모든 것을 능숙하게 다룰 수 있게 되자 범리가 그녀들을 이끌고 오나라로 갔다.

마침 오왕 부차는 제나라를 치러 갔다가 돌아와 있었다. 범리가 오왕 부차에게 머리를 조아리며 말했다.

"월나라는 지세가 낮고, 군신이 궁박한 상황에 처해 있어 감히 두 여인을 머물게 할 수 없습니다. 대왕이 두 여인을 추하다고 여기지만 않는다면 부디 거두어 기추지용(箕帚之用; 청소하는 데 사용한다는 뜻으로, 처첩을 의미)으로 쓰기 바랍니다."

오왕 부차는 크게 기뻐하며 두 여인을 불렀는데, 서시와 정단을 보고는 그만 넋이 나가고 말았다.

"월나라가 두 여인을 바치니 이는 구천이 오나라에 충성스런 증거이다."

그러자 곁에 있던 오자서가 간했다.

"대왕은 받아들여서는 안 됩니다. 신이 듣건대 '5색五色은 사람의 눈을 어둡게 하고, 5음五音은 사람을 귀먹게 한다'고 했습니다. 만일 대왕이 이 두 미인을 받아들이게 되면 이후 반드시 재앙이 뒤따를 것입니다. 제가 듣건대 월왕은 낮에 공무를 보며 피곤한 줄 모르고 저녁에는 전적을 읽으며 밤을 새운다고 합니다. 또 그는 성실히 정사를 돌보며 인정仁政을 펼치고, 적극 간언을 받아들이며 현인을 발탁한다고 합니다.

제가 듣건대 '현사는 나라의 보물이나, 미녀는 나라의 재난이다'라고 했습니다. 하나라의 걸桀은 말희妺喜로 인해 망했고, 은왕 주紂는 달기妲己로 인해 망했으며, 주나라 유왕幽王은 포사褒姒로 인해 망했습니다."

그러나 부차는 오자서의 말을 듣지 않고 월나라 미녀들을 받아들였다. 이후 오왕 부차는 두 여인에게 빠져 정사를 소홀히 하게 되었다. 《오월춘추》는 오자서를 크게 미화해놓기는 하나 대부분 역사적 사실에 기초하고 있다. 당시 오왕 부차가 오자서의 간언을 받아들였다면 결코 패망치 않았을 것이다. 그는 후흑에 반대되는 박백의 모습을 보였다. 귀가 얇고 경박했다는 뜻이다.

고금동서를 막론하고 미인을 좋아하는 것은 인지상정이다. 미인계를 소위 '회뢰계(賄賂計; 뇌물계)'의 일환으로 간주하는 이유다. 원래 '회뢰'의 '회'는 금옥金玉, '뢰'는 '포백(布帛; 베와 비단)'을 말한다. 요즘 말로 '회'는 순금이나 달러 등의 현금, '뢰'는 주식이나 채권 등 즉시 환금이 가능한 유가증권에 비유할 만하다.

오왕 부차처럼 군주가 회뢰를 받은 것은 대통령이 대기업들로부터 뇌물을 받은 것에 비유할 수 있다. 나라를 패망의 길로 이끈 징표가 아닐 수 없다. 실제로 오자서가 부차에게 간한 것도 이런 취지에서 나온 것이다. 미인계를 구사한 월왕 구천의 후흑과 이에 넘어간 오왕 부차의 박백이 선명히 대비되는 대목이다.

| 02 |

유방이 임협의 무리와 항우를 깨뜨리다

유방은 천부적 자질이 있는 데다 경륜 또한 깊었다. 그는 세속에서 말하는 오륜은 물론 예의염치 따위를 깨끗이 버렸기 때문에 군웅을 능히 평정하고 천하를 통일할 수 있었다. 《사기》에 따르면 항우가 유방에게 이같이 제의한 적이 있다.

"천하가 흉흉한 지 이미 오래되었다. 이제 나와 당신 두 사람뿐이니 당신과 겨뤄 자웅을 가리고자 한다."

이때 유방이 웃으며 이같이 대답했다.

"나는 지혜를 겨룰지언정 힘을 다툴 생각은 없소!"

유방은 항우가 자신의 부친을 인질로 잡아 삶아 죽이겠다고 하자 오히려 태연하게 그 국 한 사발을 나누어 달라고 요청했다. 그는 또 초나라 병사에게 쫓길 때 수레의 무게를 덜기 위해 자신의 자식을 세 번이나 마차에서 떠밀어내려고 했다. 그가 후에 또 천하를 얻은 뒤 한신을 죽이고 팽월을 죽인 것은 바로 다음과 같은 격언에 따른 것이다.

'새를 잡으면 활을 광 속에 넣어두고, 토끼를 잡고 나면 사냥개를 삶

아 먹는다.'

그러니 어찌 부인지인(婦人之仁: 부인의 어짊)과 필부지용(匹夫之勇: 필부의 용맹)을 지닌 데 불과한 항우가 유방의 심사가 어떠했는지를 꿈엔들 알 수 있었겠는가? 유방의 뻔뻔함과 음흉함은 다른 사람과 비교해 특별히 달랐다. 특히 속마음이 시꺼멓기로 말하면 대략 '태어날 때부터 자연스러워 마음 내키는 바대로 해도 결코 시꺼먼 속마음의 법도를 어긋난 적이 없다'고 요약할 수 있다.

원래 항우는 '역발산기개세(力拔山氣蓋世: 힘은 산을 뽑을 만하고 기운은 세상을 덮을 만하다)'의 영웅이다. 그러나 그는 왜 모든 사람들이 흐느끼며 만류하는 데도 불구하고 동성東城에서 죽어 천하의 웃음거리가 되었을까? 그가 실패한 원인은 한신이 지적한 바와 같이 '부인지인, 필부지용'이라는 여덟 자에 함축돼 있다. '부인지인'은 곧 불인不仁을 참지 못하는 것으로, 그 병의 근원은 속마음이 시꺼멓지 못한 데 있다. '필부지용'은 수모를 참지 못하는 것이니 그 병의 근원은 뻔뻔하지 못한 데 있다. 항우는 홍문지연鴻門之宴에서 같은 좌석에 앉아 있던 유방의 목을 검을 빼과감히 쳤으면 '지존 황제'의 자리를 차지할 수 있었을 것이다. 그는 후세에 욕을 먹을까 두려워 망설이다가 결국 유방이 도주하도록 방치했다. 그가 해하垓下의 싸움에서 패했을 때에도 만일 오강烏江을 건너 권토중래를 노렸다면 아직 천하가 누구의 수중에 떨어질지 모를 일이었다. 그러나 그는 한낱 이같이 말했을 뿐이다.

"나는 강동의 자제 8천 명과 함께 강을 건너 서쪽으로 왔으나 지금 한 사람도 돌아오지 못했으니 설사 강동의 부형들이 나를 가련히 여겨 용서해준다 한들 무슨 면목으로 그들을 보랴. 그들이 비록 말을 안 한다 할지라도 내 어찌 이를 부끄럽게 여기지 않겠는가?"

이 말은 참으로 보통 잘못된 것이 아니다. 그는 일면 '사람을 볼 면목이 없다'고 하고, 일면 '마음에 부끄러움이 있다'고 말했다. 도대체 잘난 사람의 체면이 다 뭐고 그 고매한 인품이 또 뭐란 말인가? 그러나 그는 자신의 이런 소견에 대해 좀 더 검토할 생각도 없이 이런 유언을 남겼을 뿐이다.

"이는 하늘이 나를 멸망시키려는 것이지 내가 결코 싸움에 약했기 때문이 아니다."

아마 하늘도 그의 이런 잘못을 용서할 수 없었을 것이다.

무뢰한 기질로 승리한 유방

중국사를 개관할 때 춘추전국시대와 삼국시대에 버금하는 또 하나의 난세가 바로 초한지제다. 사상 최초의 통일 제국인 진 제국이 패망한 이후 두 번째로 천하를 통일한 한 제국이 성립하기 전까지의 시기를 말한다.

이종오는 《후흑학》에서 초한지제의 두 영웅인 유방과 항우를 비교하면서 유방의 후흑을 극찬하고 있다. 항우가 유방의 부친을 인질로 잡아 삶아 죽이겠다고 협박했을 때 오히려 태연하게 그 국 한 사발을 나누어 달라고 했고, 초나라 병사에게 쫓길 때 수레의 무게를 덜기 위해 자신의 자식들을 세 번이나 마차에서 발로 차 밀어냈으며, 천하를 얻은 뒤 한신과 팽월 등을 토사구팽한 것 등이 논거다. 범인이 할 수 없는 일을 태연히 했다는 것이다.

반면 항우를 유방에 못지않게 높이 평가한 사가도 있다. 바로 사마천이다. 《사기》의 행간을 보면 유방과 항우를 객관적으로 서술하기 위해 나름 세심한 주의를 기울인 흔적을 쉽게 찾아낼 수 있다. 사마천이 《사기》를 저술하면서 〈진시황본기秦始皇本紀〉 다음에 〈항우본기項羽本紀〉를 둔 사실이 이를 뒷받침한다.

그러나 그 또한 시대적 제약에서 결코 자유로울 수는 없었다. 그가 〈태사공자서太史公自序〉에서 '항우가 자영(子嬰: 진시황의 손자)을 죽이고 초회왕을 배신하자 천하인이 그를 비판한 까닭에 〈항우본기〉를 지었다'는 식으로 구차하게 설명해놓은 게 그 증거다. 〈항우본기〉를 〈진시황본기〉 다음에 배치한 의도를 간파당할까 우려한 나머지 이런 식의 변명을 늘어놓았을 가능성이 높다.

일본의 사타케 야스히코佐竹靖彦도 그의 저서 《유방》(권인용 옮김, 이산, 2007)에서 유사한 주장을 펼쳤다. 이 책은 그간 정설로 통하던 많은 역사적 사실을 뒤집은 게 특징이다. 그의 주장에 따르면 왜곡의 단초는 《사기》에 있다. 사마천도 당대의 정치적 자장에서 완전히 자유로울 순 없었다는 게 그의 주장이다.

사마천이 유방의 삶을 다룬 〈고조본기〉를 쓸 때 가장 중시한 것은 육가陸價의 《신어新語》였다. 사마천은 그 내용을 거의 그대로 이어받았다. 육가가 아무리 강개한 인물이었을지라도 당시의 역사를 완벽하게 객관적으로 서술할 수는 없었다는 게 그의 분석이다.

사타케는 유방이 임협任俠의 무리에서 생장했다는 사실을 강조하고 있다. 이는 유방이 중국 역사상 최초의 서민 출신 황제라는 사실에 주목한 결과로 볼 수 있다. 일개 시골 아전에서 지존의 자리까지 올라간 발판이 '임협'에 있었다는 주장은 참신하다. 임협은 나쁘게 보면 무뢰한이지만 좋게 보면 지사志士다. 유방의 인품에 대해서도 그는 《사기》의 기록에 의문을 제기했다.

"유방은 어질어서 사람을 사랑으로 대하고 베푸는 것을 좋아하며, 성격도 활달했다."

위와 같은 《사기》 기록에 대해 사타케는, 유방이 배신을 하고도 눈 하나 깜짝하지 않는 인간이라는 사실을 빼놓았다고 지적하고 있다. 이는 이종오가 유방을 후흑의 대가로 평한 것과 맥을 같이하는 것이다. 사마천은 유방과 항우를 모두 인의에 밝은 인물로 서술해놓았으나 항우 쪽에 더 무게를 두었다는 게 그의 지적이다.

사실 사타케가 지적했듯이 유방과 항우에 대해서는 완전히 새롭게 재해석할 필요가 있다. 유방과 항우에 대한 사서의 기록이 형평성을 잃고 있기 때문이다. 사서의 기록과 달리 오랫동안 많은 시인 묵객들이 항우를 기린 데에는 그만한 이유가 있다고 봐야 한다.

당초 유방의 휘하에 모인 자들은 그야말로 시정잡배 수준이었다. 번쾌는 개백정, 관영은 비단 장수, 주발은 장례식 악사, 하후영은 마부 출신이었다. 한韓나라의 명족 출신인 장량張良을 제외할 경우 가장 학식이 높다는 소하와 조참조차도 일개 현의 아전에 불과했다. 유방 자신도 극도로 주색을 밝힌 건달에 지나지 않았다. 《사기》의 〈고조본기〉의 다음 대목이 그 증거이다.

"유방은 주색을 좋아해 늘 주점으로 가 외상으로 술을 마시고, 술에 취하면 그곳에 드러눕곤 했다."

그렇다면 건달 출신인 유방은 어떻게 해서 막강한 실력을 자랑하는 항우를 제압하고 새 제국을 건설할 수 있었던 것일까? 사타케는 임협에서 그 해답을 찾았다. 유방 집단이 풍豊과 패沛 지역 출신인 점에 주목한 그는 이들의 임협적 의리 관계가 객관적 열세를 극복하는 초석이 되었다고 주장했다. 그러나 이것만으로는 유방이 항우를 누르고 천하를 거머쥔 이유를 제대로 해명하기가 쉽지 않다.

대략 사서의 기록을 종합해볼 때 크게 두 가지 요인을 들 수 있다. 우선 내부적인 요인으로 유방의 서민 행보에 주목할 필요가 있다. 이는 초나라 귀족 출신인 항우가 결코 지닐 수 없는 유방만의 자랑이기도 했다. 난세에는 귀족적인 풍모가 도움이 되기보다는 오히려 해가 된다. 삼국시대 최고의 명문 집안 출신인 원소袁紹가 환관 집안 출신인 조조曹操에게 패한 것도 이와 무관치 않다.

외부적인 요인으로 제후들이 항우를 위험시한 점을 들 수 있다. 사실 이 점이 항우의 패배에 결정적인 요인으로 작용했다고 보아야 한다. 당시 제후들은 항우의 힘이 너무 막강한 까닭에 언젠가는 봉지를 반납한 뒤 그의 조신朝臣으로 전락할지도 모른다는 위기의식을 느끼고 있었다. 토사구팽의 위험을 미리 감지하고 있었던 셈이다. 반면 그들은 자신과 세력이 비슷한 유방의 세상이 도래할 경우 그런 위험이 없을 것으로 착각했다. 한신이 유방을 철석같이 믿은 나머지 책사인 괴철蒯徹의 천하삼분지계天下三分之計를 물리친 채 우유부단한 모습을 보이다가 끝내 유방의 부인 여후의 손에 비참한 최후를 맞이한 게 그 실례다.

일본에서 국민 작가로 통하는 시바 료타로司馬遼太郎는 그의 저서 《항우와 유방》(양억관 옮김, 달궁, 2002)에서 유방을 도시에 나와 하릴없이 빈둥거리며 지내는 건달로 묘사해놓았다. 지성이라고는 눈곱만큼도 없고, 예의범절과는 담을 쌓았으며, 입만 열었다 하면 욕설이고, 여자만 보면 침을 흘리는 모습이다. 아무리 난세라지만 도무지 군웅의 일원이 될 만한 자질이 전혀 보이지 않는다. 그럼에도 그는 최후의 승자가 됐다.

시바 료타로도 사타케와 마찬가지로 유방이 승리한 비결을 임협에서 찾았다. 지성이라고는 눈곱만큼도 없었으나 감성이 풍부했고, 예의 범절과는 담을 쌓았으나 의리에 밝았으며, 입만 열었다 하면 욕설을 퍼부었으나 자신이 필요한 사람에게는 예우를 했고, 여자만 보면 침을 흘렸으나 천하를 다투는 중요한 시기에는 눈길 한 번 주지 않았으며, 외상술을 밥 먹듯 했으나 돈이 생기면 팁까지 얹어 갚았던 것이다. 이종오가 지적했듯이 출신 배경이나 평소의 행보를 보면 완전 건달에 지나지 않았으나 결정적인 순간의 행보는 천하를 거머쥐고자 하는 난세 영웅의 면모를 보였다.

시바 료타로는 유방이 '난세 영웅'의 면모를 지닌 구체적 사례로 크게 두 가지를 꼽았다. 첫째, 유방은 마을의 덕망 높은 부로父老의 지지를 이끌어냈다. 둘째, 피를 나눈 가족 대신 뜻을 같이하는 사람을 휘하에 끌어들였다. 이는 혈족 또는 처족만을 중시한 항우와 극명하게 대비되는 대목이다.

당초 유방은 평균수명이 45세가량인 당시의 기준으로 볼 때 매우 늦은 나이인 30세 때 비로소 관리로 채용되었다. 자리는 정장亭長이었다. 관리들의 숙박 시설인 정亭을 책임지고 경비 업무도 맡아보는 말직이었다. 지금의 출장소 주임에 해당하나 사실 말이 관리이지 시중꾼에 가까웠다. 하지만 다음과 같은 일화는 유방의 기질을 잘 보여준다.

당시 원수진 사람을 피해 유방의 고향인 패현沛縣으로 와 현령의 식객이 된 여공呂公이라는 사람이 있었다. 건달들과 향리들이 이 소식을 듣고 모두 찾아가 인사했다. 아전의 우두머리로 있던 소하가 진상하는 예물을 주관하며 빈객들을 향해 말했다.

"진상한 예물이 1천 전錢에 이르지 않는 자는 당하堂下에 앉으시오."

유방은 가짜 명함을 제시하며 '하전만(賀錢萬; 하례금 1만 전)'이라고 써넣었다. 그러나 그는 단 1전도 지참하지 않았다. 명함이 들어가자 여공이 크게 놀라 그를 문 앞에서 맞이했다. 평소 관상 보기를 좋아했던 여공은 유방의 관상을 보고는 크게 놀라 곧 안으로 맞아 들여 자리에 앉게 했다. 소하가 간했다.

"그는 실로 큰소리만 많고, 실행은 적은 자입니다."

그러나 여공은 이에 아랑곳하지 않고 주연 도중 눈짓으로 유방을 붙잡아두었다. 마침내 유방만 남게 되자 여공이 말했다.

"지금까지 여러 사람의 상을 보았으나 그대와 같은 상은 본 적이 없소. 나에게 딸이 있으니 받아주기 바라오."

이 소식을 들은 부인이 화를 냈다.

"현령이 당신과 친분이 있어 딸을 달라고 했는데도 주지 않더니 이제 와서 어찌하여 그런 자에게 허락한 것입니까?"

여공이 웃으며 말했다.

"이는 아녀자가 알 수 있는 바가 아니오."

유방이 가짜 명함을 전하며 '하전만'이라고 써넣은 것은 그의 기개와 꿈이 간단치 않음을 방증한다.

유방은 40세 때인 기원전 209년 정장의 자격으로 일단의 죄수들을 이끌고 여산으로 향했다. 진시황 능묘 조성에 동원된 죄수들을 호송키 위한 것이었다. 그러나 죄수들의 도주가 심했다. 처음 출발할 때 500명이었으나 나흘 만에 절반으로 줄어들었다. 처벌을 면키 어려웠다.

결국 유방은 자신을 따르는 자 10여 명을 이끌고 고향 일대의 늪지대에 숨어들었다. 진나라 말기 진승이 결단의 상황에서 반기反旗를 든 데 반해 유방은 유적流賊의 길을 택한 셈이다. 그는 이내 소하, 조참 등과 내통해 현령을 죽이고 패 땅의 자제 2천여 명을 이끄는 소규모 반란군의 우두머리가 되었다. 그의 휘하들은 그를 패공沛公으로 높여 불렀다. 이는 패현의 수령을 뜻하는 초나라 용어다. 진시황에 이어 사상 두 번째로 천하 통일의 위업을 이루는 단초가 이때 마련됐다. 기원전 208년 9월 유방은 함양 입성을 위한 관문통과를 뜻하는 '입관入關'의 앞 단계로, 완성(宛城: 하남성 남양현)에 맹공을 퍼부었으나 아무런 성과도 거두지 못했다. 유방이 완성을 우회하려고 하자 장량이 만류했다.

"지금 완성을 함락시키지 않으면 완성의 군사가 우리의 뒤를 치고 함양의 군사는 우리의 앞을 막게 됩니다. 이는 극히 위험한 방도입니다."

다시 말머리를 돌린 유방은 우여곡절 끝에 완성을 손에 넣었다. 후고지우後顧之憂를 없앤 그는 파죽지세로 무관(武關: 섬서성 상현 경계)을 함락시킨 뒤 곧바로 요관(嶢關: 섬서성 상현 서북쪽)을 향해 진격했다. 요관은 함양이 있는 관중의 동쪽 대문으로 지형이 험준했다. 유방이 정면 돌파를 시도하려고 하자 장량이 반대했다.

"진나라 병사가 많으니 가벼이 보아서는 안 됩니다. 먼저 5만 명분의 식사를 준비했다고 소문을 내고 산 위에 깃발을 세워 허장성세를 보이십시오. 연후에 사람을 시켜 황금을 가져가 성을 지키는 장수에게 항복을 권하면 일이 쉽게 풀릴 것입니다."

유방이 이를 좇자 과연 요관의 문이 열렸다. 유방이 아무런 저항도 받지 않은 채 함양에 가까운 패상(覇上: 섬서성 남전현 북쪽)에 주둔했다. 얼마 뒤 조고에게 죽임을 당한 2세 황제의 뒤를 이어 보위에 오른 진왕 자영이 조고를 척살한 뒤 궁 밖으로 나와 항복했다. 유방의 휘하 장수들은 함양에 입성하자마자 다투어 부고府庫로 달려가 보물을 나눠 가졌다. 유방도 함양의 화려한 궁전과 여인에 넋을 빼앗겼다. 번쾌가 나서 간언했으나 듣지 않았다. 장량이 다시 간곡히 간한 뒤에야 비로소 군사를 돌려 패상으로 향했다. 이때 유방은 부로父老들을 모두 불러놓고 '약법3장約法三章'을 선언했다.

"이후에는 약법3장만 있을 뿐이오. 살인자는 사형에 처하고, 상해한 자와 절도한 자는 죄의 경중에 따라 처벌한다는 게 그것이오. 내가 패상으로 철군하는 것은 다른 제후들이 오기를 기다려 기왕의 약속을 확정지으려는 것일 뿐이오."

이는 진나라 백성들의 마음을 사는 데 결정적인 계기로 작용했다. 이종오는 유방의 후흑이 장량의 후흑에서 비롯된 것으로 파악했다. 사실 이게 유방의 천하 통일에 결정적인 배경으로 작용했다. 이종오의 유방에 대한 높은 평가는 크게 두 가지 논거에 기초해 있다. 천부적으로 후흑의 자질을 갖고 있었고, 후천적으로 후흑의 경륜을 쌓았다는 게 그것이다. 그의 다음과 같은 평이 이를 뒷받침한다.

"그는 세속에서 말하는 군신과 부자, 형제, 부부, 붕우의 오륜은 물론 예의염치 따위를 깨끗이 버렸기 때문에 군웅을 능히 평정하고 천하를 통일할 수 있었다. 이후 400여 년이 지나 유방이 떨친 후흑의 기운이 바야흐로 소멸되자 한나라의 황통도 끊어지게 된 것이다."

마키아벨리의 《군주론》을 연상시키는 대목이다.

포기가 빨랐던 항우

중국인들은 심성적으로 유방보다 항우를 좋아한다. 이는 항우가 매우 극적인 삶을 산 사실과 무관치 않을 듯싶다. 약관 24세 때 거병한 그는 불과 3년 만에 천하를 호령하는 패왕이 되었다. 그럼에도 시골의 건달 출신 유방에게 패하고 말았다. 고금동서를 막론하고 사서는 늘 승자에게 유리하게 써지기 마련이다. 항우와 유방의 경우도 예외가 아니다.

당초 항우는 자신의 신분과 재능에 대해 지나친 자신감을 갖고 있었다. 전쟁을 할 때마다 연전연승을 한 데다 힘과 재능, 출신 가문 등 모든 면에서 유방을 압도했기 때문이다. 그러나 그는 참모를 업신여기고 변화무쌍하게 변하는 민심의 향배를 제대로 파악하지 못하는 우를 범했다. 난세의 영웅에게 필수적으로 요구되는 대기大器로서의 자질을 보여주지 못한 것이다.

이종오가 실례로 든 사례가 바로 홍문지연이다. 이는 유방의 세력이 아직 미약했을 때 항우의 군사였던 범증이 유방을 죽이지 않으면 훗날 화가 있을 것으로 생각하고 그를 미리 제거하기 위해 지금의 섬서성에 있는 홍문에서 베푼 연회를 말한다. 당시 범증은 부하로 하여금 칼춤을 추게 한 뒤 적당한 시점에 유방을 죽일 생각이었으나, 항우는 후세 사가의 비판을 두려워한 나머지 실행에 옮기지 못했다. 유방은 이 틈을 타 부하들과 함께 줄행랑을 칠 수 있었다. 이종오는 이를 질타했다. 심후와 정반대되는 박백에 해당한다는 것이다.

사실 이는 오래전부터 비판의 대상이 되었다. 사마천이 《사기》에서 한신의 말을 인용해 소위 부인지인과 필부지용으로 비판해놓은 게 그 증거다. 결국 이 사건으로 인해 항우는 범증과 결정적으로 틀어지고, 끝내는 유방의 참모인 진평의 반간계(反間計: 첩자를 보내 이간질하는 계책)에 걸려 결별하게 되었다. 이종오가 범증을 두고 심흑에는 뛰어났지만, 면후에는 밝지 못했다고 평한 이유다. 너무 조급하게 주군의 곁을 떠났다는 지적이다. 물론 이종오도 궁극적인 책임은 항우에게서 찾고 있다. 부인지인과 필부지용을 언급한 게 그것이다. 이종오는 사면초가를 대표적인 실례로 들고 있다. 그러나 사면초가는 당시부터 유방의 승리를 미화하는 도구로 활용된 까닭에 여러모로 역사적 사실과 동떨어져 있다.

사서의 기록에 따르면 기원전 202년 겨울 12월 항우는 한나라 연합군에게 대패해 해하에 이르게 되었다. 이곳은 현재 안휘성 영벽현 동남쪽에 있는 12미터 높이의 절벽 아래를 말한다. 《사기》와 《한서漢書》 모두 항우가 최후를 맞은 곳으로 이 해하를 지목했다. 해하는 당시 항우의 본거지인 진성陳城에서 동남쪽으로 260킬로미터 떨어진 곳이다.

이에 대해 사타케 야스히코는 커다란 의문을 제기했다. 이곳은 만성적인 군수품 보급에 어려움을 겪던 항우의 군대가 진군할 만한 곳이 아니라는 것이다. 그는 해하가 아닌 진성의 바로 아래인 소위 '진하陳下'가 역사적 사실에 부합한다고 주장했다. 〈조상국세가〉에 나오는 "한신은 군대를 이끌고 진 땅에 이르러 유방과 함께 항우를 격파했다"는 구절을 논거로 들었다. 사마천이 〈회음후열전〉에서는 해하로 바꿔 썼지만 〈조상국세가〉에서는 미처 바꾸지 못했거나 일부러 바꾸지 않은 게 분명하다는 것이다.

그렇다면 진하가 해하로 바뀐 이유는 무엇일까? 사다케의 주장에 따르면 진하의 결전은 사실 항우와 유방의 싸움이 아니라 항우와 한신의 싸움이었다. 유방군은 진성의 북쪽 양하에서 항우군을 맞아 싸우다 크게 패했다. 항우군에 포위된 유방은 한신의 도움으로 간신히 숨을 돌릴 수 있었다. 이후 30만에 달한 한신군은 10만에 불과한 항우군을 포위해 대승을 거뒀다. 항우는 부득불 진성으로 물러나 농성을 선택할 수밖에 없었다.

진하를 해하로 바꾼 이유가 여기에 있다. 결전 장소를 진하로 기록할 경우 모든 공이 한신에게 돌아가는 게 너무 명백하기 때문이라는 것이다. 사서에는 사다케의 주장을 뒷받침하는 관련 대목이 제법 많다. 사면초가의 기록도 진하를 해하로 바꾼 배경을 짐작케 해준다. 이에 따르면 당시 궁지에 몰린 항우는 군사는 적고 식량도 다한 까닭에 이내 영루 안으로 들어가 문을 굳게 걸어 잠갔다. 제후들의 군사가 속속 도착해 여러 겹으로 포위했다.

하루는 밤중에 문득 사면에서 초가(楚歌: 초나라 노래)가 구슬프게 흘러나왔다. 〈항우본기〉는 당시 항우가 '사면초가'를 듣고는 크게 상심하며 이같이 탄식했다고 기록해놓았다.

"한나라 군사가 초나라 땅을 이미 모두 점거했단 말인가, 어찌해 한나라 군사 속에 초나라 지역 사람들이 저토록 많단 말인가?"

〈항우본기〉는 항우의 부인 우虞 미인을 끌어들여 당시의 상황을 더욱 극적으로 그려놓았다. 사면초가에 잠이 깬 항우는 울적한 마음에 장막 안에서 술을 마시며 다음과 같이 슬프게 읊조렸다.

> 힘은 산을 뽑고 기개는 세상을 덮을 만하나 力拔山兮氣蓋世
> 시운이 불리해 추騅 또한 나아가지 않네. 時不利兮騅不逝
> 추가 나아가지 않으니 이를 어찌해야 할까 騅不逝兮可奈何
> 우虞여, 우여, 그대를 어찌해야 좋단 말인가! 虞兮虞兮奈若何

바로 후대에 널리 애송된 〈해하가垓下歌〉다. 사타케의 주장을 따를 경우 이는 〈해하가〉가 아닌 〈진하가〉가 될 것이다. 그러나 이 노래 자체도 후대에 만들어진 것일 가능성이 높다. 《자치통감》에 〈해하가〉 자체가 생략돼 있는 게 그 증거다. 사마광은 사실에 어긋난다고 판단한 듯하다.

〈항우본기〉에 따르면 항우는 비통함을 참지 못해 이내 우 미인의 목을 친 뒤 애마에 올라타 휘하 기병 800명과 함께 포위를 뚫고 남쪽으로 내달렸다. 유방은 곧 휘하 장수에게 명해 5천 기를 이끌고 급히 그 뒤를 쫓게 했다. 항우가 회수를 건너려 할 때 뒤따르는 자는 겨우 100여 기에 불과했다. 음릉(陰陵: 안휘성 정원현 서북쪽) 땅에 이르러 길을 잃게 된 이들이 농부에게 길을 묻자 농부가 길을 속여 말했다.

"왼쪽이오."

이들은 이내 큰 늪 지역에 빠지고 말았다. 이 일화가 사실이라면 농부는 싸움이 속히 결판나기를 고대했다고 볼 수밖에 없다. 간신히 늪에서 빠져나온 항우는 추격 거리가 좁혀지자 오강(烏江: 안휘성 화현 동북쪽 오강포) 쪽으로 갔다. 이때 배를 준비시켜놓고 기다리던 오강의 정장이 항우에게 말했다.

"강동은 비록 작으나 땅이 사방으로 1천 리나 되고 수십만 명의 무리가 있으니 족히 왕 노릇을 할 수 있습니다. 원컨대 대왕은 속히 도강하십시오. 지금은 신만이 배를 갖고 있어 한나라 군사들이 이를지라도 결코 도강할 수 없습니다."

항우가 슬픈 표정으로 말했다.

"하늘이 나를 망하게 했는데 내가 강을 건너 무엇을 하겠는가? 게다가 나는 강동의 자제 8천 명과 함께 도강해 서쪽으로 진격했다가 지금 한 사람도 돌아오지 못하게 되었다. 설령 강동의 부형들이 나를 왕으로 맞아준들 내가 무슨 면목으로 그들을 보겠는가? 설령 그들이 말하지 않을지라도 내가 어찌 내심 부끄러운 생각이 들지 않겠는가?"

그러고는 타고 있던 애마 '추'를 정장에게 내어준 뒤 추격해온 한나라 기병들과 싸웠다. 이때 한나라의 기병사마騎兵司馬 여마동呂馬童이 눈에 띄자 항우가 말했다.

"그대는 나의 옛 친구가 아닌가?"

여마동이 손가락으로 항우를 가리키며 동료들을 향해 외쳤다.

"저 사람이 항우다."

항우가 큰 소리로 말했다.

"듣건대 한나라에서 나의 수급을 1천 금과 성읍 1만 호에 산다고 하니 내가 너를 위해 덕을 베풀겠다."

그러고는 들고 있던 칼로 스스로 목을 찔렀다. 한나라 기병들이 그의 시신을 차지하기 위해 다투었다. 〈항우본기〉는 여마동과 왕예 등 5명이 그의 시신을 한 쪽씩 나눠 가진 덕분에 열후에 봉해지고 항우의 식읍을 5개로 나눠 가졌다고 기록해놓았다. 이런 기록들은 그 내용이나 흐름의 전개로 볼 때 역사적 사실에 부합하는 것으로 보인다. 그런 점에서 항우가 결정적인 패배를 당한 곳은 해하보다는 진하로 보는 게 훨씬 그럴듯하다.

이종오는 항우가 오강에서 자진한 것을 두고 크게 탄식하고 있다. 만일 정장의 말을 좇아 강동으로 갔을 경우 천하는 아직 정해지지 않은 만큼 승패를 알 수 없었기 때문이라는 것이다. 이는 사마천의 견해를 그대로 수용한 것이기도 하다. 부인지인의 심백, 필부지용의 면박이 아닐 수 없다.

이종오가 말하는 후흑은 칼로 상징되는 '패도', 박백은 붓으로 상징되는 '왕도'를 뜻한다. 붓과 칼은 상호 보완적인 것이다. 기본적으로 붓에서 이길 필요가 있다. 붓에서 지면 명분을 잃게 되기 때문이다. 명분을 잃으면 병사들의 사기가 꺾이게 된다. 모든 나라가 전쟁을 할 때마다 '의전義戰'을 들먹이는 이유다. 공자는 《논어》의 〈헌문〉 편에서 의전의 중요성을 다음과 같이 갈파한 바 있다.

"관중은 제 환공을 도와 패업을 이루고 일거에 천하를 바로잡았다. 관중이 없었다면 우리 모두 오랑캐가 되었을 것이다."

그러나 아무리 '붓'에서 이길지라도 최후의 승부는 결국 '칼'로 결판 날 수밖에 없다. 칼의 우열은 곧 국가의 존망과 직결된다. 전쟁이 나면 총력전을 펼칠 수밖에 없는 이유이다. 이는 병법이 숭상하는 '궤도詭道'를 전면 수용할 수밖에 없음을 의미한다. 초한지제 역시 정황상 총력전의 양상을 띨 수밖에 없었다.

유방과 항우 두 사람의 싸움은 동서고금을 두루 꿰는 '거시사巨視史'의 관점에서 접근할 때 새롭게 해석할 필요가 있다. 현재 학계에 제시된 몇 가지 새로운 접근방법 가운데 유력한 분석틀로 남북 대립설을 들 수 있다. 이는 현대의 중국을 이끄는 세력을 크게 베이징을 중심으로 한 북방 세력과 상하이를 중심으로 한 남방 세력으로 나누는 것과 같다.

원래 중원中原으로 표현된 북방 세력의 중심은 진晉나라였다. 동쪽 제나라가 환공 때 잠시 중원의 주인공을 자처한 적이 있었으나 환공 사후에는 줄곧 진나라가 중원의 대표 역할을 수행했다. 진나라는 전국시대에 들어와 비록 조趙·위魏·한韓으로 분열되기는 했으나 이들은 소위 '3진三晉'으로 통칭된 데서 알 수 있듯이 여전히 중원의 중심 세력이었다. 한나라 출신 장량이 유방의 책사로 활약하면서 진 제국 멸망의 중심 역할을 한 것도 이와 무관치 않다.

반면 남방 세력의 중심은 초나라였다. 가장 넓은 영역과 인구를 지닌 초나라 사람들의 자부심은 3진을 압도했다. 초나라가 중심이 되어 천하를 통일해야 한다는 게 이들의 기본 생각이었다. 그러나 역사는 서쪽의 진秦나라가 주역이 되는 쪽으로 전개되었다. 진시황 사후 제국의 근간이 뿌리째 흔들리는 상황에서 초나라 출신 진승과 항우, 유방 등이 잇달아 기병한 것도 결코 우연으로 볼 수 없다.

남북 대립설은 나름 일리가 있다. 그러나 이를 두고, 유방의 천하 통일을 남방 세력의 승리로 확대해석하는 것은 잘못이다. 유방이 진 제국의 배후지인 한중과 파촉을 다스린 점에 주목할 필요가 있다. 그는 한중을 기반으로 했기에 이내 진 제국의 본거지인 관중을 점령할 수 있었고, 이어 여세를 몰아 천하를 통일할 수 있었다. 이는 현대사에서 남방 출신인 모택동이 북방에서 밀고 내려와 남경을 수도로 삼은 장개석을 제압한 것과 닮아 있다. 항우가 '역발산기개세'의 용맹을 자랑했음에도 끝내 패배하게 된 것도 전래의 이런 남북 대결 구도와 무관할 수 없다.

약 3년간에 걸친 유방과 항우의 격돌 과정에서 전반기는 항우 쪽이 압도적으로 유리했다. 그러나 대결이 2년째로 접어들면서 형세가 바뀌기 시작했고 3년째에는 완전히 역전되었다. 결국 사면초가에 빠진 항우는 애첩 우 미인을 베고 자살함으로써 파란만장한 삶을 마감했다.

03

장량이 《육도삼략》으로 한신을 도모하다

유방의 스승은 한나라 개국 3걸 중의 한 사람인 장량이다. 장량의 스승은 '다리 위의 노인'이다.

노인은 흙다리 위에서 책을 한 권 전해줄 때까지 장량을 여러 차례 시험했다. 이는 소동파의 《유후론留侯論》에도 그렇게 쓰여 있듯이 장량에게 뻔뻔해지는 것을 가르친 것일 뿐이다. 장량은 재주를 타고 난 사람으로 하나를 가르치면 곧바로 열을 깨달았다. 노인은 그가 장차 '제왕의 스승'이 될 것을 의심치 않았다. 우둔한 사람은 이런 최고의 비결을 결코 터득할 수가 없는 것이다. 《사기》에는 이같이 나오고 있다.

"장량은 모든 사람들이 자신의 말을 귀담아 듣지 않았는데 오직 유방만이 그를 높이 평가하고 따르자 '패공은 거의 하늘이 내린 인물이다'라고 칭송했다."

물론 현명한 스승을 얻기도 힘들지만 좋은 제자 역시 만나기 힘든 법이다. 한신을 제나라 왕에 봉할 때 유방은 그의 스승 격인 장량의 조언이 없었다면 자칫 큰 실수를 할 뻔했다. 유방은 제나라를 평정한 한신이 사신을 보내 제나라 왕에 봉해줄 것을 요구했을 때 한신이 자립하려는 의도라고 분개하며 큰 소리로 사신을 질타했다. 이때 장량과 진평이 유방의 발을 밟고 그를 제지했다. 이는 마치 요즘 학교에서 학생이 문제를 풀 때 선생님이 옆에서 고쳐준 것과 한가지였다. 천부적인 자질을 지닌 유방도 때로 차질이 있었으나 곧바로 스승의 충고를 받아들이는 모습을 보였다. 후흑에 능통한 그의 면모를 짐작할 수 있다.

유방과 항우가 다투던 시절, 뻔뻔하기는 했으나 음흉하지 못해 결국 실패한 인물이 하나 있다. 바로 한신이다. 그는 남의 가랑이 밑을 기어가는 모욕을 능히 참았다. 뻔뻔한 정도가 유방에 못지않았다.

그러나 속마음이 시커먼 점에서는 아직 훈련이 덜 되었음에 틀림없다. 그가 만일 제나라의 왕이 됐을 때 괴철의 말을 들었더라면 더할 나위 없이 존귀한 자리에 올랐을 것은 말할 것도 없다. 그러나 그는 '옷을 벗어 입혀주고 밥을 먹여준' 유방의 은혜가 못내 마음에 걸린 나머지 경솔하게 이같이 말했다.

"남의 도움으로 옷을 입은 자는 그 사람의 어려움을 걱정해야 하고, 남의 도움으로 먹고사는 자는 그 사람의 일을 위해 죽어야 한다."

그러나 그는 후에 장락궁 종루에서 참수를 당하고 9족이 몰살을 당했다.

유능한 참모의 교본, 장량

초한지제 당시 유방의 승리에 결정적인 공헌을 한 인물들은 많지만 그들 중 가장 돋보이는 사람이 바로 장량이다. 그는 이종오가 지적했듯이 후흑의 대가였다. 자가 자방子房인 장량은 원래 한韓나라 귀족 출신이다. 그의 조부는 3대에 걸쳐 재상을 지냈다. 부친 장평 또한 2대에 걸친 재상이었다. 이를 두고《사기》의 〈유후세가留侯世家〉는 '5세 상한五世相韓'으로 표현해놓았다. 5대에 걸쳐 재상을 지낸 집안이라는 뜻이다.

그가 장성했을 때 한나라는 진나라에 병탄된 까닭에 그는 귀공자에서 일개 평민 신분으로 전락해 있었다. 그가 가산을 모두 기울여 진시황을 척살코자 한 데에는 '5세 상한'의 명성이 끊어진 데 따른 한이 적잖이 작용했을 것이다. 〈유후세가〉에 따르면 그는 동생이 죽었을 때조차 장례도 치르지 않은 채 오로지 진시황 척살 작업에 매달렸다. 결국 그는 창해군이라는 역사力士를 찾아낸 뒤 그에게 120근에 달하는 큰 철퇴를 하나 만들어주었다.

기원전 218년 창해군은 천하 순행에 나선 진시황이 양무(陽武: 하남성 양무현)의 동남쪽 박랑사博浪沙에 이르렀을 때 수레를 향해 철추(鐵椎: 쇠방망이)를 날렸다. 그러나 철추가 부거副車에 맞는 바람에 척살 계획은 실패로 돌아갔다. 수배령이 떨어지자 장량은 이름을 바꾸고 하비下邳에 은거했다.

당시 상황과 관련해《사기》에는 전설 같은 이야기가 실려 있다. 하비에 살 때 장량은 흙다리 위에서 한 노인을 만났다. 그는 그 노인으로부터 몇 번이나 모욕을 당했음에도 불구하고 이를 잘 견뎌냈다. 결국 그는 노인에게 '장차 제왕의 스승이 될 만하다'는 칭송과 함께 한 권의 병서를 받게 되었다. 바로《삼략三略》이었다. 주 무왕을 도와 주나라를 세우는 데 결정적인 공헌을 한 태공망太公望 여상呂尙의 저서로 알려진 책이다.

삼략의 '략略'은 기략(機略: 임기응변의 지혜)을 뜻한다. 현존하는《삼략》은 상략上略과 중략, 하략 등 세 편으로 구성돼 있다. 무경칠서(武經七書: 중국 병법에 관한 일곱 가지 책) 중 가장 간결한 《삼략》은 노자의 영향을 강하게 받았으나 유가와 법가의 설도 섞여 있다. 저자와 관련해서는 태공망 여상의 저서라는 설과 장량이 황석공黃石公에게서 전수받은 비전이라는 설, 후대인의 가탁이라는 설 등 이론이 분분하다. 시기와 관련해서는 후한에서 남북조 때 만들어진 것으로 보고 있다.

사서의 기록에 따르면 당시 장량은 천하가 소란해지자 이내 무리 100여 명을 이끌고 당시 세력을 떨치던 진가를 찾아갔다. 공교롭게도 유방 역시 무리를 이끌고 진가를 찾아가던 중이었다. 우연히 길에서 만난 두 사람은 곧바로 의기투합했다. 유방의 무리에 합류한 그는 유방의 군사軍師를 자임했다.

그는 천하가 평정된 뒤 유후留侯가 되었으나 현세에 대한 관심을 완전히 끊고 신선 수행에 힘썼다. 그는 가끔 궁내에 들어가 유방과 대화하는 일은 있어도 현실 정치에 관해서는 언급을 회피했다. 토사구팽의 이치를 너무나 잘 알고 있었기 때문이다. 그의 행태는 마치 구천의 모신이었던 범리가 구천의 오나라 평정이 끝나자마자 홀연히 떠난 것에 비유할 수 있을 것이다.

장량은 여러 차례에 걸쳐 유방을 결정적인 위기에서 구해냈다. 대표적인 예로 한신을 끌어들여 항우를 제압한 것을 들 수 있다. 기원전 203년 제나라를 평정한 한신이 문득 사자를 보내 유방에게 이런 내용의 서신을 올렸다.

"제나라는 거짓과 사술을 일삼으며 번복을 잘하는 나라입니다. 게다가 남쪽으로 초나라와 접하고 있습니다. 청컨대 가왕(假王; 임시 왕)이 되어 이곳을 진압코자 합니다."

유방은 크게 화를 내며 사자 앞에서 한신을 욕했다.

"나는 여기서 어렵게 지키며 아침저녁으로 그가 와서 보좌하기만을 기다렸다. 그런데 지금 자립하여 왕이 되겠다는 것인가?"

장량이 급히 유방의 발을 밟고는 이내 그의 귀에 대고 말했다.

"한나라는 지금 불리한 처지에 있는데 어떻게 한신이 자립해 왕이 되겠다는 것을 금할 수 있겠습니까? 차라리 그를 왕으로 세워 잘 대우하며 스스로 제나라 땅을 지키게 하느니만 못합니다. 그렇지 않으면 변란이 일어나고야 말 것입니다."

유방이 급히 부드러운 목소리로 바꿨다.

"대장부가 제후왕諸侯王을 평정하면 곧 자신이 진짜 왕이 되는 것이다. 어찌하여 가왕이 되겠다는 것인가?"

유방이 장량을 시켜 제나라 왕의 인새印璽를 들고 가 한신을 제왕으로 봉하게 했다. 그 덕분에 한신의 군사를 출동시켜 항우를 칠 수 있었다. 유방이 항우를 제압케 된 결정적인 배경이 여기에 있다. 이종오도 이를 높이 평가해 장량을 후흑의 대가라고 칭송했다. 이와 정반대로 한신은 이때 섣불리 자신의 심흑을 내보인 탓에 훗날 토사구팽의 제물이 되었다. 후흑의 수준이 승자와 패자를 가른 셈이다. 당송팔대가의 일원인 소동파는 장량을 논평한 《유후론》 앞머리에서 다음과 같이 말했다.

"천하에 큰 용기를 지닌 이는 갑자기 일이 닥쳐도 놀라지 않고, 억울하고 당혹해도 화내지 않는다. 이는 마음에 품은 바가 크고 뜻이 깊기 때문이다."

기원전 203년 8월 진평의 반간계에 넘어가 범증을 내친 뒤 이내 쇠망의 길을 걷기 시작한 항우는 궁지에 몰리자 유방과 함께 천하를 반으로 나눠 가질 생각으로 맹약을 맺었다. '홍구鴻溝의 맹약'이 그것이다. 홍구는 회하 상류에서 황하로 연결된 운하를 말한다. 이에 홍구의 서쪽은 한나라, 동쪽은 초나라에 귀속되었다.

강화가 성립되자 항우는 억류하고 있던 태공과 여후를 돌려보낸 후 동쪽 팽성으로 철군하기 시작했다. 유방도 서쪽 관중으로 돌아가려고 했는데, 이때 장량이 만류했다.

"한나라가 천하의 반을 차지하자 제후들이 모두 귀부했습니다. 지금 저들을 풀어준 채 공격치 않으면 이는 호랑이를 길러 근심거리를 남기는 것입니다."

유방이 이를 좇아 제나라 왕 한신과 위나라 상국 팽월에게 사자를 보내 초나라를 함께 칠 것을 다짐했다. 그러나 그해 10월 유방의 군사는 홀로 항우의 군사를 공격했다가 오히려 대패하고 말았다. 낙담한 유방이 장량에게 한신과 팽월이 명을 따르지 않는 이유를 묻자 장량이 다음과 같이 대답했다.

"한신이 제나라 왕의 자리에 오르게 된 것은 그의 요청에 따른 것으로 결코 대왕의 뜻에 따른 것이 아닙니다. 팽월 또한 위나라 땅을 평정한 공으로 상국이 되었으나 위왕이 죽고 없는 마당에 아직까지 위왕이 되지 못했으니 그가 불만을 품은 것은 당연합니다. 속히 땅을 떼어주어 이들을 다독이십시오. 그렇게 한 후 두 사람에게 초나라와 싸우게 하면 초나라는 쉽게 무너지고 말 것입니다."

유방이 장량의 계책을 좇았다. 이게 적중했다. 항우를 패망의 구렁텅이로 몰아넣은 장본인이 바로 장량이었다. 난세의 시기에는 유능한 참모 역시 얼마나 후흑에 능했는지를 기준으로 삼을 수밖에 없다는 게 이종오의 주장이다. 장량은 유능한 참모를 얻는 사람만이 천하를 얻을 수 있다는 것을 몸으로 보여준 셈이다.

결단력 부족을 드러낸 한신

초한지제 당시 장량의 후흑을 검토할 때 반드시 고찰해야 할 인물이 바로 한신이다. 그는 유방과 항우가 다툴 당시 저울추의 역할을 수행했다. 일찍이 그의 책사 괴철은 그에게 다음과 같이 간한 바 있다.

"지금 백성들은 피로가 극에 달해 크게 원망하고 있지만 돌아가 의지할 곳이 없습니다. 신이 생각건대 형세상 천하의 성인이 아니고는 지금의 화란을 종식시킬 길이 없습니다. 지금은 유방과 항우의 명운이 주군에게 달려 있습니다. 주군께서 한나라를 위하면 한나라가 승리하고, 초나라를 위하면 초나라가 승리할 것입니다. 실로 신의 계책을 따를 생각이면 천하를 셋으로 나눠 정족지세(鼎足之勢: 3국의 공존하는 형세)를 이루는 방안보다 나은 게 없습니다. 그리되면 누구도 감히 먼저 움직일 수 없게 됩니다. 제나라 땅을 점거해 조·연을 복종시킨 뒤 초·한의 병력이 없는 곳으로 출병해 그들의 후방을 제압하십시오. 이어 백성들의 기대를 좇아 초·한을 향해 정전(停戰)을 청하면 천하는 바람 불듯이 신속히 호응할 것입니다. 그 누가 감히 이 말을 듣지 않겠습니까? 속히 초·한의 땅을 나눠 제후들을 세우십시오. 제후들이 서면 천하는 복종할 것이고, 그 공덕은 바로 제나라로 돌아올 것입니다. 제나라의 옛 땅을 안정시킨 후 예모를 갖추면 천하의 군왕들이 서로를 이끌며 제나라에 조현(朝見)할 것입니다. 옛말에 '하늘이 주는 것을 받지 않으면 오히려 해를 입고, 시기가 이르렀는데도 행하지 않으면 도리어 재앙을 입는다'고 했습니다. 이를 깊이 생각키 바랍니다."

삼국시대에 제갈량과 노숙 등이 언급한 소위 천하삼분지계의 효시는 바로 한신의 책사 괴철이었다. 그러나 당시 한신은 다음과 같이 말했다.

"한왕이 나를 심히 후하게 대해주었는데 내가 어찌 이익을 좇아 의를 등질 수 있겠소?"

이에 괴철이 반박했다.

"월나라 대부 문종은 망한 월나라를 부흥시켜 구천을 패자覇者로 만들어 공을 세우고 명성을 얻었으나 그 몸은 죽고 말았습니다. 무릇 들짐승이 다 없어지면 사냥개를 삶아 먹는 법입니다. 듣건대 '용기와 지략이 뛰어나 군주를 두렵게 만드는 자는 그 몸이 위태로워지고, 공로가 천하를 뒤덮는 자는 상을 받지 못한다'고 했습니다. 주군께서는 군주를 두렵게 만드는 위세를 지니고 있고, 상을 받을 수 없을 정도의 큰 공을 세웠습니다. 초나라에 귀부하면 초나라 사람들이 믿지 않을 것이고, 한나라에 귀부하면 한나라 사람들이 두려워하며 떨 것입니다. 주군께서는 이런 용략과 공을 지닌 채 장차 어디로 귀부하려는 것입니까?"

그런데도 한신은 더 이상 들으려 하지 않았다.

"선생은 더 이상 언급치 마시오. 내가 장차 유념하겠소."

며칠 후 괴철이 다시 말했다.

"무릇 지자결단(知者決斷; 사물의 대세를 아는 것은 결단에 있음)이라고 했습니다. 머뭇거리며 결단치 못하는 것은 일을 그르치는 근원이 됩니다. 터럭같이 작은 이익을 자세히 살피면 천하대세를 잃기 마련입니다. 머리로는 명백히 알고 있는데도 결단하여 감히 실행치 않는 것은 모든 일의 화근입니다. 공업功業은 이루기는 어려우나 실패하기는 쉽고, 시기時機는 얻기는 어려우나 잃기는 쉬운 법입니다. 시기 선택은 반드시 해당 시기에 맞춰야 하니 이는 시기가 두 번 다시 찾아오지 않기 때문입니다."

그러나 한신은 머뭇거리며 결단하지 못했다. 그는 스스로 자신이 세운 공이 매우 많아 유방이 끝내 자신의 제나라를 빼앗지는 않을 것으로 생각했다. 당시 한신은 '옷을 벗어 입혀주고 밥을 먹여준' 유방의 은혜가 못내 마음에 걸린 나머지 경솔하게 다음과 같이 말했다.

"남의 도움으로 옷을 입은 자는 그 사람의 어려움을 걱정해야 하고, 남의 도움으로 먹고사는 자는 그 사람의 일을 위해 죽어야 한다."

한신이 패망한 이유가 여기에 있다. 이종오는 이를 부인지인에 비유했다. 작은 의리에 얽매였다는 뜻이다.

사마광은 《자치통감》에서 다음과 같이 말했다.

"권도權道: 임기응변의 방도는 미리 확정할 수 없고, 국변局變: 국면의 변화은 미리 예측할 수 없다. 시기時機에 따라 옮기고 사물의 변화에 따라 변화하는 것이 바로 책략의 관건이다."

임기응변의 중요성을 설파한 것이다. 한신은 군략軍略 면에서는 당대 최고의 대가였다. 그러나 정략政略 면에서는 수준이 낮았다. 그가 후흑의 대가인 유방에게 패하고, 토사구팽을 당한 이유다.

기원전 201년 10월, 항우를 제압하고 천하를 통일한 지 3년째 되던 해였다. 어떤 사람이 유방에게 제왕齊王에서 초왕楚王으로 자리를 옮긴 한신이 모반을 꾀하고 있다는 내용의 상서를 올렸다. 유방이 진평을 불러 대책을 묻자 진평이 이런 계책을 냈다.

"천자는 순수巡狩를 하면서 제후들을 불러 모았습니다. 폐하께서는 거짓으로 노닐면서 제후들을 초나라의 서쪽 경계에 있는 진현陳縣으로 불러 모으십시오. 한신은 별일이 없을 것으로 생각하고 마중을 나올 것입니다. 이때 그를 잡으십시오."

한신이 마중을 나오자 유방이 무사에게 명해 그를 포박해 수레에 싣게 했다. 한신이 탄식했다.

"범리가 구천 곁을 떠나면서 '교활한 토끼의 사냥이 끝나면 사냥개를 삶아 먹고, 높이 나는 새의 사냥이 끝나면 좋은 활을 창고에 집어넣으며, 적국을 격파하면 모신謀臣을 죽인다'고 말한 게 사실이구나. 천하가 평정되자 나 또한 팽을 당하는구나."

토사구팽은 원래 병서 《삼략》에 나오는 말이다. 당시 유방은 귀경하는 길에 천하에 대사령을 내렸다. 유방은 귀경한 뒤 그간 한신이 세운 공을 감안해 목숨을 살려주면서 회음후淮陰侯로 강등하는 조치를 내렸다.

당시 제후들 중 성씨가 다른 사람은 모두 8명이었다. 유방은 이들의 움직임에 촉각을 곤두세웠다. 이들 모두는 탄탄한 무력을 바탕으로 천하 평정에 핵심적인 역할을 수행한 까닭에 마음을 놓을 수 없었던 것이다. 한신은 회음후로 강등된 후 마음이 늘 우울해 집안에 머물며 거의 외출을 하지 않았다. 그러던 중 한번은 유방이 장수들을 초청해 연회를 베풀었다. 유방이 한신에게 물었다.

"나는 군사를 얼마나 거느릴 수 있겠소?"

"10만 명을 넘지 않을 것입니다."

"그렇다면 그대는 어떠하오?"

"신은 다다익선多多益善입니다."

"그대는 다다익선이라고 하면서 어찌해 나에게 붙잡히게 되었소?"

뼈아픈 지적이다. 한신이 황급히 말을 바꿨다.

"폐하는 병사를 거느리는 데는 능하지 못해도 장수를 거느리는 데는 능합니다. 이것이 제가 대왕께 붙잡힌 이유입니다. 게다가 대왕은 하늘이 내려준 인물로, 인력으로 만들어낸 것이 아닙니다."

유방은 하늘의 뜻이라는 말이 마음에 들었다. 그러나 당시 한신은 울적한 기분에 자신의 재주를 거리낌 없이 자랑하는 실수를 저질렀다. 이로부터 5년 뒤인 기원전 196년 한신은 휘하 장수로 있던 진희와 내통해 모반을 꾀하다가 여후의 간계에 걸려 토사구팽을 당하고 말았다. 한신은 죽기 직전 이같이 탄식했다.

"아, 천하를 셋으로 나눠 가지라는 괴철의 계책을 왜 쓰지 않았던 것인가! 끝내 일개 아녀자에게 속아 죽게 되었으니 이 어찌 천운이 아니겠는가!"

당시 진희를 진압하고 귀경한 유방은 한신이 죽었다는 소식을 듣고는 한편으론 기쁘면서도 한편으로는 가련한 생각이 들어 여후에게 물었다.

"한신이 죽으면서 무슨 말을 하였소?"

"참모의 계책을 쓰지 않은 것이 한스럽다고 했습니다."

유방이 소리쳤다.

"그는 바로 괴철이다."

그러고는 곧바로 괴철을 잡아들이게 했다. 괴철이 잡혀오자 유방이 물었다.

"네가 한신에게 모반을 가르쳤는가?"

"그렇습니다. 그가 신의 계책을 쓰지 않았기 때문에 죽임을 당한 것입니다. 그가 신의 계책을 썼다면 대왕이 어떻게 그를 죽일 수 있었겠습니까?"

유방이 발끈했다.

"이 자를 팽살(烹殺; 끓는 물에 삶아 죽임)하도록 하라."

"아, 원통하다. 허무하게 팽살을 당하게 되다니…."

"네가 모반을 가르치고도 무엇이 원통하다는 것인가?"

괴철이 대답했다.

"진나라가 실록(失鹿: 대권 상실)하자 천하의 모든 사람이 이를 쫓았습니다. 실록의 시기에는 재주가 많고 빨리 달리는 자가 먼저 권력을 잡는 법입니다. 도척(盜跖: 전설적인 큰 도적)의 개는 성군인 요堯임금을 보고 짖었습니다. 이는 요임금이 어질지 않았기 때문이 아닙니다. 개는 본래 그 주인이 아닌 사람을 보면 짖기 마련입니다. 당시 신은 오직 한신만 알았을 뿐 폐하는 알지 못했습니다. 지금 천하에는 정예한 기개로 날카로운 칼을 지니고 폐하처럼 천하를 취하고자 하는 이가 너무 많습니다. 단지 역량이 미치지 못해 그리하지 못할 뿐입니다. 장차 그들을 모두 팽살할 수 있다고 생각하는 것입니까?"

할 말이 없게 된 유방이 좌우에 명했다.

"괴철을 풀어주도록 하라."

괴철의 유세는 훗날 제갈량이 유비에게 건의한 천하삼분지계의 효시에 해당한다. 한신이 이를 받아들였다면 역사는 전혀 다른 방향으로 흘렀을 것이다. 그의 패망은 자업자득의 성격이 짙었다.

당시 유방은 한신을 토사구팽한 후 소하를 승상에서 상국相國으로 높이고 5천 호를 더해주었다. 문무 관원이 찾아와 축하하자, 식객 중 한 사람이 소하에게 말했다.

"승상은 큰 재앙이 오리라는 것을 알고 있습니까?"

"그게 무슨 말이오?"

"친정에 나선 황상은 비바람과 추위를 무릅쓰고 있습니다. 그러나 승상은 조정에서 한가로운 나날을 보내고 있습니다. 그런데도 승상을 상국으로 높이고 식읍도 늘려주었으니 이는 무엇을 뜻합니까?"

"무슨 뜻이오?"

"회음후가 모반을 꾀했기에 승상에 대해서도 의심하는 것입니다. 속히 가산을 헐어 군비로 충당하십시오. 그래야 화를 복으로 바꿀 수 있습니다."

소하가 이를 좇자 유방이 크게 기뻐한 것은 말할 것도 없다. 당시 유방은 소하처럼 자신의 속마음을 제대로 읽지 못한 팽월과 영포 등을 차례로 토사구팽했다. 이종오는 유방의 토사구팽을 후흑의 일환으로 평가했다.

"이 세상의 온갖 부귀공명과 궁실, 처첩, 의복, 거마 중 이 보잘것없는 '후흑'으로부터 나오지 않는 것이 없다!"

유방이 천하를 평정하고 한 제국을 창업해 보위에 오른 것을 후흑의 성과로 평가한 것이다. 고래로 많은 사가들이 유방과 항우의 축록전을 두고 여러 평가를 내렸지만, 이종오처럼 후흑과 유사한 관점에서 해석한 사람은《장단경》을 쓴 당나라 때의 조유와《분서》및《장서》를 쓴 명대 말기의 이탁오 정도를 빼고는 거의 없었다. 이종오의 역사 해석이 돋보이는 대목이다. 그의 이런 분석이 전적으로 타당하다고는 할 수 없을지라도 상당 부분 진실을 담고 있는 게 사실이다.

| 04 |
조조와 유비가
심흑과 면후로 싸우다

나는 침식을 잊고 몇 년간 궁리 끝에 우연히 삼국시대의 몇몇 인물을 떠올리다가 문득 크게 깨달은 바가 있어 이같이 외쳤다.

"알았다, 알았어! 옛날에 영웅호걸이 된 자들은 한낱 뻔뻔하고 음흉한 자에 불과하다는 사실을!"

삼국의 영웅 가운데 우선 조조를 보자. 그의 특기는 속마음이 온통 시꺼멓다는 것이다. 그는 여백사를 죽인 데 이어 공융과 양수, 동승, 복완, 황후, 황자를 죽였다. 그는 모질게도 뒤를 돌아보지 않고 이같이 장담했다.

"내가 남에게 버림을 받느니 차라리 내가 먼저 버리리라."

속마음이 시꺼먼 것이 참으로 이루 말할 수 없을 지경에 달한 것이다. 이런 일이 있으면 당연히 일세의 사내라고 불릴 만하다. 후흑의 방법이 매우 간단하나 적용해보면 매우 신묘하기 그지없다. 작게 쓰면 작은 효과를 얻는 데 그치지만 크게 쓰면 엄청난 효과를 거둘 수 있다. 유방과 사마의는 바로 그 점을 완전히 터득해 천하를 얻은 것이다. 조조와 유비는 각각 한 가지 측면만을 갖추고 태어났지만 왕을 자처하며 천하를 삼분해 자웅을 다툴 수 있었다.

원래 유비의 특기는 보통 뻔뻔한 것이 아니라는 점에 있다. 그는 조조를 비롯해 여포와 유표, 손권, 원소 등에게 붙으면서 이쪽저쪽을 오간 인물이다. 그러나 그는 남의 울타리 속에 얹혀살면서 이를 전혀 수치로 생각지 않은 것은 물론 울기도 잘했다. 《삼국지연의》를 쓴 나관중은 그를 이같이 생생하게 묘사했다.

"그는 해결할 수 없는 일에 봉착하면 사람들을 붙잡고 한바탕 대성통곡을 해 즉시 패배를 성공으로 뒤바꿔놓았다."

그래서 '유비의 강산은 울음에서 나왔다'고 하는 속담이 나왔는지도 모를 일이다. 그러나 이 또한 본래 영웅의 모습이다. 그와 조조는 쌍벽을 이뤘다고 할 수 있다. 그들이 술을 먹으며 천하의 영웅을 논할 때 한 사람의 속마음은 가장 시커멓고 한 사람의 낯가죽은 한없이 두꺼웠다. 그러니 서로 상대방을 어떻게 해볼 도리가 없었다.

심흑의 대가 조조

이종오는 오월시대의 오왕 부차와 월왕 구천, 초한지제의 유방과 항우에 이어 삼국시대의 조조와 유비, 손권, 제갈량, 사마의 등을 통해 후흑의 이치를 찾아냈다.

후흑의 틀을 적용한 그의 인물 재평가를 요약하면 조조는 심흑, 유비는 면후의 대가에 해당한다. 손권은 심흑과 면후의 개별적인 측면에서 각각 조조와 유비에 미치지는 못했으나 두 가지를 겸비했다는 점에서 보면 오히려 조조나 유비보다 뛰어났다. 그러나 삼국시대 당시 최고 수준의 후흑을 구사한 사람은 역시 사마의였다. 이종오는 당대 최고의 인재인 제갈량이 사마의에게 당한 것을 그 논거로 들었다.

이종오의 이런 해석은 나름대로 매우 뛰어나기는 하나 이를 모두 액면 그대로 받아들일 수는 없다. 그가 진수의《삼국지》보다는 나관중의《삼국지연의》를 바탕으로 당시 인물들에 대한 후흑을 분석했기 때문이다. 우선 조조를 한낱 '뻔뻔하고 음흉한 자'에 불과하다고 단언한 것 자체가 잘못이다. 사서에 나온 조조는 매우 복합적인 인물이어서 '뻔뻔하고 음흉한 자'로 단정하는 것은 적잖은 문제가 있다. 그렇다고 그가 조조를 심흑의 대가로 평한 것이 틀렸다는 것은 아니다. 다만 역사적 사실과 동떨어진《삼국지연의》의 내용을 논거로 삼은 것을 지적코자 하는 것이다.《삼국지》와《자치통감》의 기록을 바탕으로 할 때 조조를 심흑의 대가로 꼽을 수 있는 가장 큰 이유는 역시 '협천자(挾天子: 천자를 끼다)'에서 찾을 수 있다. 이는 원소와 조조의 운명을 결정지은 요체이기도 하다.

많은 사람들이 조조를 두고 권모술수를 일삼은 소위 '난세의 간웅'으로 치부해온 것도 그의 협천자 행보와 무관치 않다. 그러나 1970년대 문화대혁명 당시 모택동은 조조의 협천자 행보를 높이 평가했다. 이는 조조를 난세의 간웅으로 묘사한《삼국지연의》의 서술을 정면으로 반박하는 것으로, 이종오가 조조를 심흑의 대가로 평한 것과 취지를 같이하는 것이기도 하다.

당초 나관중은《삼국지연의》를 쓰면서 조조를 두고 '치세의 능신(能臣; 유능한 신하), 난세의 간웅(姦雄; 간사한 웅걸)'으로 기록한《이동잡어》내용을 그대로 인용했다. 그러나 치세의 능신과 난세의 간웅은 그 표현 자체가 모순이다. 능력이 뛰어난 치세의 능신이 갑자기 난세가 되었다고 '간웅'으로 돌변하는 것은 상상하기가 쉽지 않다.

실제로 《후한서後漢書》의 기록에 따르면 당대의 인물평으로 유명한 허소는 조조를 두고 '치세의 간적(姦賊; 간사한 도적), 난세의 영웅'으로 표현했다. 이게 논리적으로 모순이 없다. 원래 치세에는 양신良臣은 나올 수 있어도 뛰어난 영웅은 나올 수 없다. 모반을 꾀할 위험성이 큰 간적으로 몰려 죽임을 당할 소지가 크기 때문이다. 《한비자》〈난세〉편의 첫머리에 나오듯이 용과 이무기가 구름과 안개를 만나 하늘로 승천하지 못하면 이내 개미와 땅강아지의 밥이 되기 마련이다. 이무기가 스스로의 재능과 포부를 드러내는 순간, '역도'로 몰리기 십상이다.

그러나 난세의 시기에는 얘기가 달라진다. 사방에서 군웅이 우후죽순처럼 일어나고, 그들 중 군계일학과 같은 존재가 등장할 가능성이 높아진다. 천명이 바뀔 가능성이 높아질수록 강력한 리더십을 지닌 영웅을 필요로 한다.

허소가 조조의 운명과 관련해 초점을 맞춘 것은 바로 '난세'였다. 환관들이 발호하는 후한 말기의 어지러운 상황은 난세의 전형에 해당했다. 제갈량이 유비를 처음 만나 천하삼분지계를 언급하면서 조조를 두고 천시天時를 타고난 당대의 영웅으로 평한 것도 바로 이런 맥락에서 이해할 수 있다. 이종오가 말하는 조조의 심흑도 이런 관점에서 봐야만 역사적 사실에 부합한다.

조조의 난세 리더십은 대략 주어진 상황을 냉철히 진단하는 통찰력과 인재를 단박에 알아보는 지감知鑑, 인재의 과감한 기용과 능력에 따른 적재적소 배치, 엄격함과 관용을 겸비한 신상필벌, 상황이 여의치 않을 경우 손에 든 것을 과감히 포기할 줄 아는 결단력, 기존 가치와 관행에 얽매이지 않는 창조력, 상황에 따른 임기응변 등으로 요약할 수 있다.

난세에는 먼저 득인에 성공해야 한다. 그러기 위해서는 주어진 상황을 냉철하게 분석할 줄 아는 통찰력과 인재를 단박에 알아보는 '지감'이 필요하다. 조조가 원소와 함께 기병하여 동탁을 칠 때 원소가 문득 조조에게 이같이 물은 적이 있었다.

"만일 사정이 여의치 못하면 어느 쪽으로 나아가 근거지로 삼는 것이 좋겠소?"

"그대는 어떻게 하는 것이 좋다고 생각하오?"

"나는 남으로 황하를 점거하고 북으로 연燕과 대代 땅에 의지해 북쪽 오랑캐를 병사로 불러들여 천하를 다투겠소. 대략 이리하면 거의 성공할 것이오."

그러자 조조가 이같이 말했다.

"나는 천하의 지모와 역량을 사용해 저들을 제압할 생각이오. 어느 곳이든 안 될 곳이 없으니 특별히 남북을 가릴 까닭이 없소."

원소는 지리地利를 가장 중요한 요소로 꼽은 데 반해 조조는 득인을 가장 중요한 요소로 여겼던 것이다. 천하의 지모와 역량, 즉 지략이 뛰어난 책사와 용력勇力을 지닌 장수가 천하에 널리 포진해 있으니 굳이 남쪽이니 북쪽이니 따지는 것 자체가 우스운 일이라고 지적한 것이다. 실제로 조조는 죽을 때까지 천하의 인재를 얻기 위해 노심초사했다. 남쪽과 북쪽을 가리지 않은 것은 말할 것도 없다. 그가 평소 주공을 크게 기리며 애써 닮고자 한 이유다. 그가 지은 〈단가행短歌行〉의 다음 구절이 이를 뒷받침한다.

산은 높다고 거절치 않고 물은 깊다고 마다하지 않네山不厭高 海不厭深.
주공이 토포吐哺하자 천하의 인심이 그를 따랐다네周公吐哺 天下歸心.

'주공토포'는 주나라 건국의 기틀을 닦은 주공이 인재를 귀하게 여긴 데서 나온 고사다. 주공은 머리를 감을 때 세 번이나 머리를 손으로 거머잡은 채 손님을 만나고, 한 번 식사하는 동안에도 세 번이나 입에 문 밥을 뱉어버리고 손님을 만났다. 여기서 '토포악발吐哺握髮; 입속에 있는 밥을 뱉고 머리카락을 움켜쥔다'이라는 고사가 생겨났다. 토포악발에서 얻고자 한 인재는 재주와 덕을 겸비한 사람을 뜻한다.

이에 반해 조조가 원한 토포악발의 대상은 한 가지 재주만을 지닌 인재까지도 모두 포함한다. 소위 '유재시거惟才是擧'를 행한 것이다. 이는 '재주 있는 자는 선발할 만하다'는 뜻이다. 바로 이 대목이 주공보다 한 차원 높은 포용력을 보여준다. 이는 '산불염고山不厭高'와 '해불염심海不厭深'이라는 구절에 잘 나타나 있다.

본래 산은 높으면 높을수록 토석土石을 구분하지 않는 법이고, 바다 또한 넓으면 넓을수록 강하江河를 구분하지 않는 법이다. 높은 산과 넓은 바다는 온갖 것을 다 포용하는 까닭에 한 가지만을 고집하지 않는다. 이 구절은 난세의 영웅이라는 허소의 평이 결코 허언이 아니었음을 뒷받침하고 있다.

조조에게는 인재를 알아보는 지감 또한 탁월한 바가 있었다. 원래 순욱은 원소 밑에 있었다. 그러나 원소의 그릇이 작은 것을 보고는 대업을 성취할 수 없을 것으로 생각해 곧 조조를 찾아갔다. 조조가 순욱과 얘기를 나눈 뒤 크게 기뻐하며 이같이 말했다.

"이는 내 장자방이다!"

실제로 순욱은 장량에 필적할 만한 천하의 기재奇才였다. 기재를 단박에 알아본 조조의 비상한 지감을 높이 평가하지 않을 수 없다. 당시 순욱과 곽가 등의 책사를 포함해 화흠과 왕랑, 서황 등의 용장들이 조조의 휘하로 몰려든 것은 바로 이 때문이었다.《전국책》의 〈조책〉에 이런 말이 나온다.

"사내는 알아주는 사람을 위해 목숨을 바치고, 여인은 사랑하는 사람을 위해 화장을 한다."

이들 모두 자신을 알아주는 은혜를 베푸는 소위 '지우지은知遇之恩'을 찾아 조조 밑으로 모인 것이다. 원소는 이와 정반대로 인재들을 내모는 우를 범한 셈이다. 그릇이 작다고 볼 수밖에 없다.

실제로 마지막까지 그에게 충성을 바치며 휘하에 남아 있던 당대의 책사 저수와 전풍 등이 조조를 일거에 깰 수 있는 뛰어난 계책을 제시했는데도 원소는 이를 받아들이지 않았다. 두 사람의 운명은 여기서 결판났다고 해도 과언이 아니다.

사실 조조는 인재 한 명을 얻을 때마다 한 주州를 얻는 것에 비유하며 흥분을 감추지 않았다. 형주의 괴월이 유표의 아들 유종을 부추겨 조조에게 투항하게 만들자 조조가 크게 기뻐하며 순욱에게 편지를 보냈다.

"나는 형주를 얻은 것이 기쁜 게 아니라 괴월을 얻은 게 기쁠 뿐이다!"

당시 조조는 한수의 강변에서 인재들의 귀의를 축하하는 연회를 베풀었다. 이때 괴월과 함께 조조에게 귀의한 15명의 인재 중 한 사람인 왕찬이 자리에서 일어나 축배를 권했다.

"원소는 자신을 따르는 사람이 많아지자 이내 천하를 겸병하려고 했습니다. 그러나 그는 인재를 좋아할 줄만 알았지 인재를 등용할 줄을 몰랐습니다. 인재들이 그의 곁을 떠난 이유입니다. 유표도 형주에 앉아서 시세의 변화를 관망하다가 스스로 주 문왕과 같은 명군이 될 수 있다고 생각했습니다. 난을 피해 형주로 온 선비들은 모두 이 나라의 인재들이었습니다. 그러나 그는 그들을 등용할 줄 몰랐습니다. 이에 반해 조공은 기주를 평정하던 날 수레에서 내려 그곳의 인재들을 받아들였고, 장강과 한수 지역을 평정하던 날 그곳의 인재를 등용해 천하의 인심이 자신에게 돌아오도록 했습니다."

조조는 득인뿐만 아니라 용인用人에도 뛰어난 바가 있었다. 건안 15년(210)에 천하의 인재를 널리 구하기 위해 발포한 '구현령求賢令' 중 다음 구절이 이를 뒷받침한다.

"지금 천하에 비록 도수수금(盜嫂受金: 형수와 사통하고 뇌물을 받음)했으나 재능을 갖추고도 주변에서 천거를 받지 못한 자가 어찌 없겠는가? 누항陋巷에 있는 자일지라도 오직 능력만 있으면 천거하도록 하라. 내가 그들을 얻어 크게 쓸 것이다."

도수수금에 해당하는 대표적 인물로 가후를 들 수 있다. 동탁 휘하에 있던 그는 장수張繡에게 몸을 맡겼다가 마침내 조조에게 귀의한 인물이다. 조조는 가후로 인해 혼전 와중에 큰아들과 조카를 잃고 본인 또한 죽기 일보 직전까지 몰렸다. 그러나 조조는 가후의 뛰어난 용병술을 높이 사 그의 덕성은 전혀 개의치 않았다. 관도대전 당시 원소와 내통한 자들의 서신을 얻고도 이를 모두 불사르게 하면서 두 번 다시 재론하지 못하게 한 것도 같은 맥락이다.

조조가 구사한 용인의 요체는 인재를 적재적소에 배치한 데서 찾을 수 있다. 여기에는 털끝만 한 사심私心도 개입할 여지가 없었다. 철저히 능력 위주의 배치가 이뤄졌다. 공과 사의 엄격한 구분이 그 증거다. 하루는 조조가 여러 아들들의 뜻을 물은 적이 있었다. 그때 조비의 동생 임성왕 조창이 이같이 대답했다.

"저는 장수가 되겠습니다."

"장수 노릇은 어떻게 하겠느냐?"

"갑옷을 입고 병기를 들고 나서서 어려운 일을 당하면 몸을 돌보지 않고 군사들보다 제가 앞장서며, 상과 벌을 반드시 분명히 행하렵니다."

조조가 그의 말을 듣고 크게 기뻐했다. 조조는 마침 오환족이 모반하자 조창에게 군사 5만 명을 주어 토벌케 했다. 출발에 앞서 조조가 당부했다.

"집에 머물 때는 부자지간이나 일을 맡은 후에는 군신지간이 된다. 반드시 왕법을 좇아 움직이고 일을 처리해야 한다."

조창은 오환족을 공격할 때 늘 진두에 서서 전투를 지휘했다. 갑옷을 뚫고 몇 개의 화살이 꽂혔으나 그의 투지는 오히려 더욱 높아졌다. 결국 오환족은 손을 들고 말았다. 그러나 불행히도 이후 조창은 요절하고 말았다. 조조가 죽기 전에 조비와 조식을 놓고 오랫동안 고심한 이유다. 그는 내심 조창과 같은 자식을 마음에 두고 있었던 것이다.

조조의 용인은 기본적으로 신상필벌에서 그 특징을 찾을 수 있다. 그의 신상필벌은 사정을 봐주지 않는 것으로 유명하다. 우금이 관우에게 투항했다는 소식을 들은 그는 크게 탄식하며 이런 엄명을 내린 바 있다.

"포위된 것을 이유로 투항한 자는 결코 용서하지 않을 것이다."

조조가 서주의 도겸을 토벌할 때 수만 명을 도륙하고, 관도대전 때 거짓 투항한 원소군을 몰살한 것도 이런 맥락에서 이해할 수 있다. 이를 두고 사마광은《자치통감》에서 이같이 평해놓았다.

"조조는 공이 있는 자에게는 반드시 상을 주었고 천금을 아끼지 않았다. 그러나 공도 없이 상을 받으려는 자에게는 단 한 오라기의 털조차 나눠 주지 않았다."

조조의 결단력은 소위 '계륵鷄肋' 고사가 웅변하고 있다. 한중 땅을 두고 유비와 한창 다툴 당시 그는 많은 군사들이 전사하고 싸움에 지친 군사들이 연이어 도주하자 크게 고민했다. 한중을 포기하고 철수하자니 애석하기 그지없고, 한중을 완전 장악하기 위해 전진하자니 현실적으로 어려움이 많았다. 조조가 결단을 내리지 못하고 고민하고 있던 터에 마침 계탕鷄湯이 들어왔다. 조조가 국그릇에 닭의 늑골이 있는 것을 보고 속으로 느껴지는 바가 있어 잠자코 있었다. 이때 하후돈이 들어와 야간 군호를 정해달라고 했다. 조조가 무심결에 나오는 대로 말했다.

"계륵, 계륵으로 하라!"

하후돈이 제장들에게 영을 전해 모두 계륵을 외우게 했다. 이때 행군주부 양수가 계륵이라는 말을 듣고 즉시 수행 군사들을 시켜 각기 행장을 수습해 돌아갈 준비를 하게 했다. 누군가 이를 하후돈에게 알렸다. 하후돈이 크게 놀라 양수를 불러 물었다.

"공은 어째서 행장을 수습하는 것이오?"

"오늘 밤의 군호로 보아 나는 위왕이 곧 퇴군할 것으로 생각했습니다. 원래 계륵이란 것은 먹자니 맛이 없고 버리자니 아까운 것입니다. 이제 나가자니 이기지 못하겠고 물러가자니 남이 웃을까 봐 꺼림칙한 것이 바로 우리 형편입니다. 여기 계속 있어 봐야 이로울 게 없으니 빨리 돌아가는 수밖에는 없습니다. 내일 위왕이 반드시 회군을 명할 것입니다. 그래서 나는 떠날 때 소란 떨지 않으려고 미리 행장을 수습하는 것입니다."

"그대는 참으로 위왕의 마음을 속속들이 아는 사람이오!"

이에 하후돈 역시 행장을 수습했다. 이를 보고 영채 안의 모든 장수들이 돌아갈 차비를 하였다. 이날 밤 마음이 산란하여 잠들지 못하던 조조가 슬그머니 영채 안을 도는데 하후돈의 영채 안에서 군사들이 짐을 꾸리는 것이 보였다. 조조가 깜짝 놀라 급히 하후돈을 불러 그 까닭을 물었다. 하후돈이 있는 그대로 대답했다.

"주부 양수가 벌써 대왕이 돌아가실 의향이 있다는 것을 알고 있었습니다."

조조가 양수를 부르자 양수가 계륵의 뜻을 풀이해 들려주었다. 조조가 내심 크게 놀라며 매우 언짢아했으나 이미 모든 군사들이 행장을 수습한 터이기에 더 이상 추궁하지는 않았다. 결국 조조는 건안 24년(219) 5월 한중에 주둔하고 있던 군사를 이끌고 장안으로 돌아갔다. 《삼국지연의》는 이때 조조가 자신의 속셈을 알아챈 양수를 죄에 옭아매 죽이는 것으로 묘사해놓았다. 이종오도 양수의 죽음을 조조가 구사한 후흑의 일환으로 파악했으나 이는 사실과 다르다. 양수는 훗날 조비와 조식 간의 후계자 다툼에 끼어들었다가 조조의 미움을 사 죽임을 당했다.

조조는 또 임기응변의 대가였다. 허수아비 등을 이용한 거짓 용병으로 아군에 대한 판단을 흐리게 만드는 의병疑兵, 예상하지 못한 출병으로 적군의 허를 찌르고 들어가는 기병奇兵 등이 그것이다. 압도적인 무력을 지니고 있던 원소가 관도대전에서 조조에게 참패한 이유가 여기에 있다. 변화무쌍한 그의 임기응변에 대해 사마광은 이렇게 평했다.

"조조는 적과 대진하여 싸울 때는 태연자약하여 마치 싸우지 않는 듯하나, 결정적인 기회에 결단하여 승세를 탈 때는 그 기세가 용솟음쳐 마치 돌을 뚫을 듯했다."

이종오는 조조의 심흑에 지나치게 주목하는 바람에 조조의 이런 면을 상대적으로 소홀히 다뤘다. 《삼국지연의》를 바탕으로 조조의 난세 리더십을 분석했기 때문이다. 객관적으로 볼 때 조조는 군웅들과 싸우는 전투 상황에서는 심흑을 많이 구사했다. 조조가 거의 모든 싸움에서 승리를 거둔 이유다. 그러나 인재를 구하거나 활용할 때는 난세의 기본 원리인 유재시거에 충실했다. 조조가 구사한 난세 리더십의 요체는 수불석권手不釋卷의 자세로 스스로를 쉼 없이 채찍질하며 노력한 결과로 볼 수 있다. 그는 삼국시대 인물 중 《주역》이 역설하는 자강불식自强不息을 가장 충실히 수행한 경우에 속한다. 조조의 난세 리더십을 '후흑'의 관점에서만 파악해서는 안 되는 이유이다.

면후의 대가 유비

이종오가 유비를 면후의 대가로 꼽은 것은 조조의 심흑과 대비되었기 때문이다. 이는 유비가 상황에 따라 조조와 여포, 유표, 손권, 원소 등을 오간 점에 초점을 맞춘 것이다. 이종오가 유비의 면후를 평가한 것은 남의 울타리 속에 얹혀살면서도 이를 전혀 수치로 생각지 않은 데 있다. 일반적으로 널리 알려진 유비의 유덕한 이미지와는 거리가 있다.

원래 《삼국지연의》도 그 내용을 자세히 들여다보면 유비의 면후를 알아챌 수 있는 대목이 곳곳에 나온다. 유비는 자신의 부인이 적군에게 끌려갔다는 말을 듣고도 그저 묵묵히 입을 다문 채 결코 눈물을 보이지 않았다. 조조에게 패해 관우와 장비도 흩어지고 처자의 생사조차 알 길이 없는 상황에서도 눈물 한 방울 흘리지 않았다. 이것이 유비의 진면목에 가깝다. 조조와 손권 등이 그를 두고 '천하의 효웅梟雄'으로 평한 게 이를 뒷받침한다.

유비의 재능을 평가해보면 무예는 관우와 장비에게 미치지 못했고, 지모 또한 제갈량과 방통을 따르지 못했다. 그러나 그에게는 인재를 알아보고 발탁하여 적절히 이용할 줄 아는 능력이 있었다. 그 덕분에 그의 휘하에도 비록 규모에서는 조조에 미치지 못하나 천하의 책사와 용장들이 제법 많이 모여들었다. 인재를 알아보고 적재적소에 배치하는 능력은 제갈량도 유비를 따라가지 못했다.

일례로 위연과 마속에 대한 엇갈린 평가를 들 수 있다. 장사 전투에서 위연이 황충을 구한 뒤 귀순해왔을 때 제갈량은 그를 참수하려고 했다. 그러나 유비는 이를 허락지 않고 오히려 한중태수로 삼았다. 위연이 촉한을 위해 많은 전공을 세운 이유가 여기에 있었다. 위연 역시 자신을 알아준 유비를 위해 목숨을 바치고자 하는 영웅의 풍모가 있었다. 그럼에도《삼국지연의》는 제갈량을 미화하기 위해 위연을 '반골' 운운하며 크게 왜곡시켜놓았다.

마속의 경우도 마찬가지다. 제갈량은 마속을 극히 총애했으나 유비는 마속이 행동보다 말을 앞세우는 것을 크게 경계해 제갈량에게 높이 등용하지 말라고 당부했다. 그러나 제갈량은 유비 사후 이를 무시하고 그에게 중책을 맡겼다가 결국 낭패를 보고 말았다. 읍참마속(泣斬馬謖: 눈물을 머금고 마속의 목을 베다)은 동요하는 군심軍心을 진정시키기 위한 고육책에 불과했다. 가정 전투 당시 유비의 말을 무시하고 마속을 중용해 결국 패배를 자초한 제갈량의 책임이 이로 인해 가벼워지는 것도 아니었다. 군도君道를 행하는 유비의 리더십과 신도臣道를 행하는 제갈량의 리더십 사이에 근원적인 차이점이 있었음을 암시하는 대목이다.

그렇다고 유비가 조조 수준의 난세 리더십을 발휘한 건 아니었다. 일정한 한계가 있었다. 이를 뒷받침하는 일화가 있다. 조조는 적벽대전에 앞서 형주를 장악한 뒤 유비의 동료였던 배잠裵潛에게 유비에 관한 인물평을 물은 바 있다.《세설신어》의 〈식감識鑑〉 편을 보면 배잠의 다음과 같은 언급이 나온다.

"만일 중원에 있으면 다른 나라를 어지럽힐 만하지만 치세를 이룰 정도는 못 됩니다. 만일 변경에 거점을 두고 험난한 요충지를 지키면 한쪽의 주인이 되는 정도는 가능할 것입니다."

'한쪽의 주인'은 사천과 같은 한 지역을 장악할 정도의 수준은 된다는 뜻이다. 당시 사람들의 유비에 대한 평가는 대체로 이런 것이었다고 보아도 좋을 듯하다. 그러나 유비는 이후 한실의 정통을 계승하는 명군으로 받아들여졌다.《삼국지연의》가 지대한 공헌을 한 것은 말할 것도 없다.

유비는 여러 면에서 유방과 닮았다. 유비가 의도적으로 유방을 흉내 낸 측면이 강하다. 당초 유비의 모친은 가난 속에서도 유비가 15세 되던 해 구강태수를 지낸 노식에게 보내 글을 배우도록 했다. 노식은 학문이 깊었을 뿐만 아니라 환관파의 횡포에 반대한 청류파 관료로서도 명성이 높았다. 또한 황건적의 난을 진압하는 데에도 적잖은 공훈을 세운 바 있다.

유비는 당시 최고의 선생 밑에서 공부했음에도 불구하고 열심히 공부하는 모습을 보이지 않았다. 이는 조조가 전쟁터에까지 책을 들고 가 읽은 것과 대비된다. 유비의 이런 태도는《춘추좌전》에 감화를 받고 있던 관우에게도 뒤떨어지는 모습이었다. 그럼에도 그는 나름대로 사람을 읽고 세상을 보는 눈을 배웠다. 이는 기본적으로 유비의 타고난 제질이었다. 진수의 평이 이를 뒷받침한다.

유비는 도량이 넓고 의지가 강하며 마음이 너그러웠다. 인물을 알아보고 선비를 예우할 줄 알았다. 그는 한 고조 유방의 풍모를 갖고 있었으니 실로 영웅의 그릇이었다. 그가 국가를 맡긴 제갈량에게 어린 아들 유선을 당부하며 마음에 전혀 의심을 두지 않은 것은 참으로 군신 간의 지극한 공심公心으로 고금을 통해 보기 드문 것이었다. 유비는 임기응변의 재간과 책략에서 조조에 미치지 못했기 때문에 국토 또한 협소했다. 그러나 그는 좌절해도 흔들리지 않았기 때문에 끝까지 조조의 신하가 되지 않았다. 아마도 조조의 도량으로는 틀림없이 자신을 받아들이지 못할 것을 예측해 그 해를 피하려 했던 것으로 보인다.

유비의 인간적인 매력이 어디에 있는지 잘 보여주고 있다. 유비는 자신의 심중을 감추는 교활함과 함께 거꾸로 사람의 마음을 사로잡는 인간적인 매력이 있었다. 사람들을 거의 친구처럼 사귄 게 그 증거다. 조조가 유재시거 원칙에 입각해 맹상군孟嘗君의 계명구도(鷄鳴狗盜: 비굴하게 남을 속이는 하찮은 재주나 그런 재주를 가진 사람)를 흉내 낸 것처럼 유비 역시 능력만 있으면 누구든 자신의 곁에 두고 활용코자 했다. 조조와 유비의 인재 경영은 동공이곡(同工異曲: 재주나 솜씨는 같지만 표현된 내용이나 맛이 다름)에 해당한다.

그러나 그 내막을 보면 적잖은 차이가 있다. 유비의 휘하에 몰려든 계명구도는 주류에 편입되지 못한 협객俠客의 무리였다. 주류에 속하는 책사와 용장들이 조조의 휘하에 몰린 것과 대비된다. 실제로 유비와 도원결의를 맺은 관우와 장비 자체가 대표적인 '유협遊俠'에 속한다. 이는 장단점이 있었다. 이들 유협의 무리는 자신을 알아주는 사람을 위해 목숨을 버려서라도 보답코자 하는 충성심이 매우 강했다.

그러나 단점도 있다. 공과 사를 구분하지 못한 것이 대표적이다. 이는 이들의 관계가 '공의公義'가 아닌 '사의私義'에 기초한 결과다. 실제로 관우나 장비 등 사의로 뭉친 협객들은 제갈량은 말할 것도 없고 마초와 황충 등 신규 세력이 권력의 핵심으로 진입하는 것에 극도로 촉각을 곤두세웠다. 이런 상황에서 조직의 성장을 기대하는 건 무리다. 사의에 기초한 유비의 난세 리더십이 내포하고 있는 가장 치명적인 약점이 바로 여기에 있었다.

당시 유비는 촉한을 세운 후 떠돌이 생활을 하던 때와 달리 응당 공의를 사의보다 앞세우는 시스템을 갖춰야만 했다. 그러나 그는 이에 실패했다. 더 정확히 말하면 크게 신경 쓰지 않았다고 보는 게 옳다. 이게 촉한의 패망을 앞당기는 결정적인 배경이 되었다. 실제로 제갈량마저 죽자 촉한은 급속히 무너져 내렸다.

그렇다면 유방과 여러모로 닮은 유비는 왜 실패하고 유방은 400년간이나 이어지는 한 제국의 창업주로 남게 된 것일까? 두 사람은 모두 한미한 출신으로 아무것도 내세울 것이 없는 적수공권(赤手空拳; 아무것도 가진 것이 없음)에서 출발했다는 공통점이 있다. 따르는 인물들 역시 주류에서 밀려난 협객이 대종을 이룬 것도 닮았다. 화가 나면 울뚝밸을 드러낸 것도 닮았다. 어렸을 때부터 천하를 거머쥐겠다는 웅지를 품은 것도 닮은꼴이다.

그럼에도 유비는 끝내 실패했고, 유방은 성공했다. 여러 원인이 있을 수 있으나 우선 유비는 비전 제시에 실패했다. 그가 내세운 구호는 한실 부흥이었다. 그러나 이는 이미 효용을 다해 용도 폐기된 과거 지향의 구호에 지나지 않았다. 이에 반해 유방이 내세운 것은 미래 지향적이고, 희망적이었다. 그는 먼저 엄격한 형률로 인해 숨죽이고 살아야 했던 진 제국의 백성들에게 약법3장이라는 아주 간략한 법을 제시해 민심을 끌어모았다. 항우 등의 군벌 세력을 소탕해 도탄에 빠진 백성들을 구해내겠다는 '제포구민除暴救民'의 구호도 그대로 먹혀 들어갔다. 시의時議를 올라탄 결과다. 유비의 한실 부흥도 유사한 기능을 하기는 했으나 일정한 한계가 있었다.

그럼에도 유비는 여기에 매달렸다. 이는 그를 촉한 땅의 주인으로 만드는 데까지 도움을 주었으나 그게 끝이었다. 천하는 넓다. 한실 부흥은 400년 된 한실의 주인이 앞으로도 계속 천하의 주인이 되어야 한다는 이상한 논리 위에 서 있었다. 이는 주 왕조 이래 1천여 년 넘게 유지돼 온 천명天命 사상과 배치되는 것이었다.

원래 《서경書經》과 《시경詩經》 등 유가 경전이 내세운 천명 사상의 골자는 소위 '천명무상天命無常'이다. 유덕有德한 자가 부덕不德한 자를 밀어내고 천하의 새로운 주인이 되는 것을 말한다. 사실 말만 그렇지 원래는 힘이 있는 자가 그렇지 못한 자를 밀어내는 것을 포장한 것이다. 이종오가 난세의 후흑을 역설한 이유다. 흉중에 천하를 품은 사람은 후흑을 연마해야만 도중에 모든 난관을 슬기롭게 뚫고 나가 마침내 천하의 새 주인이 될 수 있다고 주장한 것이다.

이종오가 말한 후흑의 관점에서 볼 때 유비는 한 고조 유방처럼 모든 면에서 천하의 주인이 될 자질을 갖췄다. 그러나 천하의 주인이 되기에는 2퍼센트가 부족했다. 바로 비전이 너무 낡아빠졌다는 것이다. 실제로 유비는 늘 인의와 한실 부흥을 구두선처럼 내세웠다. 이는 출신과 재능, 지식 등 모든 면에서 조조나 손권에 미치지 못한 그를 삼국의 정립 과정에서 한 축을 맡도록 하는 순기능으로 작용했다.

그러나 이후에는 이게 그의 발목을 잡는 족쇄가 됐다. 그는 비록 입으로는 한실 부흥을 내세웠으나 행적이 일관되게 대의를 따른 것은 결코 아니었다. 이는 사마광의 평을 보면 분명히 알 수 있다.

> 촉한의 유비는 비록 중산정왕의 후예임을 자처했으나 족친 관계가 너무 소원하여 몇 대 후손인지, 신분이 어떠했는지 등에 관해 전혀 알 길이 없다. 이는 마치 남조의 송 고조宋高祖 유유劉裕가 한나라 때의 초원왕楚元王의 후예임을 자처하고, 남당南唐의 열조烈祖 이승李昇이 당나라 때의 오왕 이각李恪의 후예임을 자처한 것과 같아 그 시비를 가리기가 매우 어려운 것이다. 따라서 그를 후한의 광무제光武帝와 서진을 이은 동진의 원제元帝 등에 비유하여 한나라의 정통을 이었다고 말할 수는 없다.

명대 말기의 왕부지 역시 유비를 후한의 광무제와 동렬로 보려는 당시의 일반적인 풍조에 크게 반발했다. 그는 한실 부흥이라는 구호를 정치 슬로건으로 파악했다. 그의 역저 《독통감론讀通鑑論》에 나오는 해당 대목이다.

> 형주를 영유하기까지 유비는 여러 장수 사이를 전전했을 뿐이고 애초부터 한실의 원수인 동탁을 무찌를 자세도 갖추지 않았다. 영토의 확장에 얽매여 한실의 부흥 따위는 염두에 두지도 않았던 것이다. 그는 조조가 위왕을 칭하자 자신도 멋대로 한중왕이라고 칭하고, 조비가 헌제를 폐하고 황제를 칭하자 자신도 늦었다는 듯 곧바로 제위에 올랐다. 그는 즉위할 당시 대의에 반하는 것이라고 간언한 신하에게 크게 화를 내며 그를 좌천시켜버리기도 했다.

사마광과 왕부지는 유비의 실체를 정확히 통찰하고 있었던 것이다. 사실 유비는 젊었을 때 난세의 혼란을 틈타 군사를 일으켰으나 나이 50세가 되도록 근 20년 동안 이렇다 할 세력을 형성하지 못했다. 유비는 형주의 유표에게 몸을 의탁했을 때 비록 유표로부터 상급 빈객의 대우를 받았으나 엄밀하게 보면 일종의 용병에 불과했다.

《삼국지연의》에는 당시 유비가 소위 '비육지탄髀肉之嘆'을 하면서 한실을 부흥하지 못한 것을 한탄하는 대목이 나온다. 신야라는 작은 성에서 4년간 할 일 없이 지내고 있던 어느 날 그는 문득 유표의 초대를 받아 연회에 참석하게 되었다. 연회 도중 화장실에 간 그는 자신의 넓적다리가 유난히 살이 찐 것을 보게 되었다. 순간 그는 슬픔에 잠겨 눈물을 주르르 흘렸다. 눈물 자국을 본 유표가 연유를 캐묻자 유비는 이렇게 대답하였다.

"저는 늘 몸이 말안장을 떠나지 않아 넓적다리에 살이 붙을 겨를이 없었는데, 요즈음은 말을 타는 일이 없어 넓적다리에 다시 살이 붙었습니다. 세월은 사정없이 달려서 머지않아 늙음이 닥쳐올 텐데 아무런 공업功業도 이룬 것이 없어 그것을 슬퍼하였던 것입니다."

이는 자신의 처량한 용병 신세를 한탄한 것이다. 이후 이 비육지탄이란 성어는 능력을 제대로 발휘할 기회를 얻지 못해 불우한 처지에 처해 있는 것을 뜻하는 말이 되었다.

유비의 삶의 궤적을 살펴보면 그는 확실히 대기만성의 경우에 해당한다. 대다수 대기만성의 인물들이 그렇듯이 그 역시 젊은 시절 숱한 좌절을 겪어야만 했다. 의형제를 맺고 늘 그의 주변을 지키던 관우와 장비 역시 주류에서 밀려난 일개 협객에 지나지 않았다. 군벌들이 한 치의 양보도 없이 치열한 각축전을 펼치는 상황에서 보잘것없는 유비

일행에게 행운이 다가올 리 없었다. 천신만고 끝에 가까스로 얻은 기회도 막상 잡으려고 하면 슬그머니 손아귀에서 빠져나갔다.

여기서 주목할 점은 이런 상황에서도 유비는 결코 좌절하지 않고 오히려 의지를 더욱 굳혔다는 것이다. 비육지탄의 위대함이 여기에 있다. 그는 비육지탄을 발분의 계기로 삼았던 것이다. 비록 천하를 모두 거머쥐지는 못했지만 그가 조조, 손권과 더불어 일세를 풍미한 이유가 바로 이것이다.

원래 유비는 명문名門과 대비되는 한문寒門 출신이다. 실제로 일정한 자산을 갖고 출발한 조조나 손권과는 달리 그는 아무런 자산이 없었다. 말 그대로 적수공권이었다. 그는 스스로 중산정왕의 후예라고 떠벌였으나 이를 믿은 사람은 거의 없었다.

그렇다면 당대의 제갈량은 왜 이를 그대로 믿는 모습을 보인 것일까? 제갈량 역시 이를 액면 그대로 믿은 건 아니라고 보는 게 옳다. 그보다는 오히려 유비를 도와 천하 통일의 대업을 이룰 생각으로 이를 사실로 간주하려는 자기암시 내지 자기최면의 성격이 짙었다.

객관적으로 볼 때 당시 유비에게는 불굴의 의지만 있었을 뿐이다. 그가 젊었을 때 연이어 실패한 것은 필연지사였다. 아무런 밑천도 없고 재주도 없는 사람이 뜻만 높을 경우 잘못 나가기 십상이다.《수호지》에 나오듯이 양산박과 같은 도적 떼를 이끄는 우두머리로 살다가 군웅 밑으로 들어갈 가능성이 높았다. 초한전 당시 팽월과 경포도 그러한 경우였다.

그러나 유비는 확실히 이들과는 차원이 달랐다. 그는 천하를 거머쥐겠다는 강고한 의지를 지니고 있었다. 결코 남의 밑에 들어가지 않으려고 했던 것이다. 그는 숱한 좌절을 거치면서도 오히려 이를 자강불식의 계기로 삼았다. 관우와 장비를 비롯한 미축, 손건, 간옹 등 초기부터 유비를 따라다닌 인물들과 후에 가세한 제갈량, 방통, 법정 등이 유비와 생사고락을 같이하게 된 이유가 여기에 있다. 최고 지도자의 강력한 의지에 모두가 감복한 경우다.

여기에는 유비의 뛰어난 자질이 크게 작용했다. 상대가 뛰어난 인물이라고 인정될 경우 그는 기꺼이 자신을 낮추는 미덕을 지니고 있었다. 이는 유비가 지닌 가장 큰 매력이었다. 그에게는 비록 뛰어난 지략과 재주는 없었지만 인재를 휘하에 둘 수 있는 넓은 아량이 있었던 것이다. 주류에서 밀려난 협객들이 이를 지우지은으로 여기며 절대적인 충성을 바친 이유다. 남들에게 인정을 받지 못한 상황에서 장상將相의 직책을 척척 내려주는 유비에게 감복하지 않을 도리가 없었다. 제갈량도 예외가 아니다.

주목할 점은 당시 조조가 구현령을 통해 밝힌 포부와 유비가 인재들에게 내보인 아량은 질적으로 전혀 다르다는 것이다. 조조는 공의에 입각한 구현求賢을 추구했지만 유비는 사의에 입각한 인현引賢을 신봉했다. 조조가 대로 한가운데 있는 게시판에 '천하 인재 공채' 광고를 게재했다면, 유비는 아름아름 알게 된 인재를 자신의 지하 벙커로 불러놓고 자신의 포부와 심경을 절절히 토로하면서 간절히 도움을 구하는 방식을 취한 셈이다.

이는 중국공산당이 창당 초기 상하이 조계에 비밀 아지트를 구해놓고 당원을 포섭한 것과 닮았다. 당연히 그 숫자가 적을 수밖에 없었다. 조조의 휘하에는 천하의 인재들이 빛나는 샛별처럼 포진한 반면, 유비 휘하에는 늘 사적으로 인연을 맺은 소수의 인재들만 존재한 이유다. 이는 사천에 둥지를 틀고 촉한을 세운 후에도 그의 발목을 잡는 결정적인 원인으로 작용했다. 촉한이 늘 인재 기근에 시달린 이유가 바로 여기에 있었다.

조조의 휘하에 모인 인재들은 기본적으로 조조의 웅략雄略과 그가 내세운 공의에 감복한 인물들이었다. 훗날 순욱과 순유 등이 조조와 뜻을 달리해 죽음에 이르게 된 것 역시 공의에 대한 해석 차이에 기인한 것이다. 그러나 유비의 휘하에 모인 인물들은 모두 유비 개인에 대한 충성을 대의로 간주하며 자기최면을 건 경우에 해당한다. 뒤늦게 합류한 제갈량도 예외가 아니었다. 이들이 낡아빠진 한실 부흥이라는 구호에 매달린 것도 고육책에 지나지 않았다.

많은 사람들이 삼고초려를 유비가 인재를 구한 대표적인 실례로 들고 있으나 여기에는 약간의 문제가 있다. 당시 제갈량은 27세의 백면서생이었다. 제갈량으로서는 조조의 공의에 입각한 구현에 응할 수도 있었으나 그렇게 해서는 크게 빛을 발하기가 어려웠다. 유비와 제갈량의 만남은 비슷한 처지에 놓여 있던 두 사람이 의기투합한 결과로 보는 게 옳다.

일각에서는 유비가 제갈량에게 유선을 부탁하는 탁고유명(託孤遺命; 왕이 죽기 전, 자손의 장래를 맡김)을 행한 점을 들어 신하들을 전폭 신뢰하는 통 큰 리더십을 발휘했다고 주장하고 있으나 이 또한 적잖은 문제가 있다. 가장 큰 문제는 이런 주장이 《삼국지연의》를 바탕으로 하고 있다는 점이다. 《삼국지》와 《자치통감》을 보면 오히려 정반대에 가깝다. 그는 자신을 따르는 어떤 사람에게도 절대적인 신임을 주지 않았다. 심지어는 제갈량에게까지 그랬다. 이종오가 유비를 면후의 대가로 꼽은 이유가 여기에 있다.

후흑의 관점에서 볼 때 유비의 탁고유명은 고도로 계산된 발언이었다. 만고풍상을 겪은 유비는 원래 속셈이 매우 많은 사람이었다. 이런 점이 유비의 유명遺命을 액면 그대로 해석해서는 안 되는 이유다. 유비는 임종 직전 자신의 유일한 혈육인 유선이 과연 촉한의 군위君位를 확고히 할 수 있을지 크게 우려했다. 이릉대전에서 참패함으로 인해 국위가 크게 손상되고 민력이 피폐해진 상황이었다. 자신을 새 군주로 모시게 된 사천의 토착 세력과 그 이전부터 자신을 따랐던 구신舊臣들 사이에 보이지 않는 알력이 존재하고 있었다. 이런 이유로 임종 직전 유비는 제갈량을 부르면서 동시에 토착 세력의 대표 격인 이엄도 불렀던 것이다.

여기에는 두 가지 속셈이 담겨 있었다. 첫째 제갈량을 통해 이엄 등 새로 귀부한 세력을 견제코자 했다. 토착 세력은 2대에 걸친 유언과 유장을 군주로 모셨던 사람들이다. 이들이 유비의 후덕厚德에 감복해 충절을 다하리라는 보장이 없었다. 사실 유비의 후덕은 후대인들이 만들어 낸 허상에 가깝다.

둘째 제갈량을 견제하기 위한 노림수였다. 객관적으로 볼 때 유사시 가장 위험한 인물은 제갈량이었다. 이 때문에 유비는 임종 직전 제갈량을 불러 거듭 충성을 확인했던 것이다. 만에 하나 있을지도 모를 불미스런 행동을 미리 차단하기 위한 복선이었다.

당시 유비는 자신의 목숨이 얼마 남지 않은 것을 알고 신하들을 모두 전각 안으로 불러들인 뒤 종이와 붓을 가져다 유조遺詔를 쓰게 해 제갈량에게 주었다. 그리고는 이같이 탄식했다.

"짐이 글을 읽지는 않았으나 대략은 알고 있소. 성인이 이르기를 '새가 장차 죽으려 하니 그 울음소리가 슬프고, 사람이 장차 죽으려 하니 그 말이 착하다'고 했소. 짐이 본디 경들과 함께 조조를 멸하고 또한 함께 한실을 붙들어 세우려 했으나 불행히 중도에 헤어지게 되었소. 승상은 부디 유조를 태자 유선에게 전해주오. 이를 예사말로 여기지 말고 모든 일을 승상이 가르쳐주기 바라오."

제갈량이 엎드려 울며 말했다.

"바라건대 폐하는 용체를 편히 하십시오. 신 등이 견마의 수고를 다해 폐하의 지우지은에 보답하겠습니다."

유비가 내시에게 분부해 제갈량을 붙들어 일으키게 한 후 한 손으로 눈물을 닦고 또 한 손으로는 그의 손을 잡으며 말했다.

"짐은 이제 죽거니와 짐의 심중에 있는 말을 한마디 하려고 하오."

"무슨 말씀이십니까?"

"그대의 재주가 조비보다 10배나 나으니 반드시 나라를 안정시키고 대사를 마무리 지을 수 있을 것이오. 만약 짐의 아들이 도울 만하거든 돕고, 만일 그럴 만한 자질이 못 되거든 당신이 스스로 성도의 주인이 되시오."

이 말을 듣자 제갈량은 온몸에 진땀을 흘렸다. 그가 울며 말했다.

"신이 어찌 감히 고굉股肱의 노력과 충절을 다하지 않겠습니까? 죽어도 그치지 않을 것입니다."

말을 마치고는 머리를 땅에 부딪쳐 피를 흘렸다. 유비는 다시 제갈량을 청해 침상 위에 앉게 하고 자식들을 앞으로 나오게 한 뒤 이같이 분부했다.

"너희들은 모두 짐의 말을 명심해라. 짐이 세상을 떠난 뒤 너희 형제 세 명은 모두 승상을 부친으로 섬기고 태만하지 말라."

분부를 마친 유비는 두 아들에게 명하여 제갈량에게 절을 시켰다. 제갈량이 울먹이며 말했다.

"신이 비록 간뇌도지肝腦塗地한다 한들 어찌 이 지우지은에 보답할 수 있겠습니까."

'간뇌도지'는 참혹한 죽임을 당하여 간과 뇌수가 땅에 널려 있다는 뜻으로 나라를 위해 목숨을 돌보지 않고 애쓰는 것을 말한다. 그제야 유비가 모든 신하들을 돌아보며 이같이 당부했다.

"짐은 이미 승상에게 자식들을 부탁하고 사자嗣子: 대를 이을 아들로 하여금 그를 아비로 섬기게 하였소. 경들은 조금이라도 태만하여 짐의 소망을 저버리는 일이 없도록 하시오."

유비가 제갈량에게 '성도의 주인' 운운한 것은 만일 그런 일을 벌였다가는 결코 성하지 못할 것이라는 경고를 돌려 표현한 것이다. 일종의 반어법에 해당한다. 이 대목은 유비가 면후뿐만 아니라 심흑에도 얼마나 밝았는지를 잘 보여주고 있다.

유비가 보여준 후흑술은 매우 종류가 많다. 가장 대표적인 예로 형주를 포기하면서 인의를 내세운 경우를 들 수 있다. 당시 제갈량은 혼란을 틈타 형주를 빼앗기를 권했다. 이에 유비는 이같이 말했다.

"유표가 은혜를 베풀고 예를 극진히 하여 나를 대해주는데 내가 어찌 그의 위기를 틈타 그의 땅을 빼앗을 수 있겠소?"

유비의 이 말을 액면 그대로 믿는 것은 너무 순진하다. 형주를 취할지라도 조조의 대군으로부터 형주를 지켜나가는 것이 어렵다는 냉정한 계산이 있었기 때문이라고 보는 게 옳다. 이게 대다수 전문가들의 견해이기도 하다.

당시 유비가 많은 사람들로부터 명성과 신뢰를 얻을 수 있었던 것은 인의를 내세운 그의 행보와 무관치 않았다. 조조의 남하를 두려워했던 형주의 인사들 중 다수가 유비를 신뢰할 수 있는 인물로 보고 그와 거취를 함께한 게 그 증거다. 이는 그의 후흑이 높은 경지에 이르렀음을 반증한다. 비록《삼국지연의》에만 나오는 것이지만 당시 조운이 적진을 뚫고 어린 유선을 구해왔을 때 유비가 젖먹이 유선을 땅바닥에 내던진 것도 같은 맥락에서 이해할 수 있다. 이는 물론 허구에 불과하지만 네 번이나 처자식을 놓고 도주했던 유비와 같은 인물에게는 얼마든지 있을 수 있는 일이었다.

이종오가 지적했듯이 그런 점에서 유비는 확실히 다혈질의 인간이다. 면후는 다혈질의 또 다른 표현이다. 여러 풍상을 겪으면서 자연스레 면후를 터득한 결과로 볼 수 있다.

《삼국지연의》는 유비를 시종 조조와 대비되는 선인의 상징으로 그려놓았다. 그러나 사서에 나오는 그의 모습은 다혈질의 울뚝밸을 지닌 인물에 가깝다. 울화가 치민 나머지 독우를 마구 때리고, 충언을 하는 방통을 자리에서 내쫓은 것 등이 그 증거다. 충고를 물리치고 정벌에 나섰다가 일패도지한 이릉대전 역시 일을 벌이기만 좋아하고 제대로 마무리를 짓지 못하는 그의 다혈질 체질에서 비롯된 것으로 볼 수 있다.

그럼에도 그가 삼국정립의 한 축이 될 수 있었던 것은 이종오가 주장했듯이 면후에 밝은 후흑술의 대가였기에 가능했다. 이종오는 유비가 면후에는 뛰어났으나 심흑에는 한계가 있다고 평가했지만 사실 유비는 심흑에도 밝았다. 그가 삼국정립의 한 축을 이룬 배경이 여기에 있다.

그러나 유비는 조조와 같은 인물을 만난 게 불행이었다. 조조라는 인물이 나타나지만 않았다면 유비 역시 한 고조 유방과 같이 얼마든지 천하를 거머쥘 수 있었다. 후흑의 달인인 유비가 끝내 대업을 이루지 못한 이유다. 난세는 후흑의 대가들이 일대 접전을 벌이는 무대다. 후흑의 수준이 적나라하게 드러날 수밖에 없다. 조조는 비록 탁류 출신이기는 했으나 자산도 있었고 그 자신이 누구보다도 탁월했기 때문에 후흑을 깊이 이해하고 있었음에도, 용병의 경우를 빼고는 이를 적극 구사할 필요가 없었다. 이에 반해 아무런 자산과 별다른 재능이 없었던 유비는 면후는 물론 심흑에도 밝았다. 단지 심흑이 면후에 상대적으로 가려 있었을 뿐이다.

05

손권과 사마의가
후흑의 지존을 다투다

조조와 유비 이외에 손권이라는 사람이 한 명 더 있다. 그와 유비는 동맹 관계인 동시에 사위와 장인 관계였다. 그가 홀연히 형주를 탈취하고 관우를 죽게 한 데서 알 수 있듯이 속마음이 시꺼먼 것이 조조를 닮았다. 다만 촉나라를 향해 가면서 화해를 구한 점 등에 비추어 그 시꺼먼 정도가 조조에 비해 약간 덜했을 뿐이다.

그는 조조와 어깨를 나란히 하는 영웅을 자처하며 조금도 아래에 있기를 거부하다 결국 조조의 아들 조비의 발아래 꿇어 엎드려 신하가 될 것을 간청했으니 뻔뻔한 것이 유비 못지않다. 다만 얼마 안 가 위나라를 배신한 점 등에 비추어 그 두꺼운 정도가 유비에 비해 조금 덜했을 뿐이다. 그는 비록 뻔뻔함과 음흉함이 유비와 조조만큼은 안 됐으나 오히려 두 사람의 특징을 겸비한 까닭에 하나의 영웅으로 간주하지 않을 수 없다. 이들 세 사람은 각자의 수단으로 상대방을 서로 정복할 수 없었기 때문에 당시의 천하는 부득불 셋으로 나뉠 수밖에 없었다.

조조와 유비, 손권이 잇따라 죽자 사마씨 부자가 때를 틈타 일어났다. 그들은 조조와 유비의 훈도를 받아 후흑을 대성했다고 할 수 있다. 그는 과부와 고아까지 사기의 대상으로 삼았으니 음흉한 것이 조조와 같았다. 여자들의 머리 장식용 두건으로 쓰는 건괵巾幗을 선물 받는 모욕을 당하고도 이를 능히 참아냈으니 뻔뻔한 것이 유비보다 더했다. 나는 역사서를 읽으면서 사마의가 건괵을 선물 받은 대목에 이르러 나도 모르게 책상을 치며 이렇게 외쳤다.

"천하가 사마씨에게 돌아갈 것이다!"

제갈량은 천하의 기재로 3대에 걸쳐 한 번 나올까 말까 하는 인물인데도 불구하고 사마의를 만나 어쩔 도리가 없었다. 그는 '온몸을 다 바쳐 충성하니 죽어서야 그친다'는 입장이었으나 종내 중원 땅을 한 뼘도 차지하지 못하고 피를 토하며 죽었다. 그는 왕을 보좌할 만한 재목이기는 했으나 사마의라는 후흑 대가의 적수는 되지 못했던 것이다.

면후와 심흑을 유연하게 사용한 손권

이종오는 손권을 두고 면후와 심흑을 결합해 사용한 점에서는 유비와 조조보다 뛰어난 바가 있다고 평했다. 이는 손권에 대한 기존의 평가를 뒤집는 것이다. 최근 교토대 교수 김문경도 《삼국지의 세계》에서 손권을 캐스팅 보트를 쥔 삼국시대의 숨은 주역으로 평했다. 제갈량에게 두 황제가 대등한 지위에서 동맹하는 소위 이제병존二帝幷尊을 제의한 것은 기존의 통념을 깬 '노회한 발상'이라는 것이다.

실제로 손권은 의리와 체면에 구애받지 않고 오직 상황에 따라 수시로 동맹국을 바꿔가며 오나라의 안전을 도모했다. 면후와 심흑의 한 측면만 보면 유비나 조조에 미치지 못하나 두 측면을 모두 고려할 경우 더 높은 점수를 줘야 한다는 이종오의 평은 역사적 사실에 부합한다.

이종오는 손권이 구사한 심흑의 논거를 형주 탈취와 관우 참수에서 찾았다. 또 조비의 발아래 꿇어 엎드려 신하가 될 것을 간청한 것을 '면후'의 대표적인 실례로 들었다. 심흑은 용병, 면후는 외교 측면에서 찾은 셈이다. 탁견이다. 적벽대전과 이릉대전의 승리도 심흑의 대표적인 사례로 드는 게 타당할 것이다.

손권이 대업을 인수받았을 때 강동은 이미 손씨 일문에 의해 기틀이 잡혀 있었다. 이는 유비는 말할 것도 없고 조조조차 이루지 못한 것이었다. 그런 면에서 손권은 시작부터 두 가지 가능성을 갖고 있었다. 현실 안주와 교만으로 치달아 원소의 길을 갈 것인가, 아니면 자강불식의 노력으로 제2의 창업을 이룰 것인가 하는 것이 그것이다. 그는 후자의 길로 갔다. 이 때문에 동오가 삼국 가운데 가장 오랫동안 유지되었다. 그만큼 기반이 튼튼했다는 반증이다.

당초 손책이 죽었을 때 손권의 나이는 18세였다. 《삼국지》〈장소전〉의 주에 인용된 《오력吳歷》을 보면 손책이 죽기 전에 장소張昭를 불러 신신당부한 대목이 나온다.

"만약 중모(仲謀: 손권)가 일을 맡을 수 없는 재목이면 그대가 곧 스스로 권력을 취하시오."

손책의 유언도 심흑의 일환으로 나온 것이다. 취지 면에서 유비가 제갈량에게 탁고유명을 내린 것과 하등 다를 바가 없다. 당대의 책사인 장소가 그 취지를 모를 리 없다. 그 역시 제갈량과 마찬가지로 손책의 유명을 받들어 충성을 다 바쳤다. 이 때문에 18세의 어린 군주 손권이 빠른 시일에 동오를 안정시킬 수 있었다. 장소는 이후 수십 년 동안 충심으로 손권을 보좌함으로써 동오에서 가장 명망이 높은 건국 원훈으로 존재했다.

당시 장소 못지않게 중요한 역할을 한 인물로 주유周瑜를 들 수 있다. 동오의 국방을 책임지고 있던 그는 군사들을 이끌고 와 분상奔喪을 한 뒤 곧바로 오군에 머물며 장소와 함께 군정 사무를 처리했다. 위기 국면을 맞아 국방을 더욱 튼튼히 한 것이다. 만일 장소나 주유와 같은 인물이 없었으면 손권은 부형의 기업을 제대로 잇지 못했을 것이다.

그럼에도 손권에 대한 사람들의 평가는 매우 인색하다. 여러 이유가 있으나 대개 강동에 틀어박혀 오직 지키는 데 열중한 점을 논거로 들고 있다. 부형과 같은 웅지가 없다는 지적이다. 이종오가 손권을 후흑의 대가로 평하고 나선 것은 이런 중론에 대한 일대 반론에 해당한다.

최근의 연구 결과 손권은 강동에 틀어박혀 수성에 급급하는 식의 현실에 안주한 인물이 결코 아니라는 사실이 속속 드러나고 있다. 주목할 만한 것이 소위 '내부 문제설'이다. 동오 내부의 문제로 발목이 잡혀 있었기 때문에 천하 통일의 사업에 적극적으로 나설 수가 없었다는 게 그것이다. 이들은《삼국지》〈오주전〉의 다음 대목을 근거로 내세우고 있다.

> 손씨의 지배는 겨우 회계와 오군, 단양, 예장, 여릉에 미치고 있을 뿐이었다. 오지의 험준한 지역에는 복종을 거부하는 세력이 있었고, 또 여러 지역에 할거하는 힘 있는 호족들과 망명한 인재들은 정세를 관망하며 거취를 분명히 하지 않고 있었다. 오나라에는 견고한 군신 관계가 아직 확립되어 있지 않았다.

이 견해는 결국 크게 두 가지 문제점을 논거로 들고 있는 셈이다. 하나는 산월山越 또는 산구山寇로 불리는 소수민족을 평정하는 문제이고, 다른 하나는 '오군의 8족 4성' 또는 '회계의 4성' 등으로 불리며 강동에서 누대에 걸쳐 탄탄한 세력을 형성하고 있던 호족들을 평정하는 문제가 그것이다.

이는 역사적 사실에 부합한다. 원래 산월은 중국의 절강성에서 인도차이나 반도에 걸친 넓은 지역에 살던 족속을 말한다. 문신과 단발의 풍습이 있었고 춘추시대에는 회계를 중심으로 하는 지역에 월越을 세우고 한족인 오吳와 장강 하류 지역의 패권을 다투었다. 춘추시대 말기를 화려하게 수놓은 월왕 구천과 오왕 부차의 항쟁이 그것이다. 하지만 기원전 4세기 초 월나라가 망한 이후 월나라 족속은 각지에 흩어져 살았다. 진 제국에서 전한 제국 초기까지는 구강과 민강, 주강의 하류 지역에서 자립했으나 한 무제에 의해 이내 평정되었다.

산월이라는 명칭은 2세기 후반 건녕 연간(168~172)에 처음으로 사서에 등장한다. 산월이 할거한 지역은 회계와 오군, 단양, 예장, 여릉 등 장강 중하류 지역으로, 전국시대 오나라 영토에 해당한다. 산월은 대부분 부역이나 포박에서 벗어나기 위해 산간에 숨어 산 한족 농민이거나 범죄자가 토착 월인과 섞여 살면서 서서히 격리된 집단이었다. 이들은 대개 지방 호족들의 지배하에 놓여 있었다. 이는 후한 말기부터 뚜렷해진 호족들의 대토지 소유가 평지에서부터 산간 지방에까지 미친 결과였다.

당시 호족들은 스스로 권익을 지키고 오나라 정권의 지배를 거부하기 위해 그들을 무장시켜 자신들의 부곡部曲으로 만들었다. 오나라 정권은 차례로 호족들을 무너뜨리고 있었지만 산간 유곡에 숨은 산월까지는 손이 미치지 못했다. 손권이 오랫동안 지방 호족과 산월을 제압하기 위해 밖으로 눈을 돌릴 수 없었던 것만은 분명한 사실로 보아야 한다.

그러나 이런 점들로 말미암아 손권이 부형인 손견이나 손책처럼 천하를 거머쥐려는 웅지를 보이지 못한 사실이 합리화되는 것은 아니다. 부형과 같은 웅지가 있었다면 오히려 이들을 설득 또는 제압한 뒤 이들을 이용해 더욱 쉽게 중원을 도모할 수도 있었다. 부형에 비해 상대적으로 그릇이 작았다는 건 부인할 수 없는 사실이다. 동오 내부의 문제로 천하 통일의 위업을 제대로 이행하지 못했다는 주장은 본말이 바뀐 것이다.

가장 큰 이유는 역시 손권이 창업자가 아니라는 사실에 있다. 창업자는 난세의 시기에 스스로 몸을 일으켜 산전수전을 겪으며 군웅할거의 각축전에서 살아남아 나라를 세운 까닭에 비상한 세월의 흐름을 재빨리 간취하고 사람을 단박에 알아보는 데 남다른 재주를 지니고 있다. 그러나 그 뒤를 잇는 사람의 경우는 상대적으로 이런 데 약하기 마련인데, 손권의 한계도 바로 여기에 있었다.

그러나 이것이 손권을 폄하하는 논거가 될 수는 없다. 당 태종이《정관정요》에서 역설하고 있듯이 '수성'은 '창업'만큼이나 어렵기 때문이다. 이종오가 손권을 두고 후흑 면에서 비록 '달인'의 경지는 아니나 '대가'의 수준에 올랐다고 평한 것도 이런 맥락에서 이해할 수 있다.

사실 그는 전국시대에 활약한 종횡가縱橫家인 소진蘇秦이나 장의張儀에 비유할 만했다. 이종오의 분석에 따를 경우 심흑의 상징인 조조는 법가와 병가를, 면후의 달인인 유비는 유가를, 시류의 변화에 재빨리 올라타 천의 얼굴을 보여준 손권은 바로 종횡가를 대표했다고 할 수 있다. 《삼국지》와《자치통감》에 나오는 손권의 모습을 보면, 소진이나 장의처럼 능굴능신能屈能伸의 연횡술連橫術을 자유자재로 구사했다는 것을 알 수 있다.

조조나 유비와 달리 손권이 50여 년간 재위하게 된 원인으로 크게 두 가지를 들 수 있다. 첫째, 모든 것을 군신群臣들에게 맡긴 점이다. 부형 이래의 건국 원훈인 장소를 사부로 대접하고 주유와 정보, 여범 등에게 전적으로 군사 대권을 맡긴 게 그것이다. 그런 점에서 조조의 인간 경영은 공의에 입각한 구현에서, 유비는 사의에 기초한 인현에서, 손권은 시의時宜를 좇은 용현用賢에서 각각 그 특징을 찾을 수 있다. 실제로 손권의 용인술은 탁월한 바가 있다. 그는 그 비결을 다음과 같이 설명한 바 있다.

"나는 늘 상대의 장점을 높여주고, 단점을 곧 잊어버린다."

적벽대전에서는 주유에게 모든 것을 맡기고, 이릉대전에서 육손을 탁용해 전폭적인 신뢰를 보낸 게 그 증거다. 《관자》는 인간 경영의 요체를 지용임신知用任信으로 요약한 바 있다. 인재가 있다는 사실을 알면 곧 불러들이고, 일단 불러들인 이상 임무를 맡기며, 임무를 맡긴 이상 전폭적으로 믿으라는 게 핵심이다. 이를 철저히 실행한 인물이 바로 손권이었다. 그는 결코 단순한 후흑의 대가가 아니었다.

원래 손권이 능수능란하게 구사한 연횡술은 천하를 거머쥐는 비책이 아니다. 진시황이 연횡술을 취하지 않은 이유다. 실제로 진시황은 법가의 이론을 채택해 천하를 평정했다. 연횡술의 외교 전략은 기본적으로 강국에 대항해 스스로를 보전하기 위한 일종의 자구책에서 나온 것이다. 그런 점에서 연횡술은 창업보다는 수성에 어울린다. 손권의 연횡술이 돋보인 데는 나름대로 탁월한 리더십이 있었기에 가능했다. 그것은 진수가 평했듯이 바로 굴신인욕屈身忍辱의 자세였다. 몸을 낮춰 굴욕을 참아내는 굴신인욕은 일찍이 월나라의 구천이 천하의 패권을 쥐기 위해 구사한 술책이다. 이는 후흑의 달인만이 행할 수 있는 최고 수준의 후흑술에 해당한다.

그럼에도 손권의 굴신인욕은 구천의 후흑으로 나아가지는 않았다. 그 이유는 뭘까? 유비의 후흑은 월나라의 구천이 그러했듯이 어떤 식으로든 상대방을 제압하겠다는 결기가 선연한 데 반해, 손권의 후흑은 이런 결기가 드러나지 않고 있다. 이는 그가 창업이 아닌 수성에 초점을 맞췄기 때문이다. 덕분에 손권의 연횡술은 유연성이 두드러지게 나타나고 있다. 그런 의미에서 손권의 연횡술은 소진이나 장의가 구사한 전국시대의 합종연횡책을 한 단계 더 발전시킨 것으로 풀이할 수 있다. 손권의 외교 책략이 외견상 일관성이 없는 듯 보이면서도 사실은 강동의 보전이라는 단일 목표를 확고히 유지한 배경이 여기에 있다.

손권의 후흑 행보에서 반드시 짚고 넘어가야 할 것은 그가 만년에 보여준 암군暗君 행보다. 태화 3년(229) 황제로 즉위하기 전까지만 해도 그는 인재를 발탁해 적재적소에 배치하는 데 탁월한 능력을 보여주었다. 이는 30년 가까운 격동의 세월이 그를 계속 긴장케 만든 결과로 볼 수 있다. 그는 인재를 선발하는 데 어떤 정해진 격식에 구애받지 않았다. 일단 등용하면 전폭적으로 믿었다. 이는 군사권을 독점적으로 행사한 주유와 노숙, 여몽, 육손 등이 동오의 명운이 걸린 일련의 싸움에서 혼신의 노력을 기울여 손권의 지우지은에 보답하는 결과를 만들었다. 주유는 적벽대전 중에 약한 군사력으로 막강한 조조군을 공격해 동오의 생존을 가능케 했고 삼국정립의 기초를 다졌다. 노숙은 유비와 연맹을 맺고 조조에게 항거한다는 전략을 일관되게 견지함으로써 동오의 기반을 공고히 했다. 여몽은 동오가 오랜 기간 동안 추구해온 장강 유역의 점거를 현실화함으로써 동오의 세력범위를 대대적으로 확장시켰다. 육손은 이릉대전 중에 유비가 이끄는 촉군을 대파하고 이후에도 6차례에 걸쳐 위나라 군사를 격파해 동오의 강산을 지탱하는 기둥이 되었다.

손권은 이들에게 모든 것을 일임했을 뿐 아니라 예절에 구애받지 않고 은혜로운 예우로 이들을 극진히 대했다. 주유가 죽었을 때 그는 소복을 입고 통곡하여 주위 사람들을 감동시켰다. 노숙에게는 시종일관 각별한 예의를 다해 마치 사부처럼 대했다. 여몽이 중병에 걸려 자리에 누웠을 때는 그를 치료하기 위해 온갖 처방을 다 동원하는 등 정성을 다했다. 육손에 대해서도 간성干城과 같이 의지하며 전폭적인 신뢰를 보냈다. 인새印璽 하나를 육손의 주변에 놓아두고 촉한과 서신을 주고받을 때마다 그에게 먼저 보이게 한 뒤 타당치 못한 부분이 있으면 곧바로 고쳐서 직접 날인해 보내도록 한 게 그 증거다.

그러나 손권은 오랜 세월 동안 보위에 앉아 있으면서 점차 유아독존적인 모습을 보였다. 이는 외교 면의 실책에서 나타나기 시작했다. 대표적인 사례로 태화 6년(232)에 요동의 공손연에게 기만을 당한 것을 들 수 있다. 당시 공손연은 손권에게 칭신하면서 동오를 이용해 위나라의 위협을 견제코자 했다. 이에 고무된 손권은 이듬해 막대한 선물을 실은 사절을 보냈다. 이때 장소를 비롯한 중신들이 모두 반대했으나 손권은 자신의 고집대로 이를 밀어붙였다. 하지만 공손연이 동오 사신들의 목을 베어 위나라로 보내자 웃음거리가 되고 말았는데, 자만심에 빠진 결과였다.

그럼에도 그는 반성할 줄 몰랐다. 이는 인사 문제의 실수로 이어졌다. 그는 중신들의 반대에도 불구하고 여일이라는 혹리酷吏를 발탁함으로써 중신들과 틈이 벌어졌다. 결국 후에 여일은 죄적이 드러나 주살을 당했지만 이 와중에 적잖은 대신들이 피해를 보았다. 이로 말미암아 군신들은 입을 다물고 직언을 꺼리게 되었으며, 소통 단절로 이어졌다. 패망의 조짐이었다. 이는 진수가 평했듯이 고난은 함께할지언정 안락함은 함께할 수 없었던 월왕 구천의 모습을 빼어 닮은 것이다.

그의 암군 행보는 후사 문제와 뒤엉켜 더욱 혼란스런 모습으로 나타났다. 이로 인해 건국 공신을 비롯한 여러 공신들이 편안히 최후를 마치지 못하게 되었는데, 장소가 대표적인 경우다. 그는 동오 최고의 개국공신이었다. 그러나 그는 성격이 너무 강직해 때때로 손권을 난처하게 만들었다. 결국 손권은 처음으로 동오에 승상 직위를 두었지만, 여러 사람들의 기대와는 달리 계속 장소를 그 직위에서 배제시켰다. 그는 장소에게 보오장군輔吳將軍이라는 직함만 내렸다. 지나치게 박정하게 대했다는 비난을 면키 어렵다.

장소에 이어 손권의 미움을 받은 사람은 우번이다. 동오의 대학자인 그는 많은 저술을 남기기도 했다. 그러나 그는 손권의 술잔을 받지 않은 이유로 노여움을 사 멀리 교주로 쫓겨나고 말았다. 손권 사후 겨우 풀려나올 수 있었다.

손권이 말년에 보여준 대표적인 암군 행보는 후사 문제에 대한 우유부단한 태도에서 두드러졌다. 태자 손화와 노왕 손패를 차별 없이 고르게 대한 게 화근이었다. 승상 육손과 대장군 제갈각, 태상 고담, 표기장군 주거 등은 태자 쪽에 섰다. 그러나 표기장군 보즐과 진남장군 여대, 대사마 전종 등은 노왕 손패에 동조했다. 이로 인해 오나라 조정은 심각한 분열 양상이 나타났다.

손권은 태자의 생모 왕부인을 협박해 죽음으로 몰아넣었다. 태자태부 오찬은 하옥됐다가 죽임을 당했다. 태상 고담도 서열에 따른 중재안을 제시했다가 교주로 쫓겨나고 말았다. 육손도 태자의 입장을 두둔했다가 이내 손권의 미움을 받고 속을 태우다가 세상을 떠났다. 태자를 두둔하다가 쫓겨난 관원이 부지기수였다. 손권은 자신의 우유부단한 태도에서 모든 문제가 발생했다는 사실에 대해서는 여전히 눈을 감은 채 양쪽 모두 나쁘다는 결론을 내렸다. 태자는 폐위돼 귀양을 갔고, 손패와 그의 일당은 죽음을 맞았다. 손권은 8세의 어린 아들 손량을 후계자로 내세웠다.

8년간에 걸친 이 싸움은 동오를 초토화한 뒤 겨우 가라앉았다. 그 사이 조정의 기강이 엉망이 된 것은 말할 것도 없다. 이때 손권의 나이는 이미 70세가 되었다. 이 혼란한 싸움은 그를 기진맥진하게 만들었다. 그에게 남겨진 건 처참한 상처뿐이었다. 당시는 삼국시대라는 난세의 상황이었다. 이미 원소와 유표가 후계자 문제를 제대로 처리하지 못해 몰락한 전례도 있었다. 손권도 이를 익히 알고 있었다. 그러나 그 또한 자신도 모르는 사이에 원소의 전철을 밟은 셈이다.

손권의 리더십에 대한 평가는 전후기로 나누어 분석한 뒤 이를 종합할 필요가 있다. 손권이 전반기에 외교 면에서 보여준 연횡술은 탁월했다. 그러나 그의 후반기는 이와 정반대로 암군의 행보로 점철됐다. 오랜 집권을 통해 자신도 모르게 유아독존의 자만심에 빠진 결과로 볼 수 있다.

이종오는 전반기에 초점을 맞춰 손권을 후흑의 대가로 평가했다. 크게 틀린 것은 아니다. 그러나 면후에서 유비가 손권보다 앞섰다고 평가한 것은 동의하기 어렵다. 정사《삼국지》의 기록을 토대로 보면 손권은 면후에서도 유비보다 탁월한 바가 있다. 시류의 변화를 좇은 변화무쌍한 연횡술이 그 증거다. 심흑의 측면에서도 조조에 버금갈 정도로 수준이 높다. 손권의 후흑에 대한 재평가가 필요한 이유다.

호랑이 없는 골짜기에서 왕 노릇한 사마의

이종오가 삼국시대 인물 중 가장 높이 평가한 인물은 사마의다. 사마의가 조조와 유비의 훈도를 받아 후흑을 대성했다고 평한 게 그 증거다.

"사마의는 과부와 고아까지 사기의 대상으로 삼았으니 음흉한 것이 조조와 같았다. 건괵을 선물 받는 모욕을 당하고도 이를 능히 참아냈으니 뻔뻔한 것이 유비보다 더했다."

건괵은 고대 중국의 부녀자들이 의관용으로 머리에 쓴 일종의 두건을 말한다. 사마의와 제갈량이 대치하고 있었을 때 사마의가 응전할 기미를 보이지 않아 전황이 교착 상태에 빠져 있었다. 이때 제갈량이 사자에게 건괵을 씌워 사마의의 진영으로 보냈다. 제갈량은 사마의가 자신을 여자로 비유한 데 대해 화를 내어 싸움을 걸어올 것을 기대했던 것이다.

그러나 사마의는 오히려 조금도 화를 내지 않고 사자를 환대한 다음 정중한 예를 갖춰 환송해주었다. 이 대목은 사실 제갈량의 지모가 사마의보다 한 수 낮았음을 보여주는 대목이다. 여기서 소위 '건괵지욕巾幗之辱'이라는 성어가 나왔다. 큰일을 이루기 위해 반드시 참아야만 하는 작은 모욕을 말한다. 이종오는 사마의가 건괵지욕을 참아냄으로써 천하를 거머쥐는 결정적인 전기를 맞게 됐다고 평한 것이다.

이종오는 제갈량을 두고 100년 만에 한 번 나올까 말까 하는 천하의 기재인데도 불구하고 사마의를 만나 어쩔 도리가 없었다는 식으로 아쉬움을 표했다. "온몸을 다 바쳐 충성하니 죽어서야 그친다는 결심을 내렸으나 종내 중원의 땅을 한 뼘도 차지하지 못하고 피를 토하며 죽었다"고 평한 게 그 증거다. 그러면서 이종오는 "제갈량은 왕을 보좌할 만한 재목이기는 했으나 사마의라는 후흑 대가의 적수는 되지 못했다"고 결론을 내렸다. 제갈량으로서는 불행한 일이 아닐 수 없다.

《삼국지연의》의 후반부는 제갈량과 사마의의 대결로 점철되어 있다. 조조와 유비는 이미 죽고 손권만이 살아 있었다. 《삼국지연의》에는 제갈량을 신출귀몰한 계책을 사용해 적을 곤경에 빠뜨리는 지모의 대가로 그리고 있다. 그러나 정사 《삼국지》에 그려져 있는 제갈량은 정반대로 묘사되어 있다. 그는 언제나 돌다리도 두드리고 건너는 견실한 용병술로 일관하고 있다. 《삼국지연의》가 역사적 사실을 가장 왜곡한 부분 가운데 하나가 제갈량에 대한 극단적인 미화이다. 이종오가 제갈량이 후흑 대가인 사마의의 적수가 되지 못했다고 평한 것은 역사적 진실을 통찰한 것으로 볼 수 있다. 물론 최고 통치권자가 아닌 재상으로서의 제갈량의 모습은 단연 돋보이는 바가 있다. 국궁진췌鞠躬盡瘁와 신상필벌의 자세가 그것이다. 이는 그가 법가 사상가였음을 방증하는 것이다.

원래 사마의 형제들은 모두 준수해 사람들로부터 '사마가의 8달達'이라는 칭송을 받았다. 이들의 조부 사마휴는 영천태수를 지냈고, 부친은 낙양을 관장하는 경조윤京兆尹 사마방이었다. 사마랑이 장남이고, 사마의는 바로 밑의 차남이었다.

조조는 건안 13년(208) 6월 중앙관제에 대한 대대적인 정비를 하면서 최염 등이 추천한 인사들을 모두 요직에 배치했다. 여기에 사마의 형제가 포함돼 있었다. 시골 현령으로 있던 사마랑은 주부, 그의 동생 사마의는 문학연文學掾이 되었다. 훗날 사마씨가 위나라를 찬탈하게 된 단초가 여기서 시작됐다고 해도 과언이 아니다. 사마의가 이를 계기로 승승장구하며 마침내 대권 찬탈에 가장 가까운 승상의 자리까지 올라섰기 때문이다.

사마의의 아버지 사마방은 성품이 질박하고 공정했으며 한가하게 있을 때도 위엄을 갖추었다. 그의 자식들은 성인이 되어서도 부친의 명이 없으면 앉거나 말하는 것조차 마음대로 못했다. 부자 사이가 매우 숙연했다. 사마의는 자가 중달(仲達)로 어릴 때부터 총명한 데다 커다란 뜻을 지니고 있었다. 일찍이 최염은 사마의의 총명함을 보고 사마랑에게 이같이 말한 바 있다.

"백달(伯達: 사마랑), 그대 동생은 총명하고 성실한 데다 결단력이 있고 영특하니 그대가 따라갈 수 없을 것이네."

조조는 사마의가 인재라는 얘기를 듣고 곧바로 불렀다. 그러나 사마의는 풍비(風痺: 관절염)를 이유로 이를 거절했다. 후한 제국의 운수도 다된 데다가 탁류 출신의 조조에게 머리를 숙이는 것이 싫었을지도 모를 일이다. 사서는 당시 조조가 크게 노여워하자 장차 해를 입을까 두려워 부득이 관직을 갖게 되었다고 기록해놓았다. 《진서(晉書)》의 〈선제기〉에는 조조가 사마의와 관련해 다음과 같은 이상한 꿈을 꾼 얘기가 나온다.

사마의가 조비의 부관으로 있었을 때 조조는 세 필의 말이 한 말구유에 머리를 처박고 있는 꿈을 꾸었다. 조조는 아무래도 그 꿈속의 말 한 필이 사마의 같은 생각이 들어 조비에게 이같이 말했다.

"내 꿈을 꾸었는데 아무래도 이상하다. 생각건대 사마의는 인신으로 끝날 사람이 아니다. 틀림없이 네 일에 끼어들 것이다. 조심하도록 해라."

결국 조조의 이런 예언은 꼭 들어맞았다. 이 이야기는 훗날 사마씨의 진나라가 들어선 뒤 호사가들이 만들어냈을 것이다. 그러나 이 일화는 당시 조조가 사마의를 손에 넣고도 마음이 놓이지 않아 그를 매우 경계했음을 시사하고 있다. 조조와 달리 조비는 사마의에 대한 경계를 소홀히 했다. 이것이 사마의에게 딴마음을 품게 만든 직접적인 원인이 되었다.

사마의의 본색이 결정적으로 드러나는 때는 조조를 만나고 나서 40여 년이 지난 뒤였다. 그 사이 그는 조조와 조비, 조예, 조방 등 4대를 섬기며 국가 최고 권력자가 되어 있었다. 조예가 죽고 조방이 8세로 위나라의 제3대 황제로 등극하면서 사마의는 조예의 유조에 따라 조상曹爽과 함께 어린 황제를 보필케 되었다.

조상은 조조의 조카로 위나라 건국에 큰 공을 세운 조진曹眞의 아들이었다. 그러나 조상은 고량자제膏粱子弟에 불과했다. 고량자제란, 부귀한 집에서 태어나 고량진미만 먹고 귀하게 자라서 고생을 진혀 모르는 젊은이를 말한다. 고량자제에 불과한 조상이 후흑의 대가인 사마의와 함께 국정의 최고 책임자에 임명된 것 자체가 위나라의 불행이었다.

사마의는 전쟁터는 물론 평시의 처신에서도 시종일관 궤도로 일관한 인물이었다. 병법에서 가장 중시하는 궤도는 수단과 방법을 가리지 않고 적을 속이는 술책을 말한다. 머리도 비상한 데다 후흑의 대가인 사마의가 평시에도 궤도로 일관했다는 것은 위나라를 찬탈코자 하는 흑심을 품은 결과로 볼 수 있다. 그런 사마의를 고량자제에 불과한 조상이 대적하는 것 자체가 애초부터 불가능한 일이었다.

삼국시대 전체를 개관할 때 사마의의 등장은 상대적으로 매우 늦었다. 이 또한 사마의가 의도적으로 그리했을 가능성이 높다. 자신이 나설 때가 아니라고 판단한 것이다. 실제로 그는 조조가 한중을 점거할 때 비로소 자신의 목소리를 조금씩 내기 시작했다. 당시 승상주부로 있던 그는 조조에게 이같이 건의한 바 있다.

"유비는 거짓과 폭력으로 유장을 잡았기 때문에 촉인蜀人들이 아직 귀부하지 않고 있습니다. 그런데도 오히려 멀리 가서 강릉을 쟁탈하려고 하니 이 기회를 놓칠 수 없습니다. 지금 한중을 치자 익주가 진동하고 있으니 진군하면 그들의 세력이 반드시 와해될 것입니다. 성인은 천시를 위배하지도 않고 실기하지도 않습니다."

그러자 조조가 쓸쓸히 웃으며 말했다.

"사람의 욕심은 끝이 없다고 하더니 이미 농隴 땅을 얻자 또다시 촉蜀 땅을 넘본단 말인가?"

소위 '득롱망촉得隴望蜀'의 전거다. 이는 본디 광무제 유수가 한 말을 조조가 살짝 돌려 표현한 것이다. 《후한서》의 〈잠팽전岑彭傳〉에 따르면 건무 8년(32) 대장군 잠팽이 군사를 이끌고 유수의 뒤를 좇아 천수군을 격파하면서 오한吳漢과 함께 서성西城에서 외효隗囂를 포위했다. 당시 유수는 동쪽으로 돌아가면서 잠팽에게 이같이 명했다.

"만일 서성이 함몰되면 곧 병사들을 이끌고 남쪽으로 가 서촉의 적들을 칠 만하다. 사람의 욕심은 만족할 줄 모르는 법이다. 이미 농 땅을 얻었으니 다시 서촉을 넘볼 만하다."

이는 유수가 잠팽에게 농의 외효를 격파하면 곧이어 서촉으로 들어가 오랫동안 서촉을 지배하고 있는 공손술公孫述을 치라고 격려한 것이었다. 유수가 언급한 원래의 득롱망촉은 '사람의 욕심은 끝이 없으니 하나를 얻은 김에 또 하나를 얻자'는 의미를 지니고 있다. '사람의 욕심은 끝이 없으니 하나를 얻었으면 만족할 줄 알아야 한다'는 조조의 득롱망촉과는 정반대의 뜻을 지니고 있는 것이다.

당위론으로 볼 때는 물론 조조의 득롱망촉이 옳다. 그러나 천하 통일을 이루기 위한 현실론의 시각에서 볼 때는 유수의 득롱망촉이 옳다. 유수가 천하 통일을 이뤄 후한 제국을 세운 데 반해 조조는 끝내 천하 통일을 이루지 못한 채 숨을 거둔 것도 이와 무관하지 않을 듯싶다. 만일 조조가 사마의의 건의를 좇아 밀어붙였다면 위나라가 천하를 통일하고, 사마씨가 위나라를 찬탈하는 일은 일어나지 않았을 것이다.

당시 조조는 사마의의 말을 한 귀로 흘려버린 뒤 군사를 한중에 계속 주둔시킨 채 전혀 움직이지 않았다. 이로부터 7일 후 서촉에서 투항한 자가 조조에게 이같이 보고했다.

"서촉 사람들이 하루에도 수십 번씩 놀라자 장수들이 경동驚動하는 자를 참수하는 등 강력히 대처하고 있으나 능히 안정시키지 못하고 있습니다."

이에 다시 마음이 움직인 조조가 곧 유엽에게 물었다.

"지금이라도 진격할 수 있겠소?"

"지금은 서촉이 이미 조금씩 안정되어가고 있어 진격할 수 없습니다."

후대 사람들은 이 문제를 놓고 커다란 논쟁을 전개했다. 배송지裴松之는 《삼국지》에 주석을 달면서 조조가 절호의 기회를 놓쳤다는 관점에 입각해 이같이 평해놓았다.

"위 무제가 한중의 장로를 평정하자 서촉의 사람들이 하루에도 수십 번씩 놀라게 되었다. 유비가 비록 경동하는 자를 참수하는 등 강력히 대처했으나 이를 막을 길이 없었다. 위 무제는 유엽의 계책을 채택하지 않음으로써 서촉을 석권할 수 있는 기회를 놓치고 말았다."

이에 대해 원나라 때의 호삼성은 《자치통감》에 대한 주석을 통해 진격 불가를 주장한 유엽의 발언에 주목해 이같이 평해놓았다.

"불과 7일 사이에 어떻게 갑자기 조금씩 안정되어가고 있다고 말할 수 있는가? 유엽은 대략 유비의 방어 태세를 엿보고 범할 수 없다고 판단한 듯하다. 그래서 조조에게 그같이 말한 것일 뿐이다."

유엽이 '조금씩 안정되어가고 있다'고 말한 것은 구실에 불과할 뿐이고, 실제로는 유엽 역시 원래부터 서촉으로 쳐들어갈 수 없다는 사실을 잘 알았기 때문에 그같이 대답했다는 것이다. 조조의 판단이 정확했다고 주장한 셈이다. 후대의 모든 논란은 배송지와 호삼성의 엇갈린 평가에서 크게 벗어나지 않는다.

객관적으로 볼 때 조조가 언급한 득롱망촉은 그것 나름대로 이유가 있다. 그러나 이런 점 등을 모두 감안할지라도 과연 서촉으로 진격하는 것이 불가능했던 것인가 하는 점은 여전히 의문으로 남는다. 오히려 서촉으로의 진격이 훨씬 타당했다고 평가할 수 있다. 이런 주장을 펼치는 사람들은 다음과 같이 크게 세 가지 이유를 든다.

첫째, 사마의와 유엽 모두 유수가 말한 의미의 득롱망촉을 충간했다. 이들의 충간은 당시의 정황에 대한 정확한 분석에 따른 것이었다. 둘째, 조조가 한중을 정복하여 남정에 입성했을 때 익주는 진동하고 있었다. 《자치통감》의 한 헌제 건안 23년(210) 조의 기록이 그 증거다. 유비가 급히 제갈량에게 지원군 파병을 청했을 때 제갈량이 종사 양홍을 불러 이를 문의하자 양홍은 이같이 건의한 바 있다.

"한중은 익주의 인후(咽喉; 목구멍)이니 존망의 관건입니다. 만일 한중이 없으면 촉 땅은 없는 것이나 마찬가지입니다. 이는 대문 앞에 있는 화근이니 징병을 머뭇거릴 이유가 어디 있겠습니까?"

이에 앞서 건안 20년 7월에도 조조가 남정에 입성하자 유비가 이 소식을 듣고 곧바로 손권과 형주를 반으로 나누기로 합의하고 그해 11월 군사를 이끌고 강주(江州; 사천 중경)로 돌아간 것도 바로 이 때문이었다. 당시 조조군이 여세를 몰아 계속 진격했다면 서촉은 결코 7일 만에 서서히 안정을 찾아가는 일이 불가능했을 것이다.

셋째, 비록 촉도가 험고하다고는 하나 이는 조조가 근본적으로 우려했던 것은 아니다. 한중은 익주의 북쪽 관문이고, 양평관은 남정의 관문인 동시에 익주로 통하는 길목이었다. 양평관을 평정하고 한중을 취한 것은 곧 익주의 인후를 움켜쥔 것이나 다름없었다. 당시 조조군은 험로를 피해 얼마든지 가릉강嘉陵江의 계곡을 따라 서촉으로 진격할 수 있었다. 이는 사마의의 판단이 옳았음을 증명하는 것이다. 사마의처럼 머리가 비상한 사람이 후흑까지 뛰어날 경우 그를 당할 사람이 없게 된다. 실제로 역사는 그렇게 진행됐다.

조조가 애초부터 사마의를 크게 경계하며 중용하지 않은 것도 이와 무관치 않을 것이다. 이는 사마의가 소위 '응시낭고鷹視狼顧'의 상을 가진 결과이기도 했다. 《삼국지연의》는 조조가 화흠에게 사마의의 응시낭고를 설명해주는 대목이 나온다.

"중달이 한중을 얻자마자 파촉을 취하자고 하는 것은 그의 관상이 응시낭고의 상인 것과 무관치 않은 듯하오. 이는 늘 매처럼 먹이를 가로채 먹으면서도 이리처럼 허기를 느끼는 상이라고 할 수 있소."

관상학에서는 눈매가 늘 매처럼 먹이를 응시하듯 날카로운 모습을 띠고 있는 데다가 말을 할 때도 몸을 돌리지 않은 채 고개를 뒤로 돌리며 늘 주변을 경계하는 것을 응시낭고로 본다. 높은 자리에 오르면 반드시 모반할 상이라는 것이다. 사실 사마의는 조조가 살아 있는 동안 일개 모신에 지나지 않았다. 그러나 조조가 죽은 뒤 조비와 조예는 사마의를 중용했다. 사마의로 하여금 찬위를 꿈꾸게 만든 결정적인 배경이다. 난세의 시기에 사마의처럼 큰 뜻을 지닌 인물이 자신보다 못한 인물의 신하로 남아 있기를 기대하기란 매우 어려운 일이다.

삼국시대 당시 군략 면에서 조조에 버금갈 정도의 수준에 오른 인물로는 사마의 정도밖에 없다. 가후는 비록 호흡이 짧은 전술 면에서는 당대 최고였다고 할 수 있으나 전략 차원에서는 조조나 사마의보다 한 수 아래였다. 《삼국지연의》는 제갈량을 최고의 군략가로 묘사하고 있으나 여타 사서의 기록에 비추어보면 그는 군략 면에서 이들보다 몇 수 아래였다. 이종오가 제갈량을 후흑의 대가로 꼽지 않은 이유다.

사마의가 구사한 군략의 요체는 상대방을 기만하는 궤사詭詐에 있다. 궤사의 핵심은 허허실실虛虛實實이다. 이는 상대방의 '허'를 찌르고 자신의 '실'을 꾀하는 계책을 말한다. 허허실실을 무예 이론으로 정립해놓은 것이 일본의 검도다. 검도에서는 마음가짐이나 준비 자세에 틈이 생긴 상태나 약점 부위를 '허'라고 하고, 빈틈없이 견실한 상태나 부위를 '실'이라고 한다.

막상 진검으로 승부할 때 틈을 보이지 않는 상대방에게 짐짓 자신의 '허'를 보여 상대방의 '허'를 유인하는 것을 '색色'이라고 한다. 여인의 '미색'에서 취한 용어다. 이 '색'이 바로 허허실실의 진면목에 해당한다. 병법에서 말하는 허허실실은 상황에 따른 '임기응변'을 기본 조건으로 삼고 있다. 따라서 허허실실은 병법의 일반 원칙만으로는 제대로 해석할 수 없다. 사마의의 허허실실이 이에 해당한다. 실제로 그는 적을 제압하기 위해 취할 수 있는 모든 수단을 동원하여 필승의 형세를 만들어나갔다. 사마의의 전술이 상황에 따라 속도전과 지구전을 병용하는 변화무쌍한 모습으로 나타나는 이유다.

맹달의 목을 벨 때 사용한 전술은 그야말로 전광석화와 같은 속도전이었다. 그러나 요동의 공손연을 토벌하고 제갈량과 접전할 때는 의외로 지구전을 구사했다. 공손연을 토벌할 당시 제장들이 이의를 제기했을 때 사마의는 이같이 말한 바 있다.

"전쟁이란 시종 변법變法을 쓰는 것이다. 정황이 다르면 작전 또한 달라져야만 한다. 지금 상대는 수가 많은 데다가 날씨는 악천후로 비까지 내리고 식량 부족에 허덕이고 있다. 이때는 참전할 필요가 없다. 이쪽은 꼼짝도 하지 못하고 있는 모습을 보여 상대방을 안심시키는 것이 상책이다. 눈앞의 이익에 끌려 성급히 덤벼들었다가는 아무런 성과도 거두지 못하고 말 것이다."

허허실실의 묘리를 통달한 사람만이 할 수 있는 말이다. 공손연이 궤멸당한 이유가 여기에 있다. 범부의 안목으로는 허허실실을 간파하기가 어렵다. 제갈량이 제6차 북벌 당시 뜻을 이루지 못하고 오장원에서 진몰한 배경이 여기에 있다. 사마의의 지구전 술책에 걸려들어 제풀에 죽고 만 것이다.

사마의는 전쟁뿐만 아니라 평소 사람을 대할 때도 허허실실의 궤도를 구사했다. 시기가 불리하면 모욕을 견디며 때가 오기를 기다리고, 때가 왔을 때 적에게 잠시의 틈을 주지 않고 거세게 밀어붙여 궤멸시키는 수법을 동원했다. 이것이 그가 조상을 물리치고 위나라의 권력을 거머쥔 배경이다.

그의 행보는 '마부정제馬不停蹄'와 취지를 같이하고 있다. 흔히 굽이나 발을 뜻하는 명사로 쓰이는 '제蹄'는 여기서 '밟다' 내지 '차다'의 동사로 쓰였다. '말이 발굽을 차는 것을 멈추지 않는다'는 의미로, 우리말로는 '숨 쉴 겨를도 없이 밀어붙이다'는 뜻으로 풀이할 수 있다. 마부정제는 《서상기》로 유명한 원대 극작가 왕실보王實甫의 《여춘당》에 처음으로 등장한다. 제2막에 이런 구절이 나온다.

"적을 공격할 때는 적이 미처 손쓸 틈 없이 재빠르게 공격해야 하고,

일단 공격을 시작하면 마부정제로 적을 사지로 몰아넣어야 한다."

마부정제 역시 허허실실의 일환으로 나온 것임은 말할 것도 없다. 사마의가 조상을 밀어붙일 때 썼던 수법이다. 사서를 보면 사마의는 본래 음험하고 교활하며 냉혹하고 무자비한 인물로 그려져 있다. 다음은 《진서》〈선제기〉의 기록이다.

"사마의는 속으로는 꺼리면서도 겉으로는 너그러운 척하며 의심과 시기가 많고 임기응변에 능했다."

조상과 사마의는 완전히 대비되는 인물이었다. 조상은 부친 조진의 후광에 힘입어 최고의 자리에 오른 평범하기 그지없는 황족의 일원에 불과했다. 그러나 사마의는 오랜 세월 동안 전쟁터를 누비며 온갖 궤계를 구사한 노회하기 짝이 없는 인물이었다. 이들의 연합 정권은 애초부터 한시적인 것에 지나지 않았다.

사마의가 위나라의 권력을 완전히 장악한 후 16년의 세월이 지나는 동안 사마의, 사마사, 사마소, 사마염 등 사마씨 일족의 호령이 이어졌다. 2차례의 폐립과 살육전 끝에 마침내 조씨의 위나라는 사마씨의 진나라로 바뀌고 말았다. 나관중은 《삼국지연의》에서 사마의가 정적인 조상의 시체를 밟고 권력의 정점에 오르는 과정을 상세히 그려놓았다. 교만하고 방탕한 고량자제에 불과한 조상이 사마의와 맞설 때부터 모든 결과는 이미 정해진 것이나 다름없었다.

| 06 |

장개석과 모택동이 후흑 천하를 논하다

신해혁명 이래 지금까지 계속되고 있는 소요는 모두 나의 제자들이거나 나를 사숙한 제자들이 실제로 연습한 결과다. 그들 사형 사제와 서로 절차탁마하여 공력을 닦은 지 이제 24년이나 되니 연습은 이제 끝났다고 할 만하다. 이제 이들은 속세로 하산해 사람들과 악수를 나눌 수 있을 것이다. 이를 두고 이같이 말할 수 있을 것이다.

"후흑으로 적을 제압하니 어떤 적인들 해치우지 못할 수 있겠으며, 후흑으로 공을 세우고자 하니 어떤 큰 공인들 이루지 못할 리가 있겠는가?"

나는 이런 견해에 기초해 다음과 같은 구호 한마디를 특별히 제시하고자 한다.

"후흑구국(厚黑救國: 후흑으로 나라를 구함)!"

오늘날과 같은 상황에서 중국이 열강에 저항하려면 후흑학을 배제하고 무슨 뾰족한 방법이 있을 수 있겠는가? 열강에 저항하려면 역량이 있어야 한다. 인민들이 후흑을 열심히 연마하면 역량이 있다고 할

> 만하다. 활을 쏘는 것에 비유하면 종전에는 성문을 닫고 모든 사람들이 나를 향해 활을 쏘고 나도 활을 쏴 대응했다. 그러나 이제는 서구 열강이 우리 모두의 표적이 되어 있는 만큼 우리 모두 그 표적을 향해 활을 쏴야 하는 것이다. 내가 말한 후흑구국은 오직 이 의미뿐이다.

장개석이 패배한 이유

중국은 신해혁명 이듬해인 1912년 원세개가 초대 총통으로 취임한 이후 중화인민공화국이 수립되는 1949년까지 '중화민국'이 공식 명칭이었다. 이 사이 중화민국을 대표하는 총통과 이를 뒤에서 조종하는 실세 군벌의 면면은 수시로 바뀌었다. 북벌이 완성되는 1928년 이후에는 대략 장개석으로 고정됐으나 중일전쟁이 시작되는 1937년 이후에는 모택동이 새롭게 부상해 남쪽의 장개석과 천하를 양분한 모습을 보였다. 이들은 각각 자유주의와 공산주의를 내세우며 일면 협력하기도 하고 일면 치열하게 싸웠다. 그러나 그 본질을 보면 왕조 교체기 때마다 빠짐없이 등장한 군벌 각축에 지나지 않았다. 실제로 항우와 유방이 천하를 양분해 다툰 초한지제와 여러모로 닮았다. 장개석이 유비와 제갈량을 좋아하고, 모택동이 조조를 좋아한 것도 결코 우연으로만 볼 수 없다.

이 시기에 나타난 군벌 할거 양상은 춘추전국시대와 초한지제, 삼국시대보다 훨씬 심각했다. 이 시기를 군벌시대로 규정할 수 있는 이유다. 그 폐해를 쉽게 읽을 수 있는 몇 가지 지표가 있다. 북양군벌이 원세개 사후 후계자 자리를 놓고 다투기 시작한 이후 장개석의 북벌이 완성되는 1928년 사이에 중국 전역에서는 군벌로 칭할 만한 사람이 무려 1

천300명이나 등장했다. 이들이 일으킨 성 단위의 군벌전쟁이 약 140회에 이른다. 내각 개편이 무려 38차례나 된 것도 같은 맥락에서 이해할 수 있다.

이 와중에 서구 열강의 이권 약탈이 가속화된 것은 말할 것도 없다. 중국이 걷잡을 수 없는 혼란 속으로 빨려 들어간 이유다. 여기에는 군벌들의 무자비한 수탈이 크게 작용했다. 이는 군비를 국가 예산의 배분이 아닌 농민과 상인에 대한 현지 조달을 뜻하는 소위 '수지주판隨地籌辦'으로 충당한 결과였다. 북경의 중앙정부가 정통성과 권위, 행정 능력을 갖추지 못한 상황에서 각 지역에 할거한 군벌이 분권화 경향을 극대화하면서 나타난 현상이다. 지방 군벌의 무자비한 수지주판은 지방의 하부 단위로 내려갈수록 더욱 심했다.

당시 중앙과 지방을 막론하고 대소 군벌은 기본적으로 광대한 토지를 점유한 지주 내지 막강한 자금을 지닌 상공 자본가에 해당했다. 드물기는 했으나 중앙의 북양군벌과 고위 관료 집단 중 일부는 기업에 직접 투자하거나 경영권을 행사해 자본가로 성장하기도 했다. 지주로 활약한 군벌의 토지 점유 방법은 주로 폭력적 수단을 동원한 것이었다. 일반 민전뿐만 아니라 황전荒田과 공전公田까지 강제로 점유하거나 매입하는 형식을 취했다. 이익을 취하는 방식도 지조地租와 기타 부가세를 직접 수취하거나 고리대를 통해 재부를 축적하는 전형적인 봉건지주의 모습을 띠었다. 관할구역 내 지주 및 '토호열신土豪劣紳'으로 불리는 향신(鄕紳; 지방 신사)과 유착 관계를 맺고 그들을 통해 간접 지배하는 방식을 취하기도 했다.

이들의 가장 기본적인 수입원은 전부田賦였고, 미리 징수하는 예징豫徵이 보편적으로 실시됐다. 각종 명목을 붙인 부가세와 잡세가 수도 없이 많았는데, 도재세屠宰稅, 인화세(印花稅: 인지세), 면화세 등이 그것이다. 그 액수도 정해진 세금의 몇 배에 달했다. 악명 높은 이금釐金도 그중 하나인데, 이는 곳곳에 세관을 설치하고 통과하는 화물마다 매회 통과세를 부과한 것을 말한다. 사천의 경우 중경에서 성도까지 약 50여 개의 세관이 존재했다. 세율도 지역마다 달랐다. 군벌 내전에 의해 지배자가 바뀌면 기왕에 납부한 세금은 무효가 되었다.

일부 군벌은 아편 재배를 통해 군비 확충의 중요 재원으로 삼았다. 군벌의 아편 경영은 곡물 생산지를 아편 재배지로 만드는 결과를 가져와 곡물 생산량의 급격한 감소와 한발 및 수해 등에 의한 기근을 심화시켰다.

군벌이 군비 조달을 위해 자주 사용한 조치로 화폐의 남발을 들 수 있다. 사천에서는 1928년부터 1929년까지 불과 1년 사이에 발행된 화폐의 종류가 수백 종에 달했다. 이는 인플레이션으로 인한 농민 부담을 가중시켜 만성적인 재정 적자를 초래했고, 이를 보충하기 위해 중앙과 각 성 정부는 많은 부분을 공채에 의존했다. 공채가 여의치 않을 경우 외국의 차관을 통해 부족한 군비를 충당했다.

이는 외세의 이권 개입과 약탈을 부추기는 빌미로 작용했다. 군벌의 매판적 성격을 극명하게 드러내는 대목이다. 한마디로 군벌시대는 대내적으로 대민 수탈을 부추겨 혼란을 가속화하고 대외적으로 서구 제국주의 열강에 대한 종속을 심화시킨 시기였다. 이것이 많은 사가들이 군벌시대, 즉 '민국시대'를 암흑기로 표현하는 이유다.

중국의 근현대사를 하나로 꿰어볼 수 있는 매우 유용한 잣대로 '중체서용中體西用'과 '서체중용西體中用'의 분석 틀을 들 수 있다. 중체서용은 동양의 전통문화 위에 서양의 앞선 기술을 받아들이고자 하는 입장을 뜻하고, 서체중용은 서양의 통치 제도까지 도입해 근대화를 추진하자는 입장을 말한다.

청조 말기 증국번과 이홍장, 좌종당 등의 양무파를 포함해 강유위와 양계초 등의 변법파 모두 만주족의 지배를 승인하고 공자를 숭배하며 부국강병을 제일의로 내세웠다는 점에서 중체서용으로 분류할 수 있다. 그러나 손문 등의 혁명파는 만주족의 타도를 제일의로 내세웠다는 점에서 이와 차원을 달리하고 있다. 이들의 천하 장악은 만주족의 청조를 타도하고 한족이 중심이 된 공화국을 세우는 소위 '멸만흥한滅滿興漢'을 기치로 내세운 결과다.

중체서용과 서체중용의 잣대를 원용할 경우 국공 내전의 두 당사자인 장개석과 모택동의 대조적인 입장을 극명하게 확인할 수 있다. 신해혁명에 대해 장개석은 홍수전의 태평천국을 무너뜨린 증국번의 시각에서 바라보았다. 그가 아들 장경국을 비롯해 휘하의 군 장령들에게 증국번의 서신 등을 모아놓은 《증국번가서》의 필독을 권한 사실이 이를 뒷받침한다.

정반대로 모택동은 홍수전의 시각에서 신해혁명을 바라보았다. 《증문공가서》를 열심히 탐독했음에도 홍수전을 중국 역사상 최초로 근대적인 농민혁명을 일으킨 인물로 평가한 게 그 증거다. 손문은 공산주의를 용인하는 '용공容共'을 내세운 까닭에 중간에 위치해 있었다. 그가 용공의 입장을 보인 것은 기본적으로 레닌이 러시아 제국의 중국 내 이권을 포기하겠다고 제의한 데서 비롯된 것이다. 그는 레닌의 제의를 액면 그대로 받아들여 소련이 과거의 러시아 제국과 다를 것으로 판단했다. 그러나 이는 그의 생각에 지나지 않았다. 전 세계를 차르 치하에 두고자 한 점에서 소련과 러시아는 하등 차이가 없었다.

실제로 손문의 이런 순진한 생각은 훗날 국민당을 이념적으로 분열시키는 결정적인 배경으로 작용했다. 손문의 사상적 후계자를 자처하며 국민당 좌파를 이끈 왕정위가 손문의 용공을 내세워 장개석과 주도권 다툼을 벌이고, 손문의 미망인인 송경령이 시종 반장反蔣의 선봉에 선 사실이 이를 뒷받침한다. 장개석이 외양상 손문의 적통 후계자였음에도 불구하고 사상적인 면에서는 늘 왕정위의 공세에 시달린 이유가 여기에 있다.

이는 장개석에게 모택동을 제압하기에 앞서 왕정위의 '용공'을 이론적으로 설복시켜야 하는 커다란 부담을 안겨주었다. 국민당의 내부 전열이 흐트러진 근본 이유다. 장개석이 내심 중체서용의 입장을 지지하면서도 손문처럼 기독교를 신봉하고 서구식 자유민주주의를 추종하는 서체중용의 노선을 걸은 것도 이와 무관할 수 없다. 그는 이로 인해 대만으로 밀려날 때까지 모두 세 차례에 걸쳐 총통의 자리에서 내려와야만 했다.

모택동은 이와 정반대로 기존의 전통 질서를 때려 부수는 서체중용의 입장을 견지했음에도 국공 내전 기간 중에는 중국 전통에 입각한 농민혁명을 주장하는 등 중체서용 노선을 추구했다. 일종의 통일전선에 해당하는 소위 '신민주주의'를 내세워 장개석의 '신생활운동'을 압도한 게 그 실례다. 이는 그가 농민혁명을 주장하며 '중체서용'의 입장을 견지한 이대교의 사상적 세례를 받은 사실과 무관치 않았다. 그가 신중화제국의 창업자가 된 근본 배경이 여기에 있다.

장개석과 모택동은 각각 중체서용과 서체중용의 입장에 서 있었음에도 각기 서체중용과 중체서용을 가미한 절충적인 행보를 보인 점에서는 동일했다. 그러나 그 결과는 판이하게 나타났다. 한 사람은 보위에서 밀려나 섬으로 쫓겨 가고, 한 사람은 중화 제국의 주춧돌을 놓은 창업주가 되었기 때문이다. 장개석과 모택동은 국공 내전의 시기에 중체서용과 서체중용을 적절히 섞어 쓰는 득천하 방략의 구사에서 그 운명이 극명하게 엇갈렸다고 해도 과언이 아니다.

당초 한 무제가 소위 '독존유술獨尊儒術'을 선포한 이래 동양에서는 수천 년 동안 유학이 유일무이한 관학으로 군림해왔다. 남송대의 주희는 유학의 기본 경전으로 사서삼경을 들었다. 사서삼경 중 최고의 경전은 단연《주역》이다. 우주의 순환 이치와 왕조의 흥망성쇠 이치를 설명해놓았기 때문이다.

그럼에도 아직도 적잖은 사람들은 이를 점복이나 치는 소위 '점복서占卜書'로 알고 있다.《주역》에 대한 과도한 숭상이 이런 오해를 불러일으켰다.《주역》은 비록 태고 때부터 전해져온 점복에 대한 주석을 바탕으로 한 것이기는 하나 점복과는 하등 관련이 없다. 이는 기본적으로 치세와 난세의 시기에 군자와 소인의 상호 관계를 유형화해놓은 책이다. 일명 '군자학'으로 표현되는 유학이《주역》을 최고의 텍스트로 숭상한 이유다.

《주역》은 고금을 막론하고 군자와 소인이 뒤섞여 살아가는 세상에서 빚어지는 모든 현상을 크게 예순네 가지 경우로 유형화한 뒤, 각 경우를 병존, 대립, 갈등, 폭발, 혁명의 순환 과정으로 파악해놓았다. 모든 인간관계를 달이 차면 이지러졌다가 때가 되면 다시 차는 식으로 끊임없이 변하며 반복·순환하는 현상으로 파악한 것이다. 64괘가 하나같이 세상의 모든 군자들에게 잘나갈 때일수록 더욱 조심하고, 불우한 처지에 놓여 있을지라도 낙담하지 말고 더욱 실력을 닦으라고 역설하고 있는 이유가 여기에 있다.《주역》은 이를 '중정中正'으로 표현했다.《중용》

에서 역설하는 '중화中和' 내지 '중용中庸'과 그 뜻이 같다.

이는 단순히 가운데 위치해 바른 길을 지켜나갈 것을 주문한 게 아니다. 여기의 '중中'은 사계절이 순환하듯 사람의 일생도 늘 부침이 따르는 만큼 잘나갈 때일수록 더욱 조심하고, 불우한 처지일수록 더욱 노력하라고 주문한 것이다. 이는 군자가 취할 기본자세를 언급한 것으로 명철보신 중 '명철'이 이에 해당한다. '정正'은 군자가 취사선택해야 할 구체적인 방략을 언급한 것으로, 대인과 소인이 번갈아가며 득세하는 치세와 난세의 흐름을 좇아 현명히 대처하는 것을 말한다. 명철보신 중 '보신'이 이에 해당한다.

장개석은 《주역》을 너무 좋아한 나머지 이에 대한 주석서를 펴낸 것은 물론 죽을 때까지 손에서 놓지 않았다. 그의 본명이 '중정'인 것도 이와 무관치 않다. 흔히 그의 이름으로 알고 있는 '개석介石'은 그의 호다. 모두 《주역》에서 따온 것이다.

《주역》을 그토록 좋아한 장개석은 자신의 본명이기도 한 '중정'에서 '중'은 제대로 파악했지만 '정'의 의미를 제대로 파악치 못해 불행하게도 끝내 모택동에게 패하고 말았다. 이는 주희의 왜곡된 해석과 밀접한 관련이 있다. 주희는 《주역》의 요체를 '중정'에서 찾은 것까지는 좋았으나 '정'의 뜻을 거꾸로 해석해놓았다.

《주역》은 난세의 시기를 소위 '비괘否卦'로 표현해놓았다. 하늘과 땅이 서로 교신하지 못해 모든 것이 막힌 상황을 말한다. 일종의 소통 부재를 뜻한다. 원인은 소인이 득세해 천하에 횡행하고 있기 때문이다. 비괘에 소위 '불리군자정不利君子貞'의 괘사卦辭가 나오는 이유다. 이는 말 그대로 난세의 시기에는 군자가 정(貞: 곧은 절조)을 고집하는 것은 불리하다는 뜻이다. 그럼에도 주희는 이를 다음과 같이 거꾸로 해석해놓았다.

"비否의 시기일지라도 군자는 정도를 지키는 것이 이롭다."

여기의 '비否'는 '비색(否塞: 꽉 막힘)' 내지 '비폐(否閉: 꽉 닫힘)'라는 뜻이다. 《논어》에서 말한 '무도'한 시기로 곧 난세를 뜻한다. 비색의 시기에는 소인의 도가 통하고 대인의 도가 통하지 않는 까닭에 명철보신하라는 것이다. '불리군자정' 구절의 주어는 뒤에 나오는 '군자정'인 까닭에 통으로 해석해야 한다. 그런데도 주희는 자신의 주장을 합리화하기 위해 중간에 구두점을 넣어 '불리, 군자정' 내지 '불리군자, 정'으로 해석한 것이다. 즉 '군자에게 불리하기는 하다. 그러나 군자는 계속 정도를 지켜야 한다'로 풀이한 것이다. 이것이 억지 해석임은 말할 것도 없다.

상하와 좌우가 불통하는 비색의 난세에 군자가 취해야 할 길은 명철보신이다. 방점은 '보신'에 찍혀 있다. 이종오가 후흑을 언급한 기본 취지가 여기에 있다. 체면에 얽매여 결정적인 기회를 놓치지 않기 위해 낯가죽을 두껍게 하고, 사적인 인정과 소의小義에 얽매여 구국을 위한 대의大義를 잃지 않기 위해 마음을 시꺼멓게 만들라고 주문한 것이다.

소인배가 횡행하는 난세의 시기에 구국대의를 구현하기 위해서는 우선 몸이 살아남아야 한다. 이종오가 제시한 비책이 바로 후흑이다. 후흑은 초보 수준에 머물면 오히려 역효과가 나는 만큼 반드시 최고의 경지인 불후불흑의 단계까지 나아가야 한다. 그래야 남들이 눈치 못 채는 가운데 은밀히 자신이 의도하는 계책을 구사할 수 있다.

난세의 시기, 즉 소인배가 득세한 불리한 시기에 주희의 해석처럼 군자가 자신이 믿는 정도만을 고집스럽게 밀어붙일 경우 이는 패망의 길로 이어질 뿐이다. 실례가 있다. 조선조 말 권력을 틀어쥔 안동 김씨 세력은 종실을 철저히 탄압했다. 이들은 사도세자의 증손인 흥선군 이하응과 완창군 이시인의 아들 이하전을 주시했다. 철종은 슬하에 여러 아들을 두었으나 모두 일찍 죽었다. 안동 김씨 세력은 권력을 계속 장악하기 위해 종실 자손 중 재주가 뛰어난 인물은 쥐도 새도 모르게 제거하고자 했다.

재주와 지략이 뛰어난 이하응은 이를 진즉에 눈치챘다. 그는 짐짓 무뢰배와 어울리며 파락호(破落戶: 집안의 재산을 몽땅 털어먹는 난봉꾼)처럼 행동했다. 그가 '왕실의 탕아'라는 뜻의 소위 '궁도령宮道令'으로 불린 이유다. 그가 안동 김씨 세력에게 구차스럽게 구걸하며 아첨하는 모습까지 보이자 이에 넘어간 안동 김씨 세도가들은 그를 상갓집 개처럼 여기며 아예 사람 취급을 하지 않았다. 이종오가 언급한 최고 단계의 불후불흑의 경지는 바로 이런 수준을 말한다.

그러나 이하전은 이와 정반대되는 모습을 보였다. 그는 이미 헌종이 후사 없이 죽었을 때 왕족 가운데 가장 유력한 후계자 물망에 오른 바 있었다. 안동 김씨 세력은 정적인 풍양 조씨 계열의 권돈인이 이하전을 후계자로 세울 것을 주장하자 황급히 대안 물색에 나섰다. 결국 이들은 강화도에서 촌무지렁이로 살고 있던 이원범을 찾아냈다. 그가 바로 강화도령으로 알려진 철종이다.

철종이 즉위한 후에도 이하전에 대한 감시는 계속됐다. 이하전은 벼슬이 음직蔭職인 돈녕부 참봉 정도에 그쳤던 까닭에 정식으로 과시에 응시해 장차 큰일을 하고자 했다. 이때 그는 힘이 센 자를 데리고 들어가 부호의 자제들과 자리를 다퉜다. 안동 김씨 세도가의 자제들이 가세해 낭패를 당하자 그는 격분한 나머지 머리를 풀어 헤치고 맨발로 과장 밖으로 나와 가슴을 치며 이같이 통곡했다.

"아, 하늘이여, 참으로 원통하다."

얘기를 전해 들은 안동 김씨 세력은 경악했다. 이들이 이하전을 제거하기 위해 수단과 방법을 가리지 않은 건 말할 것도 없다. 결국 철종 13년(1862) 7월 그는 모반 혐의를 뒤집어쓰고 제주도로 유배 갔다가 이내 비명횡사하고 말았다. 당시 철종은 이하전을 살리기 위해 백방으로 노력한 결과 간신히 제주도로 유배 보내 일단 목숨을 살리는 데까지는 성공했다. 그러나 그게 끝이었다. 안동 김씨를 중심으로 극형을 요하는 상서와 상언이 빗발치자 철종도 마침내 굴복할 수밖에 없었다.

"여러 차례 생각했고 앞뒤의 조사 서류를 참작해보니 반란의 배후도 그였고 우두머리도 그였다. 지금 국론을 안정시키고 백성의 뜻을 하나로 통일하는 것이 시급하니 제주에 유배되어 있는 이하전을 사사賜死토록 하라."

후환을 없앤 안동 김씨 세력은 마음 놓고 세도를 부렸으나 불후불흑의 경지에 오른 이하응의 면후심흑은 읽지 못했다. 당시 이하응은 안동 김씨 세력이 방심하고 있는 틈을 타 은밀히 조대비에게 접근하여 둘째 아들 이명복李命福을 후계자로 삼을 것을 허락받았다. 철종이 재위 14년(1863) 후사 없이 숨을 거두자 후계자 지명권을 가진 조대비가 이명복을 낙점했다. 이하응은 이내 대원군에 봉해져 어린 고종을 대신해 섭정을 하게 되었다. 그는 대권을 잡자마자 안동 김씨 세력을 일거에 숙청하고 당파를 초월해 인재를 고루 등용하며 대대적인 혁신을 주도했다. 대원군의 불후불흑 행보는 후흑의 정수에 해당한다.

장개석이 1927년 제2차 북벌에 성공해 천하를 통일했을 때까지의 과정도 사뭇 대원군과 닮았다. 그가 활약한 시기는 대소 군벌이 날뛰는 말 그대로 무도한 시기였다. 상해의 암흑가 인물들과 어울리며 파락호 생활을 하던 그는 손문의 측근 경호원으로 발탁된 후 탁월한 임기응변의 책략을 구사했다. 산서군벌 염석산과 봉천군벌 장작림을 감언이설과 뇌물 공세로 끌어들여 마침내 북벌을 성사시키고, 손문 부인인 송경령의 거센 반발을 물리치고 그녀의 여동생인 송미령과 결혼한 게 그 증거다. 이는 사람들에게 그를 구국의 군벌로 여기도록 만드는 결정적인 계기로 작용했다. 대원군의 불후불흑을 방불케 하는 탁월한 후흑이다.

그런데도 그는 왜 모택동에게 다잡은 천하를 끝내 내줘야만 했던 것일까?《장개석일기蔣介石日記》를 보면 그가 초인적인 인내심을 갖고 온갖 굴욕과 난관을 나름대로 헤쳐 나온 것을 확인할 수 있다. 중정의 '중中'을 제대로 행한 셈이다. 그러나 그 다음이 문제였다. 그는 '정正'을 임기응변으로 해석하지 않고, 주희처럼 '정도 경영'으로 해석했다. 주희가《주역》의 해석에서 범한 가장 큰 잘못은 '정'을 '불변의 이치'로 간주한 데 있다. 이는《주역》이 역설하고 있는 '변역變易'의 이치를 거스른 것이다.

《주역》의 중정은 우주의 삼라만상이 쉼 없이 변역하며 순환한다는 기본 전제에서 나온 것이다. 결코 주희가 생각한 것처럼 어떤 불변의 이치 내지 진리를 전제로 한 게 아니다. 때와 장소에 따른 무궁무진한 응변應變이 변역의 이치에 해당한다. 이는 우주 만물이 예측 불허의 온갖 변환 상황에서 살아남을 수 있는 유일한 길이기도 하다.

그렇다면 천하를 거머쥐기 전까지만 해도 최고 수준인 불후불흑의 후흑을 구사했던 장개석은 왜 천하 통일의 대업을 이룬 후 문득 정도 경영으로 나아간 것일까? 어떻게 해서 그의 휘하에 있던 수백만 명의 국민당군은 제1차 국공 내전 당시 대장정이 끝날 무렵 불과 4만 명밖에 되지 않았던 홍군에게 패한 것일까?

여기에는 안팎의 여러 요인이 복합적으로 작용했다. 가장 큰 이유는 역시 만주사변과 중일전쟁 등 외부 요인을 들 수 있다. 그러나 장개석이 새 황후인 송미령을 맞아들인 후 자만심에 빠진 것도 빼놓을 수 없다. 객관적으로 볼 때 항일 투쟁 당시 그는 더욱 정묘한 임기응변을 구사해야만 했다. 그러나 그는 정반대로 나아갔다. 인의를 불변의 진리인 양 내세우고 중국의 인민들에게는 전혀 어울리지 않는 서구식 신생활 운동 등을 전개한 게 그 증거다. 모택동은 이와 정반대로 결사 항일을 기치로 내걸고 국공합작을 성사시켜 여론을 유리하게 이끌면서 공산당과 홍군의 조직을 대거 확장하는 임기응변을 구사했다. 《주역》을 평생 곁에 끼고 산 장개석이 끝내 패한 이유가 바로 여기에 있다.

천하를 거머쥐었던 장개석이 소규모 농민 반란군 수준에서 시작한 모택동에게 끝내 천하의 강산을 넘겨주고 섬으로 쫓겨 들어간 것은 지금도 많은 학자들의 탐구 대상이다. 그가 중정에 대한 주희의 엉뚱한 해석을 좇아 과거의 임기응변 행보를 버리고 문득 정도 경영으로 나아간 이유는 무엇일까? 그가 새 황후를 맞아들일 때 장모에게 기독교로 개종할 것을 약속했다는 사실에 주목할 필요가 있다.

원래 기독교는 서구 사상의 전통이 그렇듯이 선과 악의 이분법적 사고로 우주 만물을 해석하고 있다. 이후 그는 기독교로 개종한 뒤 난관에 부딪칠 때마다 간절히 기도를 올리며 '정도' 내지 '정의'에 대한 자신의 신념을 더욱 굳혀나갔다. 이는 국공 내전 당시 그가 행한 대중 연설의 진행 과정을 보면 쉽게 알 수 있다. 전황은 날로 불리해져가는데 정도와 정의에 대한 그의 신념은 더욱 굳어져갔다. 초기에 보여주었던 임기응변의 모습은 찾을 길이 없었다. 도덕적으로는 더욱 선하고 순수해졌는지는 몰라도 정치 지도자로서의 위신은 더욱 초라해졌다.

《주역》을 물리친 《자치통감》의 위력

당시 장개석을 제압한 모택동은 출생부터 성장 배경, 사고방식, 중국의 역사문화 전통에 대한 해석 등 여러 면에서 장개석과 비교된다. 그러나 두 사람 사이에 가장 큰 대조를 이루는 것 중 하나로 독서 성향의 차이를 들 수 있다. 기본적으로 두 사람 모두 독서광이었다. 전장에 있을 때조차 손에서 책을 놓지 않았다. 특히 장개석의 경우는 죽는 순간까지 하루도 빠짐없이 일기를 썼다. 역대 제왕의 수불석권하는 자세를 몸소 실천한 셈이다.

그럼에도 두 사람은 즐겨 읽은 책의 종류에서 커다란 차이가 있다. 앞서 말한 바와 같이 장개석은 가히 '주역광'이라고 할 만큼 《주역》을 즐겨 읽었고, 이에 대한 주석서까지 펴낼 정도로 심취했다. 이에 반해 모택동은 《주역》을 한 번도 언급한 적이 없다. 그가 대장정의 기간은 물론이고 연안 시절을 포함해 죽는 그 순간까지 손에서 놓지 않은 유일한 책은 사마광의 《자치통감》이었다. 그는 그야말로 '통감광'이라고 할 만했는데, 그 역시 이에 대한 주석서를 펴냈다.

결과적으로 볼 때 주역광인 장개석은 패했고, 통감광인 모택동은 승리했다. 이를 두고 일각에서는 경서를 탐독한 사람은 패했고, 사서를 열독한 사람은 승리했다는 식으로 지적하기도 한다. 이런 지적이 전혀 틀린 것은 아니다. 《정관정요》의 〈임현〉 편에 따르면 당 태종은 총애하는 위징이 죽게 되자 이같이 말했다.

"동으로 거울을 만들면 의관을 단정하게 할 수 있고, 역사를 거울로 삼으면 천하의 흥망과 왕조 교체의 원인을 알 수 있으며, 사람을 거울로 삼으면 자신의 득실을 분명히 할 수 있다. 짐은 일찍이 이 세 가지 거울을 구비해 어떤 허물을 범하게 되는 것을 미리 방지할 수 있었다. 그러나 지금은 위징이 병으로 세상을 떠났으니 거울 하나를 잃은 것이나 다름없다."

《시경》의 〈대아·탕〉 편에 '은감불원殷鑑不遠'이라는 말이 나온다. 전설에 따르면 은나라 마지막 왕인 주왕紂王이 달기라는 여인에게 빠져 정사를 소홀히 하자 이를 보다 못한 서백(西伯: 주나라 문왕)이 다음과 같이 간했다.

"은나라 왕이 거울로 삼을 만한 것은 먼 곳에 있지 않고, 이전의 왕조인 하나라 걸왕桀王 때 있습니다."

결국 그는 이로 인해 감옥에 갇혔다가 풀려나온 뒤 훗날 자신의 아들인 주 무왕이 역성혁명에 성공해 주 왕조를 세우는 디딤돌 역할을 하게 된다. 여기서 은감불원은 다른 사람의 실패를 자신의 거울로 삼으라는 뜻이다. 동양의 역대 제왕이 수천 년 전부터 역사를 '치국평천하'의 거울로 삼은 이유가 여기에 있다. 《자치통감》의 '통감通鑑'이라는 말 자체가 역대 왕조사를 두루 꿰는 역사의 거울이라는 뜻이다.

장개석은 사서삼경 중에서 가장 난해하다는 《주역》을 끼고 살면서 치국평천하의 모든 것을 꿰었다는 자부심에 빠졌고, 모택동은 《자치통감》을 죽는 순간까지 옆에 끼고 살면서 치국평천하의 기본서로 활용했다. 이게 두 사람의 운명을 갈랐다고 해도 과언이 아니다.

아무리 경서에 밝을지라도 사서에 통달하지 않으면 오히려 독이 될 수 있다. 이데올로기 논쟁에 빠질 소지가 크기 때문이다. 경서는 스스로를 수양하고 심지를 굳게 하는 데는 도움이 되나 천하의 흥망과 왕조교체의 원인을 아는 데는 별 도움을 주지 못한다. 이는 반드시 사서를 통독해야만 가능하다. 이종오가 24사를 통독하면서 후흑의 비결을 찾아냈다고 역설한 이유가 여기에 있다.

　모택동은 어렸을 때부터 사서에 관심이 많았다. 그가 고향인 호남 장사의 사범학교를 졸업하기까지 5년간의 기간은 제1차 세계대전이 빚어지는 격동의 세월이었다. 이때 그는 평생을 두고 존경하는 선생님들을 만나는 행운을 가졌다. 역사에 관심이 컸던 그는 학교 수업 후 도서실로 달려가 사서를 탐독했다. 이때 그에게 평생 지대한 영향을 미친 사서가 눈에 띄었다. 바로 사마광의 《자치통감》이었다.

　그는 이 방대한 사서를 죽기 직전까지 모두 17번이나 읽었다. 이는 사마광이 불우한 처지에서 혼신의 노력을 기울여 《자치통감》을 저술한 것을 높이 평가한 사실과 무관치 않다. 사망하기 1년 전인 1975년 그는 시중을 들던 맹금운에게 이같이 말했다.

　"중국에는 2개의 대작이 있다. 《사기》와 《자치통감》이다. 두 작품은 모두 재간을 지닌 사람이 정치적으로 불우한 처지에서 편찬했다. 사람이 어려움에 처해졌다고 해서 반드시 나쁜 것만은 아닌 것 같다. 물론 이것은 재간과 뜻이 있는 사람을 두고 하는 말이다."

　맹금운의 회고에 따르면 그는 만년에 침대 머리에 늘 《자치통감》을 놓아두었다. 너무 많이 읽어서 책이 너덜너덜해졌고, 적지 않은 페이지를 투명 반창고로 붙여놓기까지 했다. 그는 맹금운에게 《자치통감》을 해설해놓은 《자치통감 평석》을 주면서 읽어보라고 권하기도 했다. 이 책은 《자치통감》에 대한 그의 깊은 관심과 해박한 지식을 세상에 알린 높은 수준의 노작으로 평가받고 있다.

　이런 일화가 있다. 1975년 어느 날 모택동은 점심 식사를 끝내고 대청의 소파에 한가하게 기대어 앉았다. 맹금운이 보기에 오늘은 책을 읽지 않을 것 같았다. 모택동이 맹금운을 향해 빙그레 웃으며 책상 위의

《자치통감》을 가리키며 물었다.

"맹 동지, 내가 이 책을 몇 번이나 읽었는지 아시오. 모두 17번 읽었소. 읽을 때마다 새삼스레 수확을 얻곤 하오. 정말 보기 드물게 훌륭한 책이오. 아마 이번이 마지막 한 번일지 모르겠소. 읽고 싶지 않은 것이 아니라 그럴 겨를이 없단 말이오."

맹금운이 《자치통감》과 관련해 몹시 궁금했던 것을 하나 물었다.

"왕안석과 사마광은 적수이면서 친구였다고 하는데 어찌된 영문입니까?"

"두 사람은 정치 면에서 적수였소. 왕안석은 개혁을 주장했고 사마광은 이를 반대했지. 그러나 학문에서는 서로를 좋은 친구로서 존중했소. 그들이 존중한 것은 상대방의 학문이었소. 우리는 이것을 배워야 한단 말이오. 정견이 다르다고 해서 학문마저 부인해서는 안 되오."

그러면서 그는 자신의 적수에 대해서도 언급했다.

"나에게도 정치 면의 적수가 있소. 난 그들의 주장에 동의하지 않소. 그러나 그들의 학문은 존중하지."

"주석 동지께도 적수가 있다니 그건 과거의 일이겠지요. 지금에 어디 적수가 있습니까?"

"적수가 없다니 어떤 때엔 당신이 바로 나의 적수요. 억지로 내게 약을 먹이니, 이게 적수가 아니고 무엇이오. 정치적 적수가 아니라 생활의 적수란 말이오."

"제가 어찌 감히 주석님과 맞서겠습니까? 주석님의 고집을 누가 이기겠습니까?"

"고집을 말하려 치면 사마광을 들 수 있소. 마음먹은 일은 꼭 해내고야 말지. 고집이라고 다 좋은 것은 아니지만 학문을 하는 데는 이런 정신이 필요하단 말이오. 오락가락하는 사람보다는 나은 법이오. 그러나 옳고 그른 것도 바뀔 때가 있소. 그 당시엔 옳은 것도 몇 해가 지난 후엔 꼭 옳다고 할 수 없는 것도 있소. 마찬가지로 그 당시엔 틀렸다고 했던 것이 몇 해 뒤엔 반드시 틀린 것만은 아니게 되는 경우도 있소. 무슨 일이나 급히 결론을 내려서는 안 된다는 생각이오. 역사가 공정한 평가를 내릴 것이니 말이오."

모택동이 사범학교 시절 《자치통감》을 접한 것은 행운이었다. 역대 중국의 제왕 중 그처럼 《자치통감》을 10번 이상 읽은 사람은 존재하지 않았다. 그가 훗날 청조의 뒤를 이은 중화 제국을 건설하고 사실상의 황제로 존재하게 된 것도 따지고 보면 사범학교 시절 제왕학의 성전인 《자치통감》을 접한 사실과 무관치 않다.

사서에는 경서가 갖지 못하는 뛰어난 미덕이 있다. 일세를 풍미했던 고금의 영웅호걸들의 흥망성쇠를 무수한 사례를 통해 접할 수 있는 게 그것이다. 이는 간단한 일이 아니다. 사서를 많이 읽은 사람은 세상사에 대한 이해의 폭이 그만큼 넓기 때문에 임기응변에 뛰어나다. 난세에는 임기응변이 필수다.

《주역》을 평생 옆에 끼고 살았던 장개석은 북벌을 성사시킨 후 임기응변을 상실한 채 정도와 정의 등 형이상의 공허한 사변에 빠져들었다. 그는 기도를 올릴 때마다 자신만이 천하 강산의 주인이 될 자격이 있다는 자기최면을 더욱 강하게 걸었고, 그러면 그럴수록 현실과 동떨어진 극단적 이상주의자로 바뀌어갔다.

이에 반해 《자치통감》을 열독한 모택동은 시간이 갈수록 더욱 유연한 임기응변을 구사했다. 제2차 국공합작과 국공 내전 기간 동안 장개석이 생각지도 못했던 여러 유형의 제의를 한 게 그 증거다. 어찌 보면

《주역》과 《자치통감》이 두 사람의 운명을 가른 셈이다.

실제로 두 사람은 어떤 사물과 사태를 접하면서 전혀 다른 해법을 제시했다. 《장개석일기》의 1944년 9월 4일자 일기가 이를 잘 보여주고 있다.

"오늘 아침에는 동이 트기도 전인 5시에 일어나 기도를 했다. 공산주의자 모택동이 깨달음을 얻어 마음을 고치고, 그래서 이 나라가 진정으로 평화로운 통일을 이룩할 수 있기를 기원한다."

이는 당시 그가 사태를 얼마나 도덕적인 관점에서 접근하고 있었는지를 잘 보여주고 있다. 모택동은 이와 정반대의 길로 나갔다. 그는 장개석의 다섯 차례에 걸친 초비(剿匪; 공산당 토벌)에 걸려 2만 리에 달하는 대장정 끝에 섬서 연안에 정착한 후 〈모순론〉과 〈실천론〉 등을 집필했다. 이후 자신의 혁명 투쟁의 경험과 연합 전선의 상황하에서 어떻게 혁명이 수행될 것인가 하는 예견을 담은 저서들을 속속 발간했다. 군사 문제를 다룬 저서로는 《중국혁명전쟁의 전략적 문제中國革命戰爭的戰略問題》가 있다. 1936년 12월에 쓴 것으로 그가 취한 군사노선의 정당성을 역설하고 있다. 1938년에 쓴 《지구전론持久戰論》과 기타의 저작은 항일전의 전략에 대해 언급한 것이다. 바로 이 시기가 〈모순론〉과 〈실천론〉 등을 펴내 탁월한 이론가로 승인받게 되는 시점이었다. 이는 그가 공산당의 영수로서 이론과 실제 양면에서 정적들을 압도하는 결정적인 배경이 됐다. 당시 그는 이같이 주장했다.

"국제적으로 볼 때 중국혁명은 제국주의에 대항하는 세계 프롤레타리아 혁명의 일부분이다. 국내적으로 볼 때 중국은 항일연합전선에 속하는 모든 정당에 의해 통치되어야 한다."

이는 항일을 기치로 공산당의 위상을 국민당과 같은 위치로 격상시켜야 한다는 속셈에서 나온 것이었다. 그가 반대파들의 주장을 물리치고 통일전선을 붕괴시켜서는 안 된다고 역설한 이유다. 그의 이런 입장이 당시의 상황에 비춰 타당한 것이었음은 말할 것도 없다. 그는 1973년 말 이같이 술회한 바 있다.

> 군자의 사귐은 물처럼 담담하고, 술로 사귄 친구는 믿음직하지 못하다. 세상사는 언제나 두 측면을 갖고 있다. 염결廉潔이 있으면 반드시 탐오貪汚가 있고, 탐오가 있으면 염결이 있기 마련이다. 염결만 있고 탐오가 없어도 안 된다. 한 손은 염결이고 다른 한 손은 탐오다. 이게 바로 '대립물의 통일'이라는 것이다. 세상사란 모두 대립물의 통일이다.

이는 자신이 쓴 〈모순론〉에 입각해 모든 인간관계를 해석한 것이다. '염결만 있고 탐오가 없어도 안 된다'고 주장한 것은 탁견이다. 장개석이 인의를 내세우며 정도 경영을 고집한 것과 대비된다. 이종오가 최고 수준의 후흑 단계에 이르면 하늘은 물론 모든 사람들이 오히려 불후불흑의 인물로 착각하게 된다고 한 것은 바로 이를 지적한 것이다. 매사를 이분법적으로 해석하는 서양 사람들은 불후불흑의 오묘한 이치를 깨닫기가 쉽지 않다. 장개석이 새 황후를 얻기 위해 기독교로 개종한 뒤 날마다 기도를 올리며 모택동의 '회개'를 촉구한 것은 희극의 극치다.

3부 승자의 전략, 후흑술

후흑학의 탄생

면후심흑의 3단계

박백과 불후불흑

구천이 와신상담으로 부차를 제압하다

유방이 입협의 무리와 항우를 깨뜨리다

장량이 [육도삼략]으로 한신을 도모하다

조조와 유비가 심흑과 면후로 싸우다

손권과 사마의가 후흑의 지존을 다투다

장개석과 모택동이 후흑 천하를 논하다

공공(空) - 위기에 빠져나갈 퇴로를 만들라

공공(貢) - 반룡부봉하되 역린을 조심하라

충충(沖) - 호언장담으로 기선을 제압하라

봉봉(捧) - 박수갈채로 자부심을 만족시켜라

공공(恐) - 솜에 바늘을 숨기고 때를 노려라

송송(送) - 비자금을 활동자금으로 활용하라

공공(恭) - 사람을 가려 때에 맞게 칭찬하라

봉봉(繃) - 큰 인물로 포장해 신뢰케 만들라

농농(聾) - 귀머거리 흉내로 속셈을 감추라

후흑이 있어야 살아남는다

상사와 부하로 사는 처세의 기술

厚黑學

| 01 |

공空
위기에 빠져나갈 퇴로를 만들라

어떤 사람이 나에게 후흑의 비결을 묻기에 나는 몇 가지 비술을 말해주었다. 첫 번째가 '공空' 자 비결이다. 이는 원래 한가하다는 뜻을 지니고 있다. 모든 일에서 손을 떼고 오직 한 가지 일에 전념하며 인내심을 갖고 조급하게 서둘러서는 안 된다는 뜻이다. 오늘 효과가 없으면 내일이 또 오고, 금년에 이루지 못하면 내년이 또 온다는 사실을 알아야만 한다.

또한 '공空' 자는 일을 처리할 때 내용이 없을지라도 외관만큼은 그야말로 엄격하고도 신속하게 처리하는 듯한 모습을 보여주어야 한다는 것을 뜻한다. 이때 반드시 빠져나갈 구멍을 마련해놓지 않으면 안 된다. 상황이 불리하다고 여겨지면 그 길로 도망가면 되기 때문에 절대로 붙잡힐까 염려할 필요가 없다.

이종오는 양명학을 창시한 왕양명의 《전습록傳習錄》을 패러디한 《후흑전습록》을 썼다. 《전습록》의 특징은 지행합일知行合一의 실천론에 있다. 이종오가 이 이름을 취한 것은 후흑의 실천론을 피력하기 위한 것임을 짐작할 수 있다. 그는 《후흑전습록》에서 관직을 구하는 여섯 가지 비결인 구관육자진언과 관직 유지의 여섯 가지 비결인 주관육자진언, 공무 처리의 두 가지 비결인 '판사이묘법辦事二妙法'을 제시했다. 이는 난세에 관직을 얻어 공무를 처리하는 일종의 처세술을 언급한 것이다.

이종오의 《후흑학》에는 개략적인 내용만 언급돼 있어 구체적으로 이들 책략이 어떻게 구사됐는지 헤아리기가 쉽지 않다. 다음에 서술하는 것은 《후흑전습록》에 나온 열네 가지 책략 중 21세기 현재에도 그 의미가 크다고 생각되는 아홉 가지 책략을 집중 조명한 것이다.

본래 처세술은 주어진 상황에서 자신의 재능을 최대한 활용해 소기의 성과를 얻어내는 일체의 책략을 말한다. 사람들 중에는 자기가 가진 것은 열밖에 안 되지만 부단한 자기 계발과 노력을 통해 다른 사람이 가진 것을 자기 것처럼 활용해 쓰는 사람이 있다. 물론 정반대의 경우도 있다. 이는 결국 처세의 방략을 어떻게 구사하느냐에 달려 있다고 할 수 있다.

가장 중요한 것은 진심만큼 사람을 설득하는 데 좋은 방법은 없다는 점이다. 고금동서를 막론하고 사람을 감동케 만드는 요체는 진심에 있다. 그러나 무턱대고 자신의 진심을 드러낸다고 모든 것이 해결되는 것은 아니다. 상황에 맞춰 적절한 방법으로 이를 드러내야만 소기의 성과를 거둘 수 있다. 이종오가 후흑을 역설한 것은 바로 이 때문이다. 이를 무시한 채 자신만이 진심으로 대처하고 있다는 편견과 아집에 빠져 소위 진정성을 운운하고 나서면 오히려 역효과만 낳을 뿐이다. 이는 후흑이 아닌 박백에 지나지 않는다.

그런 의미에서 '난세의 영웅' 조조의 뛰어난 처세술은 음미할 만하다. 그는 청소년기에 수영과 사냥을 즐겼고, 독서를 좋아했다. 나이를 먹어가면서 난세 상황의 모순을 직접 눈으로 보고 세상사의 이치를 깊이 깨닫게 되었다. 시류의 변화를 좇아 재빠르게 대응하는 임기응변의 능력과 기지, 노련미, 과감성 등은 난세 상황에서 부단히 후흑을 연마한 결과로 볼 수 있다.

실제로 사마열인은 《조조의 면경》(홍윤기 옮김, 넥서스, 2004)에서 이종오의 후흑학을 토대로 조조의 처세술을 분석했다. '면경'은 '얼굴에 대한 최고 경전'이란 뜻이다. 저자는 중국인의 4대 면경으로 전국시대 말기의 상인인 여불위, 청대 정치가 증국번, 19세기의 거상 호설암과 함께 조조를 꼽았다. 호기롭게 웃기도 하고, 엉엉 울기도 하며, 수염을 쥐어뜯기도 하고, 파르르 떨며 분노하는 조조의 진면목을 중국 특유의 '면자(面子; 체면)' 철학으로 풀어낸 게 특징이다.

조조의 얼굴은 상황에 따라 천변만화千變萬化한다. 들판에 널려 있는 백성들의 뼈를 보며 슬퍼하고, 정의를 위해 자신의 목숨을 돌보지 않으며, 푸른 바다를 바라보고 우주의 기운을 집어삼키고, 그러면서 죽기 전에는 시시콜콜 잔소리를 하는 늙은이의 모습을 보였다. 왜소한 체구에 용모가 많이 처지는 편이었던 조조의 처세술은 21세기의 현재까지도 시사하는 바가 많다.

사마열인이 조조를 소위 '환면(換面; 얼굴 바꾸기)'의 일인자로 평가한 것은 이종오가 조조를 심흑의 달인으로 평가한 것과 맥을 같이한다. 환면이야말로 난세를 헤쳐 나가기 위한 최고의 처세술이라고 칭송한 것도, 심흑이야말로 난세를 틀어쥐는 비책이라고 역설한 이종오의 언급을 방불케 한다. 주목할 점은 조조의 환면에는 일관성이 있다고 역설한 점이다. 기회를 포착하면 누구보다 과감했고, 주변의 눈치를 살피지 않고 자신의 길을 걸은 게 그것이다. 이는 이종오가 후흑의 궁극적인 목적은 '구국'에 있다고 역설한 것과 취지를 같이한다.

이종오가 《후흑전습록》에서 제시한 여러 비책도 따지고 보면 《조조의 면경》이 역설하고 있는 환면술과 별반 다를 게 없다. 이종오가 언급한 '공空' 자 비결은 환면술에 나오는 견인불발堅忍不拔의 자세와 상통한다. 이는 좌절하지 않고 반복해서 접근하는 태도를 말한다.

환면과 견인불발은 외견상 정반대의 처세술로 보인다. 그러나 그 이면을 들여다보면 양자는 같다. 환면의 궁극적인 목적은 결국 내심 이루고자 하는 어떤 목표를 끝내 성사시키는 데 있다. 견인불발이 목적론적 관점에서 처세술에 접근한 것이라면, 환면술은 방법론적 접근 방법이라고 할 만하다.

그 누구라도 한 우물을 깊이 파다보면 언젠가는 소기의 목표를 이루기 마련이다. 사람들이 이에 실패하는 것은 도중에 견인불발의 자세를 잃고 방황하거나, 방법론적으로 상황에 따른 다양한 변신이 필요한데도 환면을 거부한 채 오직 한 가지 방법만을 고집한 결과다. 초지를 관철하기 위한 견인불발의 자세와 함께 상황의 변화를 좇는 환면술을 동시에 구사할 수 있는 자만이 결국 승리할 수 있다.

송나라의 건국원훈 조보趙普는 견인불발의 자세가 어떤 것인지를 선명히 보여주고 있다. 그는 창업주 조광윤과 의견이 엇갈릴 때조차 자신의 고집을 꺾지 않았다. 한번은 조보가 송 태조 조광윤에게 관원 한 명을 천거했지만 조광윤이 윤허하지 않았다. 그는 다음 날 다시 그를 천거했다. 조광윤이 응답하지 않았다. 그 다음 날에 또 다시 천거했다. 사흘에 걸쳐 계속 이런 모습을 보이자 조정 대신들이 모두 놀랐다. 조광윤도 마침내 크게 화를 내 상주문을 찢어 바닥에 내던졌다.

그러자 조보는 바닥에 흩어진 상주문을 모아 집으로 돌아가서는 일일이 풀로 붙였다. 나흘째 되는 날 그는 다시 입조해 아무 말 없이 일일이 풀로 붙인 상주문을 조용히 내밀었다. 조광윤이 장탄식을 하며 마침내 이를 받아들였다. 견인불발의 굳건한 마음 자세를 견지했기에 성공한 것은 말할 것도 없다. 재삼, 재사 반복해서 말하면 종내 상대방을 설득할 수 있다는 것을 보여주는 일화다.

그러나 여기서 주의할 점이 있다. 이종오가 역설했듯이 결코 상대방의 감정을 해쳐서는 안 된다는 점이다. 그랬다가는 오히려 역효과가 난다. 반드시 일정한 한도를 지켜야 한다. 이는 환면술의 중요성을 역설한 것이다.

중국 속담에 '동사불하려凍死不下驢'라는 말이 있다. 얼어 죽을지언정 타고 있는 나귀 위에서 내려오지 않는다는 뜻으로, 외골수를 비유한 말이다. 이런 식으로 접근하면 결국 상대방의 거절과 냉소를 자아내게 된다. 심지어 인격적인 모욕을 당할 수 있다. 그렇다면 과연 어떻게 하는 것이 좋을까?

상대방이 아무리 모욕적인 언사를 퍼부을지라도 후흑을 연마한 사람이라면 전혀 내색하지 않고 태연한 자세를 취할 필요가 있다. 바보 흉내를 내는 것도 좋다. 중요한 점은 절대로 급한 마음을 품어서는 안 된다는 것이다. 상대방이 하루 이틀 아무 움직임이 없으면 화가 어느 정도 가라앉았을 테니 다시 접근한다. 다시 거절을 당할지라도 좌절해서는 안 된다. 일시적인 거절과, 사안이 절망적인 무망無望은 구분해야 한다. 상대방이 거절하는 원인을 잘 분석해 실제 상황에 맞게 다양한 대응책을 마련해야 한다. 환면술이 그 해답이다.

전국시대 당시 진晉나라 동쪽에 중산국(中山國: 하북성 영수현 일대)이라는 작은 나라가 있었다. 주 왕실로부터 받은 관작은 자작이었다. 중산국은 백적白狄의 일족이 세운 나라였다. 춘추시대에는 흔히 선우鮮虞로 불리다가 전국시대에 들어와 제후국의 하나로 등장했다.

당시 진나라에 조공을 바치던 중산국은 진나라가 3진으로 분열되자 3진 중 어느 나라를 섬겨야 좋을지 몰라 아무에게도 조공을 바치지 않았다. 위 문후가 중산국을 칠 생각을 품고 군신들과 함께 이를 상의하자 대부 위성자魏成子가 이같이 말했다.

"중산국은 서쪽의 조나라와 가깝고 남쪽에 있는 우리 위나라와는 거리가 멉니다. 만일 우리가 중산국을 쳐 그 땅을 얻는다 할지라도 그곳을 지키기는 어렵습니다."

위 문후가 대답했다.

"그러나 만일 조나라가 중산국을 지지하는 날에는 우리는 북쪽을 견제할 도리가 없게 되오."

그러자 대부 척황翟璜이 말했다.

"신이 한 사람을 천거하겠습니다. 그 사람은 악양樂羊이라고 합니다. 악양은 우리나라 곡구穀邱 땅 출신으로 문무를 겸비한 사람입니다. 그를 대장으로 보내면 가히 중산국을 도모할 수 있을 것입니다."

위 문후가 물었다.

"어째서 그를 대장으로 삼으라고 하는 것이오?"

척황이 대답했다.

"언젠가 악양이 길을 가다가 길바닥에 떨어져 있는 황금을 주워가지고 집으로 돌아간 적이 있었습니다. 그날 악양의 아내는 그 황금에다 침을 뱉으며, '지사는 남몰래 샘물도 마시지 않고 염치 있는 사람은 아니꼬운 음식이면 받지를 않는다고 했는데, 누구의 것인지 내력도 알 수 없는 이런 황금을 주워가지고 와 그대의 고결한 인품을 더럽히려는 것입니까!'라고 했습니다. 악양은 아내의 말에 크게 감동해 이내 그 황금을 가지고 나가 들에다 버렸습니다. 이후 그는 아내와 떨어져 노나라와 위나라에 가서 학문을 배웠습니다. 그러나 그가 1년 만에 집으로 돌아오자 베틀에서 비단을 짜던 아내가 '당신은 배움의 길을 성취하셨나요?'라고 물었습니다. 악양이 '아직 성취하지 못했소'라고 하자 아내는 즉석에서 칼을 뽑아 베틀의 실을 모두 끊어버렸습니다. 이에 악양이 크게 놀라 그 까닭을 물었습니다. 그러자 아내가 '사내대장부는 학문을 성취한 연후에야 가히 행동할 수 있습니다. 그것은 마치 비단을 다 짠 연후에 옷을 만들어 입을 수 있는 것과 같습니다. 그런데 당신께서 중도에서 학문을 폐하고 돌아왔으니 첩이 칼로 끊어버린 이 베틀의 비단과 비교해 무엇이 다르겠습니까!'라고 했습니다. 악양은 아내의 말에 크게 감복한 나머지 다시 집을 떠났습니다. 그는 이후 7년 동안 집에 돌아가지 않았습니다. 지금 악양은 뜻이 높아 소관小官을 마다하고 우리 위나라에서 외로이 세월을 보내고 있습니다."

위 문후가 즉시 척황에게 당부했다.

"그대가 곧 수레를 끌고 가 악양을 모셔오도록 하시오."

그러자 좌우에서 반대했다.

"신들이 듣건대 악양의 큰아들 악서樂舒는 지금 중산국에서 벼슬을 살고 있다고 합니다. 그런 악양을 어찌 대장으로 삼을 수 있겠습니까?"

척황이 대답했다.

"악양은 공명을 소중히 여기는 선비입니다. 중산국에서 벼슬을 살고 있는 악서가 중산국 군주에게 자신의 부친을 천거하고 사람을 보내 부친을 부른 적이 있었습니다. 그러나 악양은 중산국 군주가 무도한 자라고 하여 이를 거절했습니다. 군주가 그같이 지조 있는 선비에게 대장의 책임을 맡기면 어찌 성공치 못할 리 있겠습니까?"

위 문후는 곧 악양을 대장으로 삼은 뒤 군사들을 이끌고 가 중산국을 평정케 했다. 악양은 대부 서문표西門豹를 선봉으로 삼은 뒤 대군을 이끌고 중산국을 향해 진군했다. 위나라 군사들이 중산국의 도성을 겹겹이 포위하자 중산국 군주 희굴은 크게 당황했다. 그러자 대부 공손 초焦가 다음과 같이 건의했다.

"악양은 우리나라에서 벼슬을 살고 있는 악서의 부친입니다. 군주는 악서를 시켜 악양을 물러가게 하십시오."

희굴이 크게 기뻐하며 곧 악서를 불렀다.

"그대의 아비가 위나라 장수가 되어 지금 우리나라 성을 치고 있다. 그대는 당장 성 위로 올라가 위나라 군사를 물러가게 하라. 위나라 군사가 물러가기만 하면 과인이 그대에게 큰 고을을 내릴 것이다."

악서가 성 위로 올라가 큰 소리로 외쳤다.

"청컨대 아버지와 나를 만나게 해주오."

악양이 이 소리를 듣고 갑옷을 입은 채 누차 위에 올라갔다. 악서는 악양을 보자 아무 말도 하지 못했다. 악양이 아들을 꾸짖었다.

"자고로 군자는 위태로운 나라에 머물지 않고, 어지러운 조정에서 벼슬을 살지 않는 법이다. 나는 군주의 명을 받고 중산국의 죄를 치는 동시에 중산국의 백성을 위로하기 위해 왔다. 너는 속히 너의 군주에게 항복을 권하도록 하라. 앞으로 한 달 동안만 공격하지 않겠다."

중산국 군주 희굴은 위나라 군사가 성을 공격치 않는 것을 보고 과연 악양이 자식을 사랑해 공격을 주저하는 것으로 여겼다. 그 사이 약속한 한 달이 지났다. 악양은 즉시 부하 한 사람을 희굴에게 보내 항복을 독촉했다. 이에 희굴이 다시 악서를 성 위로 올려 보내자 악서가 또 악양을 부르며 좀 더 여유를 줄 것을 간청했다. 악양이 성 위를 쳐다보고 다시 한 달의 여유를 주겠다고 대답했다. 이런 일이 세 번이나 계속되자 석 달이 속절없이 흘러갔다. 그러자 서문표가 악양에게 물었다.

"원수는 중산국을 칠 생각이 없는 것입니까?"

"급히 서둘러 공격하면 결국 백성만 다치게 되오. 내가 석 달 동안 공격을 하지 않은 것은 비단 아비로서 자식에 대한 정리를 다하려는 것만이 아니라 중산국의 민심을 얻기 위한 것이오."

위나라 대신들은 악양이 하루아침에 대장이 된 것을 질투하여 내심 악양을 좋아하지 않았다. 그들은 악양이 석 달 동안 중산성을 공격하지 않고 있다는 얘기를 듣고는 곧 위 문후 앞에서 악양을 헐뜯었다.

"악양은 파죽지세로 쳐들어가 중산성을 포위했지만 그의 아들 악서의 한마디 말에 석 달 동안 공격치 않고 있습니다. 이것 하나만 보아도 그들 부자지간의 정이 얼마나 깊은지 알 수 있습니다. 만일 악양을 소환치 않으면 병력과 군비만 낭비할 뿐 아무 이익도 없을 것입니다."

이후 악양을 헐뜯는 상소문이 쉬지 않고 올라왔다. 위 문후는 그 많은 상소문을 읽지도 않은 채 상자 속에 넣어 두었다. 한편 악양은 중산국이 끝내 항복하지 않는 것을 보고 마침내 총공격령을 내렸다. 중산국이 함몰 위기에 몰리자 대부 공손 초가 희굴에게 건의했다.

"사태가 매우 급합니다. 악서가 그 아비에게 세 번이나 여유를 달라고 했을 때 그 아비 악양은 그 청을 모두 들어주었습니다. 그것만 보아도 악양이 얼마나 자식을 사랑하는지 알 수 있습니다. 악서를 높은 장대에 매어 성벽 위에 세우십시오. 악서가 그 아비를 부르면서 살려달라고 애걸하면 악양은 반드시 공격을 멈출 것입니다."

희굴이 이를 좇았다. 이에 악서를 맨 높은 장대를 성벽 위에 세웠다. 악서가 성벽 아래를 굽어보며 악양에게 소리쳤다.

"지금 철군치 않으면 소자는 죽습니다."

그러자 악양이 큰 소리로 꾸짖었다.

"너는 불초한 자식이다. 중산국에서 벼슬을 살면서도 그 나라를 위해 기이한 계책을 내지 못하고 적과 싸워 이기지도 못했다. 또 나라가 망하게 되었으면 마땅히 목숨을 걸고라도 군주에게 강화토록 권해야 하는데도 이를 하지 못했다. 너 같은 자식은 죽느니만 못하다."

악양이 활을 들어 아들을 쏘려고 하자 중산국 군사들이 황급히 악서를 내려놓았다. 악서가 희굴에게 간했다.

"신의 아비는 위나라를 섬길 뿐 자식을 생각지 않습니다. 신은 위나라 군사를 물리치지 못한 죄를 죽음으로써 지겠습니다."

악서가 자진하자 공손 초가 희굴에게 건의했다.

"이 세상에서 자식을 생각하는 아비의 마음보다 더한 것은 없습니다. 그러니 악서의 시체로 국을 끓여 악양에게 보내십시오. 악양이 자식을 끓인 그 국을 보면 반드시 슬픔을 참지 못하고 울 것입니다. 슬픔이 지나치면 넋을 잃고, 넋을 잃으면 싸울 생각도 없어집니다. 그 틈을 타 적을 치면 가히 다음 계책을 쓸 수 있을 것입니다."

중산국 사자가 악서의 시체를 끓인 국과 악서의 목을 갖고 가 악양에게 바쳤다. 악양은 중산국의 사자가 보는 앞에서 자식을 끓인 국 한 그릇을 다 먹었다.

"가서 국을 잘 먹었다고 전하기 바란다. 중산성이 함락되면 내가 직접 너의 군주를 만나 사의를 표할 것이다."

중산성이 함락되기 직전 희굴은 보복이 두려운 나머지 자진하고 말왔다. 중산국이 항복하자 악양은 서문표에게 군사 5천 명을 주어 중산국을 지키게 한 뒤 궁중의 보물을 모두 수레에 실어 위나라로 회군했다. 위 문후가 친히 성문 밖까지 나가 악양을 영접했다.

"이번에 장군이 나라를 위해 아들을 잃었으니 이는 모두 과인의 허물이오."

"군명을 받은 사람이 어찌 사정私情을 생각할 수 있겠습니까?"

다음 날 위 문후가 악양을 위로하기 위해 크게 잔치를 베풀고 친히 술을 권했다. 악양은 위 문후가 주는 술잔을 받아 마시고 자못 의기양양했다. 잔치가 끝나자 위 문후가 좌우에 명했다.

"2개의 상자를 이리 내오너라."

그리고는 이를 악양의 집에 가져다주게 했다. 악양이 집에 돌아와 상자를 열어보았다. 그 속에는 뜻밖에도 많은 사람들이 올린 상소문이 가득 들어 있었다. 상소문의 내용은 대개 악양이 위나라를 배반할 것이니 속히 죽여야 한다는 것이었다. 악양은 이를 보고 경악했다. 이튿날 궁으로 들어가 위 문후에게 깊이 감사드렸다. 당시 위 문후가 주변의 말을 듣고 악양을 소환했다면 중산국을 제어하는 일은 불가능했을 것이다. 자신이 믿는 바를 굳건히 밀고나간 견인불발의 효과가 아닐 수 없다.

위 문후와 같은 군주의 경우에는 시종 견인불발을 견지할 수 있었겠으나, 신하의 경우는 이게 불가능하다. 자칫 오해를 사 죽임을 당할 수 있기 때문이다. 따라서 견인불발과 동시에 반드시 환면술을 함께 사용해야 한다. 신하의 경우는 자칫 '수서양단首鼠兩端'으로 몰릴 수 있다. 의심이 많은 쥐가 구멍에서 목을 내밀고 사방을 엿보듯이 결단하지 못하고 머뭇거리는 것을 말한다. 신하는 군주와 처지가 다르다. 환면술을 쓰다보면 상황에 따라 수서양단의 비판을 받는 게 당연하다. 하지만 이를 두려워해서는 안 된다.

《사기》의 〈위기무안후열전〉에 이런 고사가 나온다. 한나라 경제 때 두 태후의 조카인 두영과 왕 황후의 동모제同母弟인 전분은 정적이었다. 한번은 하찮은 일로 시비를 가리다 한 경제에게 호소했다. 한 경제가 흑백을 가려주려고 어사대부 한안국에게 묻자 분명한 대답을 하지 않았다. 다시 궁내대신 정당시에게 묻자 그는 처음에 두영 편을 들었으나, 형세가 불리함을 알고 입을 다물었다. 이에 한 경제가 호통을 쳤다.

"평소 두 사람의 장단을 얘기하다가 정작 중대한 일에 함구하니 어떻게 궁내대신을 감당하겠는가?"

전분은 조회가 끝난 뒤 어사대부 한안국을 불러다가 힐난했다.

"그대는 구멍에서 머리만 내민 쥐처럼 엿보기만 하고 얼버무리는가?"

여기서 수서양단이라는 성어가 나왔다. 당시 수서양단이라 비난을 받은 한안국이 전분에게 이같이 말했다.

"그대는 왜 이 기회를 살리지 못하는 것입니까? 속히 황상에게 '위기후두영가 말한 게 옳습니다. 신이 삼가 거적을 깔고 처벌을 기다리겠습니다'라고 하십시오. 그리하면 황제는 반드시 그대의 겸양을 칭송하고, 그대 또한 자리를 지키게 될 것입니다."

전분이 그의 충고를 좇자 과연 그 말대로 되었다.

이종오가 말한 '공空' 자 비결에서 수서양단의 환면술을 행한 대표적인 인물로 당 제국 초기의 봉덕이封德彛를 들 수 있다. 그는 《정관정요》에도 등장하는 인물로, 수시로 위징과 대립했다. 다음은 이 두 사람이 맞부딪친 일화다.

정관 2년(628), 당 태종이 상서우복야로 있던 봉덕이에게 말했다.

"나라를 안정되게 다스리는 근본은 오직 사람들을 적절히 임용하는 데 있소. 근래 짐은 그대에게 어질고 재능 있는 자를 천거하도록 했으나 그대는 아직까지 아무도 천거를 하지 않았소. 천하를 다스리는 임무는 매우 중대하니 그대는 짐의 근심을 덜어주시오. 그대가 사람을 천거하지 않으면 짐은 이 일을 누구에게 부탁할 수 있겠소?"

봉덕이가 대답했다.

"신이 비록 우매하지만 어찌 감히 마음과 역량을 다하지 않겠습니까? 그러나 현재까지 특별히 재능 있는 사람을 발견하지 못했습니다."

당 태종이 힐난했다.

"과거 영명한 군주는 사람을 임용하면서 그릇을 쓰듯이 그 장점을 쓰고, 모두 그 시대에서 인재를 선발했소. 설마 은나라 고종과 주 문왕이 각각 꿈에서 부열(傅說: 은나라 때의 전설적인 재상)과 여상(呂尙: 주나라 건국 원훈 '강태공')을 만난 것처럼 기적을 기다린 연후에 나라를 다스릴 수 있는 게 아니지 않겠소? 하물며 어느 때인들 현명하고 능력 있는 인재가 없겠소?"

그러나 그가 태종의 신임을 잃은 것은 아니었다. 정관 7년(633), 태종이 궁중 도서의 문자를 교감하고 관리하는 비서감(秘書監) 자리에 있던 위징과 나라를 다스린 득실에 관해 토론하다가 이같이 말했다.

"지금은 큰 혼란이 끝난 뒤라 서둘러 나라를 잘 다스릴 수는 없소."

위징이 반박했다.

"그렇지 않습니다. 무릇 인간은 편안하고 즐거우면 교만해지고 게을러집니다. 교만하고 게을러지면 혼란을 생각하게 되고, 혼란을 생각하면 다스리기 어렵습니다. 인간은 위험하고 어려운 상황에 처하게 되면 자신의 생사를 걱정하게 됩니다. 자신의 생사가 걱정되면 천하가 태평스럽게 다스려지기를 바랍니다. 나라가 평화롭기를 희망하면 쉽게 교화할 수 있습니다. 그래서 큰 혼란 이후에 쉽게 교화되는 것은 굶주린 사람이 쉽게 음식에 만족하는 것과 같은 이치입니다."

태종이 재차 반박했다.

"현명한 사람이 나라를 다스려도 100년이 지난 뒤에야 포학한 이들을 제압할 수 있고, 살벌한 풍습을 없앨 수 있소. 큰 혼란이 있은 이후에 천하의 태평을 갈구한다고 하여 어떻게 순식간에 목적을 이룰 수 있겠소?"

위징도 지지 않았다.

"이는 일반적인 평범한 사람의 상황을 말한 것이니, 영명한 군주에게 적용시킬 수는 없습니다. 만일 영명한 군주가 교화를 베풀어 윗사람과 아랫사람의 마음을 하나로 하고, 백성들이 한 사람이 말하는 것처럼 신속하게 호응한다면 서두르려는 생각을 하지 않아도 빠른 시간 안에 성공할 수 있습니다. 1년이면 교화할 수 있으므로 아주 어려운 일이 아니라고 믿습니다. 3년 후에 성공한다면 너무 늦었다고 보아야 합니다."

이때 곁에 있던 봉덕이가 끼어들었다.

"삼대(三代: 하·은·주) 이후 사람들은 점점 경박해졌기 때문에 진나라에서는 법으로 나라를 다스렸고, 한나라는 인의와 형법을 섞어 사용했습니다. 위징은 한낱 글을 읽는 선비로 세상의 실무를 모릅니다. 만일 폐하께서 위징의 말을 믿으신다면 아마도 나라를 쇠망하게 하고 혼란스럽게 만들 것입니다."

위징이 반박했다.

"오제(五帝: 전설상의 황제와 전욱, 고신, 요, 순)나 삼왕(三王: 하·은·주의 창업자인 우, 탕, 문무)은 나라 안의 백성을 바꿔 교화를 실현하지는 않았습니다. 억지로 다스리지 않아도 저절로 다스려지는 오제의 통치술을 사용하면 제업帝業이 이뤄지고, 인의 도덕의 통치를 펼치면 삼왕의 왕업王業을 이루게 됨니다. 이는 당시 군주가 어떤 방법으로 나라를 다스리고 백성들을 교화시키느냐에 달려 있는 것입니다. 하나라 걸桀이 포악해지자 탕湯이 그를 내쫓았습니다. 탕왕의 시대에는 천하가 태평했습니다. 은나라 주왕이 무도했으므로 주 무왕이 정벌했습니다. 주 무왕의 아들 주 성왕 때에도 태평성대였습니다. 만일 사람들이 점점 더 경박하고 사악해졌다면 어찌 다시 그들을 교화시킬 수 있겠습니까?"

《정관정요》는 이 말에 봉덕이가 더 이상 위징에게 반박하지 못했다고 기록해놓았다. 그러나 여기서 주목할 점은 봉덕이는 현실적인 패도霸道를 중시하고, 위징은 이상적인 왕도王道를 중시한 점이다. 당 태종이 천하를 거머쥐고자 할 때는 난세의 시기이므로 패도가 중시됐다. 천하를 평정한 뒤에는 당연히 왕도를 중시해야 하나 창업 초기이므로 왕도와 패도를 적절히 섞어 쓸 필요가 있었다. 이 때문에 당 태종은 위징을 중시하면서도 봉덕이의 견해를 수시로 들었던 것이다. 봉덕이도 당 태종과 같은 명군을 만났기에 《정관정요》에 그 이름을 남길 수 있었다. 그럼에도 그는 위징과 달리 후대인에게 적잖은 비난을 받았다. 수서양단의 환면술을 구사했기 때문이다.

사실 봉덕이가 당 태종에게 발탁되는 과정을 보면 이런 비난이 결코 터무니없는 게 아니었다. 당초 그는 수 양제 때 권신 양소楊素 밑으로 들어갔다. 이후 양소가 병사하자 다시 권신 우세기虞世基 문하로 들어갔다. 우세기가 수 양제의 총신이 되자 그 또한 수 양제의 총애를 입게 되었다.

당시 수 양제는 대운하를 개설하고 그 시발점인 양주揚州를 수도인 장안이나 부도인 낙양보다 더 사랑했다. 이는 그의 치세 때 완성된 경항대운하京杭大運河에 대한 자부심과 애정에서 비롯된 것이었다. 지금의 북경 부근 탁군에서 남쪽으로 멀리 양자강을 지나 지금의 항주에 이르는 경항대운하는 그의 치세 때 완성되었다. 이 대운하의 출발 기점이 양주다.

춘추시대 오나라 때 한성邗城으로 불린 양주는 이 대운하의 개통으로 이후 최고의 국제적인 항구로 명성을 떨쳤다. 소주蘇州 및 항주杭州와 더불어 3대 예향藝鄕으로 불리는 양주에는 지금도 수 양제와 관련한 일화가 많다. 양주의 대표적인 음식 양주초반(揚洲炒飯; 양주볶음밥)이 그것이다. 이를 가장 즐겨 먹은 제왕이 수 양제였다고 한다. 수나라 때 나온《식경食經》에 따르면 볶음밥을 쇄금반碎金飯으로 불렀다. '부서진 금가루로 된 밥'이라는 뜻이다.

수 양제는 대업 7년(611) 대운하의 완성을 기념해 용주龍舟를 띄워 양주에서 수로로 탁군까지 갔다. 4층으로 만들어진 용주는 높이가 45척, 길이가 200척이었고, 2층에는 금옥으로 장식한 120개의 방이 있었다. 황후가 탄 배의 규모는 이것보다는 조금 작았다. 크고 작은 수천 척의 배가 뒤를 따랐다. 배를 젓는 인부는 8만여 명이었다. 수 제국이 너무 일찍 패망하는 바람에 당 제국 때 만들어진《수서》는 그를 폄하하기 위해 대운하 사업을 수 양제의 폭거로 매도했다. 그러나 사실 이 대운하의 완성은 중국 역사상 처음으로 남북통일을 이룬 대역사에 해당한다.

그러나 수 양제의 최후는 비참했다. 권신인 우문술의 큰아들 우문화급宇文化及으로 인한 것이었다. 우문화급은 젊은 시절에 소위 '경박공자輕薄公子'로 불릴 정도로 평판이 좋지 않았다. 부친의 권세를 믿고 뇌물을 한없이 밝힌 탓이다. 수 양제 즉위 후 태복소경太僕少卿이 된 그는 돌궐인과의 밀무역을 행한 일로 인해 투옥됐으나 부친 덕분에 간신히 죽음을 면했다.

수 양제가 강도(江都; 양주)로 도읍을 옮길 무렵 병상에 있던 우문술은 수 양제에게 관직을 잃고 칩거하던 아들을 부탁했다. 이에 우문화급은 우둔위장군에 임명됐다. 장병들은 북쪽으로 돌아가길 원했으나 수 양제는 그럴 마음이 전혀 없었다. 마침내 우문화급은 병변을 일으켜 수 양제를 죽이고 수 양제의 조카인 진왕秦王 양호를 옹립했다. 얼마 후 양호마저 죽인 뒤 스스로 황제를 참칭하며 국호를 허許, 연호를 천수天壽라고 했다. 그는 북쪽으로 돌아가기를 원하는 군사들을 이끌고 귀로에 오르지만 낙구洛口 전선에서 왕세충과 이밀에게 진로가 막혔다. 우문화급의 군사는 이밀의 군사와 동산에서 싸웠으나 대패하고 말았다. 패잔병을 이끌고 위현으로 도주한 그는 이내 부하에게 살해됐다.

이처럼 혼란스런 시기에 봉덕이는 우문화급의 휘하로 들어가 병변에 적극 가담했다. 대세를 재빨리 읽었기 때문이다. 당시 그는 우문화급의 눈에 들기 위해 수 양제가 체포되자 곧 우문화급의 분부가 내리기도 전에 기세등등한 모습으로 앞으로 나가 수 양제를 향해 손가락질을 하며 욕을 해댔다. 수 양제가 어이가 없어 이같이 꾸짖었다.

"경은 선비가 아니오, 어찌하여 이같이 하는 것이오?"

그의 염량세태炎涼世態 행보를 힐난한 것이다. 봉덕이는 순간 할 말을 잃고 황망히 자리를 빠져나갔다. 그러나 이 일로 인해 그는 우문화급에게 깊은 인상을 남겼다. 우문화급을 좇은 지 얼마 안 돼 그는 우문화급이 큰일을 이루기 어렵다고 판단해 곧 우문화급 토벌군의 우두머리 격인 당 고조 이연에게 붙었다. 이연은 당초 그의 반복무상한 행위를 크게 힐난했으나 그가 여러 비책을 알려주며 충성심을 보이자 이내 내사사인內史舍人에 임명했다.

당 제국은 창건된 지 얼마 안 돼 이내 후계 문제를 놓고 커다란 내홍에 빠졌다. 태자 이건성과 진왕 이세민이 치열하게 다투는데도 창업주

이연의 태도가 애매했다. 시류에 민감한 봉덕이는 앞날을 위해 또다시 기막힌 환면술을 구사했다. 그게 바로 수서양단의 처세술이었다.

그는 재빨리 이세민에게 붙어 신임을 얻었다. 그러나 이세민의 친당이 너무 많았다. 훗날 자신이 중용되지 못할 것을 우려한 그는 은밀히 이건성에게도 추파를 던졌다. 동시에 이연 앞에서는 힘을 다해 이건성을 옹호했다. '현무문의 변'이 있기 직전 그는 일면 이세민에게는 선수를 쓸 것을 부추기고, 이연의 면전에서는 이세민을 비난하며 결단을 재촉했다. 이건성에게도 이같이 말했다.

"사해를 쥐는 자는 자기 일족을 돌보지 않습니다. 한 고조 유방께서 국 한 그릇을 달라고 한 게 그 증거입니다."

역사적으로 볼 때 판단을 내리기 어려운 상황에서 조정 대신이 애매한 태도를 취하거나 뒤로 빠지는 등의 행보를 보인 경우는 많으나 봉덕이처럼 전면에 나서 이처럼 싸움을 부추긴 경우는 전무후무하다. 그가 이런 모험을 감행한 것은 자신의 은밀한 행보를 다른 사람이 알 수 없으리라고 믿은 데 따른 것이었다. 실제로 당시 그의 이런 은밀한 행보를 아는 사람은 거의 없었다.

이세민이 보위에 오른 후 논공행상을 하면서 봉덕이를 상서우복야에 임명한 걸 보면 그것을 짐작할 수 있다. 당시 봉덕이가 이세민에게 그만큼 신임을 받았다는 증거이기도 하다. 실제로 그가 죽은 뒤 이세민은 3일 동안 철조(輟朝: 조회를 보지 않음)하며 깊은 애도를 표했다.

이를 두고 후대의 사가들은 이세민처럼 영명한 군주도 봉덕이에게 기만을 당한 바에야 하물며 중간 수준의 군주야 더 말할 게 있느냐며 하나의 거울로 삼았다. 《정관정요》에 그가 위징과 대비되는 인물로 소개된 것도 이와 무관치 않을 것이다. 실제로 후대 사가들은 그를 간신으로 몰아갔다.

봉덕이가 주군을 수시로 바꾼 것을 두고 비난하는 것은 나름대로 일리가 있으나 그를 간신의 전형으로 몰아가는 것은 아무래도 지나치다. 한 치 앞을 내다볼 수 없는 당시의 어지러운 상황을 전혀 감안하지 않았기 때문이다.

이러한 대표적인 인물로 삼국시대 위나라 장수 장료를 들 수 있다. 젊어서 군의 소리小吏로 있던 그는 병주자사 정원에 의해 발탁돼 그의 종사로 있었다. 정원이 여포에게 죽임을 당하자 그는 대장군 하진의 명을 받고 하북으로 가 1천여 명의 병사를 모으는 역할을 맡게 되었다. 그가 낙양으로 돌아왔을 때는 이미 하진이 환관에 의해 살해된 뒤였다. 이에 그는 병사들을 이끌고 동탁에게 귀의했다. 얼마 후 동탁이 여포에게 척살당하자 다시 부득불 여포에게 귀의할 수밖에 없었다. 이후 여포가 조조에게 패하게 되자 다시 조조 휘하로 들어갔다. 조조는 그를 보자마자 단박에 인재인 것을 알고 과감히 발탁했다. 조조로부터 지우지은을 입은 그는 이후 이에 보답하기 위해 죽을 때까지 충성을 바치며 많은 공을 세웠다.

난세에는 이처럼 지우지은을 베풀 주군을 만나기가 어려운 법이다. 많은 사람들이 영웅들의 만남을 애초부터 도원결의처럼 이뤄지는 것으로 생각하고 있으나 사실은 오히려 정반대의 경우가 많다. 봉덕이의 경우도 당 태종을 만나기 전까지 많은 우여곡절을 겪은 경우에 해당한다. 이종오가 '공空' 자 비결을 언급한 것도 바로 이를 말한 것이다. 봉덕이의 경우를 통해 알 수 있듯이 난세에 환면술을 취하기는 이처럼 어렵다.

이종오는 '공空' 자 비결과 관련해 환면술 이외에도 일을 처리할 때는 외관상 늘 그럴듯한 모습을 갖춘 뒤 반드시 빠져나갈 구멍을 마련해놓아야 한다고 역설했다. 이는 무엇을 말하는 것일까? 너무 중뿔나게 나서지 말라고 충고한 것이다.《장자》의 〈산목〉 편에는 이에 관한 일화가 나온다.

천하 유세에 나선 공자가 진·채 사이에서 포위되었을 때 7일 동안 더운밥을 먹지 못했다. 그때 대공임大公任이라는 도인이 공자를 찾아왔다. 〈산목〉 편은 이를 '조문弔問'으로 표현해놓았다. 왜 그랬을까? 대공임의 얘기를 들어보자.

"그대는 거의 죽게 됐소."

공자가 풀이 죽은 모습으로 대답했다.

"그리됐습니다."

"그대는 죽음을 싫어하오?"

"그렇습니다."

대공임이 말했다.

"내가 죽지 않는 도를 말해주겠소. 동해에 한 마리 새가 있는데 이름은 의태意怠라 하오. 그 새는 느리고 낮게 날아가므로 무능해 보이오. 무리에 이끌려 날고, 협조를 받아 깃들며, 나아갈 때는 앞서지 않고, 물러설 때는 뒤처지지 않소. 먹이는 감히 먼저 맛보지 않고 반드시 나머지를 먹소. 행렬에서 배척받지 않고, 사람으로부터 해를 당하지 않으며, 환난을 면하는 것은 이 때문이오. 곧은 나무는 먼저 베이고 단 샘물은 먼저 마르기 마련이오. 그대 역시 지혜를 꾸며 어리석은 자를 겁주고 몸을 닦아 더러운 자를 밝히려 하고 있소. 해와 달빛 같은 명성을 위해 행동하니 죽음을 면치 못할 것이오.

일찍이 나는 노자로부터, '스스로 자랑하는 자는 공을 세우지 못하고, 공을 이룬 자는 추락하며, 명성을 이룬 자는 이지러진다'고 들었소.

누가 능히 공명을 내던져 대중에게 되돌려주겠소. 세상에 도가 흘러도 드러난 자리에 처하지 않고, 덕이 행해져도 이름 있는 자리에 처하지 않으며, 순순하고 변함없는 자세로 광인과 어울리고, 자취를 감춰 권세를 버리며, 공명을 탐하지 않아야 하오. 그래야 남을 책하지 않게 되고, 남도 그를 책하지 않게 되오. 이처럼 진인(至人; 최고의 도인)은 이름을 드러내지 않으려 하는데 그대는 어찌하여 명성을 그토록 좋아하는 것이오?"

"옳은 말입니다."

이후 공자는 사람들과 교제를 끊고, 제자를 버리고, 대택(大澤; 커다란 늪지로, 사람들의 발길이 닿지 않는 은신처를 상징)으로 도주해 갖옷과 베옷을 입고, 도토리와 밤을 먹고 살아갔다. 짐승과 어울려도 무리가 어지럽지 않고, 새들과 어울려도 행렬이 어지럽지 않았다. 새와 짐승조차 그를 미워하지 않으니 하물며 사람이야 말해 뭐하겠는가!

이상이 의태라는 새에 관한 얘기다. 말할 것도 없이 도가들이 지어낸 얘기이기는 하나 나름 '공空' 자 이치를 잘 보여주고 있다. 원래 의태는 다른 새보다 나은 구석이 하나도 없는 새이다. 다른 새가 날아야 자신도 비로소 날아오른다. 해가 져 보금자리로 돌아갈 때 대오가 전진하면 의태는 앞을 다투지 않고, 대오가 후퇴하면 무리에서 뒤떨어지지 않으려고 노력할 뿐이다. 먹이를 먹을 때는 다른 새의 먹이를 빼앗지 않으니 위험한 일이 있을 턱이 없다. 자신의 재능을 지나치게 자랑하지 않아야 큰 잘못을 범하지 않는다는 취지를 담고 있다. 일찍이 청대 말기의 명재상 증국번은 이같이 말한 바 있다.

"높은 자리에 오르지 않고, 큰 명성을 얻지 않으면 재앙과 비난을 비켜갈 수 있다."

이종오가 '매사에 퇴로를 만들어놓아야 한다'고 언급한 것과 취지를 같이한다. 역사상 퇴로에 관한 일화 중 가장 유명한 것으로 '교토삼굴狡兎三窟'을 들 수 있다. 《사기》의 〈맹상군열전〉에 해당 일화가 나온다.

전국시대 말기 제나라 재상인 맹상군孟嘗君 전문田文의 식객 중에 풍환馮驩이라는 인물이 있었다. 《전국책》 〈제책〉 편에는 풍훤馮煖으로 되어 있다. 당시 맹상군의 휘하에는 3천 명의 식객이 있었다. 전국시대 당시 휘하에 이처럼 많은 식객을 둔 인물로 모두 네 명을 들 수 있다. 맹상군을 포함해 조나라의 평원군平原君, 위나라의 신릉군信陵君, 초나라의 춘신군春申君이 그들이다. 사람들은 이들을 '전국4공자'라 불렀다.

당시 맹상군이 천하의 선비들을 위해 지은 객사에는 크게 3개의 등급이 있었다. 1등 객사는 대사代舍였다. 맹상군을 대신해 모든 일을 처리할 수 있는 사람들이 묵는 곳이라는 뜻이다. 이곳에 묵는 사람들은 상객上客의 대우를 받았다. 상객은 식사 때면 고기반찬을 먹고 출타할 때는 가마를 탔다. 이들 상객은 흔히 거객車客으로 불렸다. 2등 객사는 행사幸舍였다. 이곳에 머무는 사람들에게는 다행히 모든 일을 맡길 수 있다는 뜻이다. 이들은 중객中客의 대우를 받았다. 중객은 식사 때는 고기반찬을 먹지만 출타할 때는 가마를 타지 않고 걸어 다녔다. 이들 중객은 흔히 어객魚客으로 불렸다. 가장 낮은 3등 객사는 전사傳舍였다. 그저 심부름이나 시킬 수 있다는 뜻이다. 밥이나 얻어먹는 축에 속하는 이들은 하객下客의 대우를 받았는데, 흔히 반객飯客으로 불렸다.

맹상군은 풍환을 대단치 않게 여겨 그를 3등 객사인 전사에 머물게 했다. 풍환은 가진 것은 아무것도 없고 오직 칼 한 자루만 있었다. 그는 이 칼을 '장협長鋏'이라 칭하며 늘 허리에 차고 지냈다. 하루는 풍환이 기둥에 기대어 칼을 두드리며 이같이 읊조렸다.

"장협아, 돌아가자꾸나. 식사 때 생선 하나 없구나."

좌우에서 이를 고하자 맹상군이 2등 객사로 보내주었다. 얼마 후 풍환이 다시 칼을 두드리며 수레가 없다고 투덜대자 맹상군이 그를 1등 객사로 보내주었다. 식객들은 풍환을 탐욕스런 자로 여기며 아주 미워했다.

당시 맹상군은 지금의 산동성 동남부에 있는 설薛 땅의 수입만으로는 그 많은 문객들을 모두 먹여 살릴 도리가 없었다. 이에 수입의 일부를 설 땅 사람에게 빌려주고 그 이자를 받아 비용에 충당했다. 일종의 고리대금업을 한 셈이었다.

그러나 가난한 백성들을 대상으로 했기에 이자가 제대로 걷힐 리 없었다. 하루는 맹상군이 식객 중 한 사람을 보내 이자를 독촉코자 했다. 이때 1년 동안 무위도식하던 풍환이 자청했다. 그는 출발에 앞서 맹상군에게 물었다.

"빚을 받고 나면 무엇을 사올까요?"

"우리 집에 부족해 보이는 것으로 하시오."

풍환이 수레를 몰아 설 땅으로 간 뒤 곧 관원을 시켜 백성 중에 빚이 있는 자들을 불러놓고 빚의 내용이 맞는지를 확인하게 했다. 설 땅의 백성들이 이자를 갚기 위해 가지고 온 돈은 모두 10만 금에 달했다. 풍환은 곧 그 돈으로 주육酒肉을 준비시킨 뒤 거리에 큼지막한 공문을 붙였다.

'맹상군의 곡식이나 돈을 빌려 쓴 자는 그 이자를 갚았거나 갚지 못했거나 상관없이 빠짐없이 부중으로 와 차용증서를 보이고 변변찮은 주육이나마 먹고 가기 바란다.'

이튿날 백성들이 차용증서를 들고 부중으로 몰려들었다. 풍환은 대조를 마치자 곧바로 좌우에 명했다.

"맹상군이 돈과 곡식을 빌려준 것은 이자를 받기 위해서가 아니라 가난한 사람들의 살림을 도와주기 위한 것이었다. 그러니 어찌 이자를 받을 수 있겠는가. 지금까지의 모든 빚을 모두 탕감하고 차용증서를 모두 소각하라는 명이 있었다. 그대들은 맹상군의 높은 뜻과 은덕을 잊지 말라."

그리고는 뜰에 피워놓은 정료庭燎에 이들 차용증서를 몽땅 털어 넣어 일거에 불살라버렸다. 부중에 모인 백성들이 모두 환호하며 만세를 불렀다.

곧 제나라로 돌아온 풍환은 도착하자마자 새벽에 맹상군에게 배견을 청했다. 맹상군은 그가 너무 빨리 돌아온 것을 의아하게 생각했다.

"어찌하여 이토록 빨리 돌아온 것이오. 이자는 다 받아왔소?"

"모두 받아왔습니다."

"그래 무엇을 사가지고 왔소?"

"지금 군에게 부족한 것은 은혜와 의리입니다. 차용증서를 불살라 돈 주고 사기 힘든 은혜와 의리를 사가지고 왔습니다."

맹상군은 늘 경비 조달에 애를 먹는 상황이어서 속으로는 크게 화가 났으나 이미 엎질러진 물인 까닭에 굳이 내색하지는 않았다.

"좋소. 선생은 가서 쉬도록 하시오."

이로부터 1년 뒤 맹상군은 새로 즉위한 제나라 민왕의 미움을 받아 재상직에서 물러나게 됐다. 그러자 3천 명의 식객 모두 뿔뿔이 떠나버렸다. 이때 맹상군 곁에 유일하게 남아 있던 풍환이 맹상군에게 잠시 설 땅에 가서 살 것을 권유했다. 맹상군이 설 땅에 나타나자 백성들이 환호하며 맞이했다. 탄복한 맹상군이 풍환에게 사례했다.

"선생이 은혜와 의리를 샀다고 했던 말뜻을 이제야 겨우 깨달았소."

풍환이 말했다.

"교활한 토끼는 구멍을 3개나 뚫습니다. 지금 군은 겨우 1개의 굴을 뚫었을 뿐입니다. 아직 베개를 높이 베고 잘 상황은 아닙니다. 군을 위해 나머지 2개의 굴도 마저 뚫어드리겠습니다."

그러고는 곧 위나라 혜왕을 찾아가 맹상군을 재상으로 발탁하면 부강한 나라를 만들어 제나라를 견제할 수 있다고 설득했다. 이에 위 혜왕이 귀중한 예물을 보내 세 번이나 맹상군을 불렀지만 맹상군은 이에 응하지 않았다. 왜냐하면 풍환이 응하지 말 것을 권했기 때문이다. 이 소식을 들은 제 민왕이 곧 맹상군에게 사자를 보내 사과하고 그를 다시 재상의 자리에 복직시켜주었다. 이로써 두 번째의 굴이 완성된 셈이었다.

풍환은 이내 제 민왕을 찾아가 설 땅에 제나라 선대의 종묘를 세우게 만들어 선왕 때부터 전승되어온 제기祭器를 종묘에 바치도록 했다. 종묘가 맹상군의 영지인 설 땅에 있는 한 제 민왕이 함부로 대하지 못할 것이라는 계산에서 나온 책략이었다. 제 민왕이 이를 수락하자 풍환이 맹상군에게 말했다.

"이로써 3개의 구멍이 모두 완성됐습니다. 이제 군은 편히 잠을 잘 수 있습니다."

맹상군은 풍환 덕분에 죽을 때까지 화를 입지 않았다. 풍환이 마련해준 교토삼굴 덕분이다. 이 일화는 한 치 앞도 제대로 헤아리기 어려운 난세의 시기에는 미리 여러 상황에 대비한 준비를 해야 한다는 취지를 담고 있다. 사실 교토삼굴을 굳이 언급하지 않더라도 매사에 완벽한 준비를 해둬야 뜻하지 않은 불행을 미연에 막거나 최소화할 수 있다. 유비무환有備無患이라는 성어가 바로 이를 의미한다.

| 02 |

공貢
반룡부봉하되 역린을 조심하라

'공貢' 자는 사천의 속어로 권세에 빌붙는다는 북경 표준어 '찬영鑽營'의 '찬' 자와 같다. 관직을 구하려면 권세에 빌붙어야 한다는 것쯤은 모든 사람들이 알고 있다. 그러나 그 정의를 내리기가 쉽지 않다. 이를 두고 어떤 사람이 "기본 취지는 구멍이 있으면 반드시 비집고 들어가야 한다는 것이다"라고 말해 내가 다음과 같이 반박했다.

"틀렸소. 단지 절반만 언급했을 뿐이오. 만일 구멍이 있어야 겨우 비집고 들어갈 수 있다면 구멍이 없을 경우는 어쩔 도리가 없다는 말이오?"

내가 내린 정의는 다음과 같다.

"구멍이 있으면 반드시 비집고 들어가고, 구멍이 없으면 뚫어서라도 들어가야 한다. 구멍이 있는 자는 그것을 확대하고 구멍이 없는 자는 송곳을 꺼내 새로 구멍을 뚫어야 하는 법이다."

이종오가 말한 '공貢' 자 비결은 중국 전래의 반룡부봉攀龍附鳳을 말한 것이다. 이는 용의 비늘을 휘어잡고 봉황의 날개에 붙었다는 뜻으로,

훌륭한 사람에 붙어 출세하는 것을 의미한다. 이는 긍정적인 의미로 사용된 것이다. 《세조실록》에는 세조 5년 5월 문과에 급제한 고태정이 올린 상소의 전문이 실려 있다. 여기에 이런 구절이 나온다.

"외람되게 분수에 어긋난 선발에 참여해 반룡부봉하게 되었고, 또한 서열을 가리지 않고 탁용되는 은혜를 입었습니다."

동양 전래의 치도治道에서는 2인자 리더십인 신도臣道를 결코 1인자 리더십인 군도君道보다 낮게 평가한 적이 없다. 신도는 기본적으로 군도에 대한 보필을 사명으로 삼고 있는 까닭에 여러 면에서 군도와 유사하면서도 역할상의 차이점을 지니고 있다. 이는 군주와 신하의 의리와 역할이 다르다는 소위 '군신지의君臣之義'의 논리와 천하는 군신이 함께 다스린다는 '군신공치君臣共治'의 논리를 공히 반영한 결과다. 공자가 《논어》에서 군주는 군주다워야 하고 신하는 신하다워야 한다며 '군군신신君君臣臣'을 역설한 것은 바로 이 때문이다.

이는 가족의 경우를 보면 쉽게 알 수 있다. 부도父道와 모도母道가 다를 리 없다. 군도는 부도, 신도는 모도에 해당한다. 어느 게 더 낫다고 말하기 어렵다. 방법론만 다를 뿐이다. 어떤 면에서는 모도가 부도보다 낫다. 편모 밑에서는 훌륭한 장상이 많이 나왔지만, 편부 밑에서는 그런 경우가 매우 희귀한 게 그 증거다. 이종오가 《후흑학》에서 '공처가 철학'을 논한 것도 바로 이 때문이다.

이종오가 공처가 철학에서 강조한 것은 용봉을 조종해 자신의 계책을 관철시키는 신도와 모도의 중요성을 언급하기 위함이었다. 역사를 개관할 때 대개 남편을 엄처시하嚴妻侍下의 공처가로 만드는 여인 중에는 뛰어난 여인이 적지 않다.

이종오는 300년간에 걸친 남북조시대를 종결하고 천하를 재차 통일한 수 문제를 대표적인 공처가로 들었다. 공처가 철학에 따르면, 하루는 독고獨孤 황후가 화를 내자 수 문제는 이를 매우 두려워하여 산속으로 들어가 이틀 동안이나 숨어 있었다. 그는 대신인 양소楊素 등이 황후를 설득한 후에야 겨우 황궁으로 돌아올 수 있었다. 이종오는 말한다.

"아내를 보며 쥐처럼 굴고 적을 보면 호랑이처럼 굴라."

이종오는 당 태종을 보필한 당대의 명신 방현령房玄齡도 공처가로 꼽았다. 항상 아내의 박해를 받았으나 속수무책이었던 방현령은 천자인 당 태종이 마누라를 제압해줄 수 있을 것으로 생각해 하루는 태종에게 자신의 괴로움을 하소연했다. 그러자 태종이 말했다.

"경의 부인을 불러주시오. 내가 처리해줄 터이니."

그러나 태종은 방현령의 부인을 만나 그녀의 몇 마디에 곧 말문이 막혀 입을 다물어버리고 말았다. 그는 몰래 방현령을 불러 조용히 말했다.

"경의 부인은 보기만 해도 무서우니 이후 그녀의 말을 잘 따르는 것이 상책일 듯싶소."

남북조 때 동진의 권신인 왕도王導와 사안謝安도 공처가들이다. 왕도는 재상으로 있으면서 청담회淸談會의 수장 노릇을 하고 있었다. 하루는 그가 작은 깃털을 손에 들고 의장석에 앉아서 흥미진진하게 이야기를 나누고 있는데 갑자기 누군가가 이런 말을 전했다.

"마님이 오십니다."

그러자 그는 급히 소달구지에 올라타 마중을 나갔다. 그는 체면도 아랑곳하지 않고 허둥대며 어쩔 줄을 몰라 했다. 그럼에도 불구하고 그는 조정에서 가장 공이 컸고 천자로부터 '구석九錫'을 하사받는 등 가장 큰 은총을 입었다. 구석은 천자가 특별한 공로가 있는 사람에게 내리는 아홉 가지 물품을 말한다. 이를 받는 신하는 여타 신하들과 구별되어 사직지신社稷之臣에 해당하는 신하라는 칭송을 받았다.

전진前秦의 부견符堅이 100만의 대군을 이끌고 동진으로 쳐들어왔을 때 사안은 별장에서 바둑을 두며 눈 하나 깜짝하지 않고 부견을 죽이고 전진의 군사를 대파했다. 이종오의 주장에 따르면 이 또한 공처가 철학의 비결에서 나온 것이다. 다음은 이에 대한 이종오의 해석이다.

"당시 사안은 엄처시하에서 호된 훈련을 받고 태산이 무너지는 상황에서도 얼굴색 하나 변하지 않는 자세를 길렀다. 이와 같은 그에게 어찌 부견이 적수가 될 수 있었겠는가?"

이종오는 외적이 침입했을 때 공처가 철학을 배운 사람이 어떻게 외적에 대항할 수 있느냐는 질문에 이같이 반박했다.

"명나라 때의 명장인 척계광戚繼光은 대표적인 공처가이다. 하루는 화가 나서 '그까짓 마누라가 뭐가 무섭단 말인가'라고 큰 소리를 치면서 전 군대를 소집하라고 명령했다. 이어 사람을 시켜 부인을 불러오게 했다. 군법으로 위엄을 보일 속셈이었다. 그런데 그의 부인이 나오면서 '무슨 일로 나를 불렀냐'고 소리치자 그는 그만 당황한 나머지 땅에 엎드려 '열병식에 참여하라고 부인을 불렀소'라고 말하고 말았다."

척계광은 군법을 매우 엄히 적용해 군령을 어긴 아들을 참수시킨 인물이다. 그는 이 일로 인해 부인이 자신을 찾아와 한바탕 소란을 떨자 스스로 자신의 처사가 이치에 닿지 않았다는 생각이 들면서 말문이 막혀버렸다. 그 후 그는 자연스럽게 공처가가 되었다. 이후 왜구가 쳐들어왔을 때 그는 조금도 두려워하지 않고 왜구를 맞아 싸워 대승을 거뒀다. 왜군이 두려웠지만 아내보다는 덜 무섭게 느껴져 과감하게 출전할 수 있었다는 게 이종오의 해석이다.

이종오는 역사적 사실을 통해 아내를 두려워해야 하는 당위성을 증명한 셈이다. 그의 주장에 따르면 부인을 두려워하는 정도에 따라 관직이 정비례한다. 관직이 높을수록 아내를 두려워하는 정도가 심하다는 것이다. 군도를 부도, 신도를 모도로 바꿔 생각하면 그의 이런 주장이 결코 틀린 말이 아니라는 것을 쉽게 알 수 있다.

뛰어난 군주는 신하의 간언과 충언을 널리 받아들인다. 현명한 남편이 자녀의 양육 문제를 포함해 집안의 대소사를 아내에게 맡기고 바깥일에 충실한 것과 같다. 매사에 아내를 윽박지르는 못난 남편은 독선에 빠져 신하들의 간언을 무시하는 암군과 닮았다. '공처'의 수준에 따라 관직의 높낮이가 달랐다는 이종오의 주장이 결코 허언이 아님을 알 수 있다.

크게 보아 용봉이 무대 위에서 화려한 조명을 받는 주인공이라면 반룡부봉은 무대감독에 비유할 수 있다. 무대감독의 말을 좇지 않으면 아무리 뛰어난 능력을 지닌 배우일지라도 무대 위에서 제대로 연기할 길이 없다. 2인자 리더십을 모르면 1인자 리더십을 구사하기도 어렵다는 얘기와 통한다. 실제로 아이아코카나 잭 웰치 등도 2인자 리더십을 터득한 뒤 비로소 뛰어난 1인자 리더십을 구사할 수 있었다. 소니의 하청업체에서 시작한 삼성을 세계 전자업계의 정상에 올려놓은 이건희 삼성그룹 회장의 경우도 크게 다르지 않다. 그는 젊었을 때 1인자인 부친 밑에서 혹독한 2인자 수업을 받았다. 이런 과정이 없었다면 결코 오늘의 삼성도 없었을 것이다.

삼남인 그가 후계자가 된 것도 이와 무관치 않다. 1인자의 역린(逆鱗; 거꾸로 박힌 비늘)을 건드리지 않았다는 말이다. 역린을 건드린다는 것은 주군의 뜻과 심기에 거슬리는 것을 말한다. 실제로 삼성가의 장남과 차남은 모두 부친의 '역린'에 걸려 낙마했다. 《한비자》의 〈세난〉 편은 역린의 위험을 이같이 설명해놓았다.

> 용은 상냥한 짐승이다. 가까이 길들이면 능히 그 위에 올라탈 수 있다. 그러나 용의 턱 밑에는 지름이 한 자나 되는 비늘이 거슬러서 난 게 있다. 이것을 건드리면 용은 그 사람을 반드시 죽여버리고 만다. 모든 군주에게는 이런 역린이 있다.

군주의 노여움을 뜻하는 역린이라는 말은 바로 여기에서 나왔다. 용봉으로 상징되는 군도는 만인 위에서 치국평천하의 논리를 펼치는 까닭에 역린의 위험이 없다. 거칠 게 없는 만큼 그 기상이 웅혼하다. 반룡부봉의 신도는 스스로의 힘으로 하늘을 날아다니는 게 아닌 까닭에 일종의 무임승차에 가깝다. 한비자는 무임승차에 따른 위험을 역린으로 표현한 것이다.

반룡부봉은 이처럼 용봉에 올라타 조종하는 2인자 리더십의 정수를 뜻하는 것임에도 불구하고 오랫동안 역린 등으로 인해 부정적인 의미로 사용되는 경우가 더 많았다. 대표적인 인물이 전한 제국 말기에 신新나라를 세운 왕망王莽이다. 사가들은 기만적인 수법으로 반룡부봉하여 군권을 장악한 뒤 전한 제국을 무너뜨리고 참람하게 새 왕조를 세운 점을 논거로 그를 부정적인 인물로 평가하고 있다.

당초 한 선제宣帝는 증조부인 한 무제의 실수로 인해 조부인 황태자 유거가 비명에 횡사하는 바람에 여자 죄수의 젖을 먹고 크는 등 기구한 세월을 보냈다. 그는 보위에 오른 뒤 태자 유석劉奭이 왕도를 고식적으로 추구하는 것을 보고 크게 우려했다. 태자가 왕도에 입각한 천하 경영을 강권할 때마다 그는 이같이 일갈했다.

"속유(俗儒: 속된 선비)는 세상 물정을 모른다. 패도와 왕도는 섞어 써야 한다."

한 선제는 민간에서 성장하면서 악당과 도둑, 변절자 등이 횡행하고 있다는 사실을 무수히 목도했다. 도중에 협객을 흉내 내 각지를 돌아다닌 일도 있어 세상을 보는 그의 식견은 남달랐다. 그가 볼 때 서민이 가장 절실히 바라는 것은 민생과 치안이었다. 그가 법가 계통의 관리를 대거 발탁한 이유가 여기에 있다. 그러나 유가의 왕도 사상에 심취한 태자 유석은 이게 불만이었다. 하루는 태자 유석이 유가 관원을 많이 발탁할 것을 권하자 한 선제는 크게 화를 내며 이같이 탄식했다.

"장차 우리 한실을 어지럽힐 자는 태자인가!"

한 선제 사후 유석이 한 원제로 즉위했다. 그는 부황의 우려대로 지나치게 이상적이었다. 《주례》에 천자 7묘로 되어 있는데도 9묘가 행해진 것을 두고 어느 묘당을 폐지할 것인가 격렬한 논란이 생긴 것만 보아도 알 수 있는 일이다.

한 원제의 황후 이름은 왕정군王政君이었다. 감로 원년(기원전 53) 18세의 나이로 입궁한 왕정군은 이후 83세까지 살았다. 이는 중국 역대 황후 중 최장수에 해당한다. 그녀는 평생 일곱 명의 황제를 겪었고, 다섯 명의 황제가 죽는 것을 곁에서 지켜봤다. 조카인 왕망이 유씨 왕조를 뒤엎고 왕씨 왕조를 세우는 것까지 목도했다. 그녀는 왕망이 신나라를 창업한 지 5년 뒤에 눈을 감았다.

한 원제가 죽고 왕정군의 아들이 한 성제로 즉위할 당시 태후의 친정인 왕씨 가문은 황실과 비교해도 거의 뒤지지 않을 정도로 부와 권력을 향유했다. 그러나 단 한 사람만이 이 대열에서 빠져 있었다. 바로 왕망이었다. 그의 부친 왕만王曼은 왕정군의 배다른 오빠로 젊은 나이에 죽었다. 왕망의 4촌 형제들은 열후의 자제가 되어 관직이 높이 올랐지만, 왕망의 집안은 왕만의 요절로 인해 오히려 하루 끼니를 걱정해야 할 정도로 가세가 기울었다.

그러나 왕망은 좌절하지 않고 겸손하고 부지런한 모습을 보이며 이름난 선비를 스승으로 찾아가 경서를 배웠다. 혼자 된 형수를 성심으로 대하고, 조카를 가르치는 데도 소홀하지 않았다. 양삭 3년(기원전 22), 백부 왕풍이 병으로 눕게 되자 왕망이 정성껏 시중을 들었다. 몇 달 동안 옷깃도 풀지 않은 채 친자식보다 더 정성으로 모셨다. 크게 감동한 왕풍이 죽기 전에 동복동생 왕정군과 생질인 한 성제에게 왕망의 관직을 부탁했다. 이에 왕망은 처음으로 관직을 받아 황문랑黃門郎이 되었다. 황제를 곁에서 시중하는 직책으로 비록 관품은 낮았으나 황제와 가까이 지낼 수 있는 중요한 자리였다. 얼마 후 한 성제는 그를 2천 석의 사성교위로 승진시켰다. 이때 그의 나이 24세였다.

몇 년 뒤 그의 명성은 더욱 높아져 당대의 명사가 모두 그를 칭송했다. 영시 원년(기원전 16) 왕망은 신도후新都侯에 봉해졌다. 벼슬도 높아져 기도위騎都尉 광록대부 시중이 되었다. 당시 그의 숙부 왕근王根은 대사마 표기장군의 자리에 오른 지 수년이 되었지만 병 때문에 몇 차례나 퇴직하고자 했다. 왕망의 고종사촌 순우장은 9경 중 우두머리인 시중위위侍中衛尉로 있었다. 관품과 경력에서 왕망보다 앞서 있어 가장 유력한 왕근의 후임자로 꼽혔다. 그러나 그는 조비연을 황후의 자리에 앉히는 데 결정적인 공을 세워 정릉후에 봉해진 뒤 뇌물을 마구 받아먹고, 수많은 처첩을 두는 등 사치와 전횡을 일삼았다.

당시 허 황후는 복위할 요량으로 과부 언니 허미를 통해 순우장에게 온갖 궁중 사치품을 선물하며 교신했다. 순우장 역시 그녀에게 다시 좌

황후로 복귀할 방법이 있다고 거짓말을 하며 허미를 통해 계속 낯 뜨거운 편지를 보냈다. 왕망은 이 일을 자세히 알아본 뒤 왕근을 방문하는 기회를 이용해 보고를 올리면서 이같이 덧붙였다.

"순우장은 자신이 능히 대신해 직위를 맡을 수 있다고 여긴지라 이미 관직을 주겠다고 약조해놓은 자가 적지 않습니다."

대로한 왕근이 곧바로 이를 왕정군에게 알리자 왕정군도 화가 머리 끝까지 올라 곧 한 성제로 하여금 순우장을 파직하고 자신의 봉지로 돌려보내는 명을 내리게 했다. 그러자 순우장은 뇌물을 써 궁지를 빠져나오려다가 오히려 대역부도한 죄가 드러나 목이 달아났다. 왕망은 대의멸친大義滅親을 이뤘다는 칭송을 얻어 대사마가 되었다. 당시 38세였다.

수화 2년(기원전 7)에 한 성제가 병사했다. 그에게는 아들이 없었기 때문에 그의 뒤를 이어 한 원제의 측실인 부씨傅氏가 낳은 정도왕 유강의 아들 유흔劉欣이 한 애제哀帝로 즉위했다. 한 애제의 생모 정씨丁氏와 조모 부 태후가 새로운 외척 세력이 됐다. 왕망은 봉지로 돌아가 문을 걸어 잠그고 밖으로 나오지 않았다.

이러한 와중에 왕망의 차남 왕획이 노비를 죽이게 됐는데, 그는 무고한 목숨을 빼앗았다는 이유로 차남에게 자진을 명했다. 당시 주인은 노비의 생살권을 갖고 있었는데도 이런 일을 벌인 것이다. 사람들은 왕망을 성인聖人이라 칭송했다. 3년 동안 관리들은 왕망의 억울함을 알리는 상서를 수백 통이나 올렸다. 원수 원년(기원전 2) 한 애제는 다시 왕망을 장안으로 불렀다.

이듬해에 한 애제가 26세의 나이로 후사도 없이 병사했다. 부 태후와 정 태후도 이미 죽고 없었다. 왕정군은 그날로 옥새를 거두고 급히 왕망을 불렀다. 조정 회의 끝에 왕망이 대사마에 임명되었고, 9세인 중산왕 유간의 즉위가 결정됐다. 그가 바로 한 평제다. 왕정군이 섭정하면서 왕망에게 보정대신輔政大臣이 되어 집정케 했다.

왕망은 정씨와 부씨 외척을 장안에서 모조리 내쫓고 자신을 추종하는 사람들로 요직을 채웠다. 그의 딸이 황후가 되었다. 원시 5년(5)에 한 평제가 14세의 나이로 죽었다. 왕망이 독살했다는 얘기가 나돌았다. 한 평제는 후사를 남기지 않았다. 한 선제의 증손 항렬에는 다섯 명의 제후왕과 48명의 열후가 있었다. 왕망은 이들 모두 성인인 것을 꺼렸다. 2세의 젖먹이인 유영이 보위에 올랐다.

3년 뒤인 거섭 3년(8) 왕망이 마침내 천자의 자리에 올랐다. 왕망이 천명을 받았다는 상서로운 조짐이 곳곳에서 보고된 결과였다. 당시 궁중과 민간에서는 도참圖讖이 널리 받아들여지고 있었다. 그는 국호를 '신新'으로 했다. 이는 그가 신도후에 봉해진 데서 나온 것이다. '신'은 모든 것을 일신하겠다는 취지에도 부합했다.

오랫동안 이런 왕망에 대해 부정적인 견해가 주류를 이뤘다. 최근의 논저들도 그를 두고 기만적인 수단으로 정권을 찬탈한 간신으로 다루고 있다. 그러나 그 어떤 사서에도 왕망이 관직에 들어선 후 신나라 황제가 되기까지 31년의 긴 세월 동안 왕망을 반대했다는 기록이 전혀 나오고 있지 않은 점에 주목할 필요가 있다. 신나라의 패망은 건국 이후의 문제점들로 인한 것임을 반증하는 대목이다.

당시의 상황을 객관적으로 살펴보면 설령 왕망이 아닐지라도 민란이 일어나 왕조가 뒤집힐 상황이었다. 탈법과 부정 비리가 판을 치던 상황에서 그는 뇌물을 탐하지 않았고, 자신의 재산을 매번 부하들과 빈민에게 나눠 주었으며, 녹봉과 하사받은 상 등도 구제 활동에 쏟아부었다. 개인 생활 또한 청렴결백했다. 그는 결코 앞에서는 푸성귀를 먹으면서 뒤에서는 고기를 먹는 이중적인 인물이 아니었다.

설령 이것이 찬탈을 위한 거짓 행보였다고 할지라도 크게 탓할 일이 아니다. 당시 위정자들이 이처럼 엄청난 대가를 치르면서 위선적인 삶을 살고자 했다면 최소한 탐관오리보다는 나았을 터이니 말이다. 당시 그의 행보는 확실히 칭송을 받을 만했다.

실제로 즉위 전후로 그가 실시한 여러 정책 모두 백성들로부터 큰 지지를 받았다. 일례로 그는 자신의 재산을 기부해 장안에 이재민을 위한 주택을 대거 신축했다. 학자들을 위한 집도 1만여 채 세운 뒤 전국에서 수천 명의 인재를 그러모았다. 그간 사라진 것으로 알려진 고문 경전이 다시 복간되고 천문과 역법, 음률 등이 정리된 것은 전적으로 그의 공이었다. 그가 지식인과 서민을 막론하고 모든 사람들로부터 성인이라는 소리를 들은 것은 당연했다. 하지만 신나라가 불과 15년 만에 무너지자 사가들은 왕망을 신랄히 비판했다. 현재에 이르기까지 2천 년 넘게 신나라 건국이 부정적인 의미의 반룡부봉의 결과로 평가받는 이유가 여기에 있는 것이다.

당 현종 때 이림보李林甫도 부정적인 의미의 반룡부봉을 행한 대표적인 인물로 꼽히고 있다. 통상 당 제국의 300년 역사는 소위 '안사지란安史之亂'을 계선으로 전기와 후기로 나뉜다. 전기는 번성기, 후기는 패망기다. 당 고조 이연은 아들 이세민과 함께 10여 년의 시간을 들여 통일 대업을 이룩했다. 현무지변玄武之變을 거쳐 등극한 당 태종 이세민은 뛰어난 신하들을 곁에 두고 제국을 다스려 마침내 역사상 가장 위대한 치세 중 하나로 꼽히는 정관지치貞觀之治를 구가할 수 있었다.

측천무후의 집권기를 거쳐 당 현종 때에 또다시 개원지치開元之治의 성세가 나타났다. 그러나 양귀비의 비극적인 죽음이 시사하듯이 개원지치는 쇠망의 조짐이 불거진 시기이기도 했다. 안녹산 등에 의한 반란 때문이다. 이후 당 제국은 당쟁과 환관 정권, 농민 봉기로 인해 내리막길로 치닫기 시작했다. 마침내 황소의 난이 일어나자 일거에 무너지고 말았다.

원래 당 제국은 수나라의 멸망을 거울로 삼아 안으로는 중앙집권제를 확립하고 밖으로는 영토를 확장해 제국의 기틀을 튼튼히 했다. 균전제均田制, 조용조租庸調, 부병제府兵制의 실시와 과거제도의 확립으로 사회가 안정되고 경제가 융성했다. 정관지치와 개원지치가 등장한 배경이다. 그러나 당 현종 때 들어와 제국의 기본 틀에 커다란 균열이 나타나기 시작했다. 균전제의 경우 토지의 자유 매매를 어설프게 허용하는 바람에 현종 때에 이르러서는 대지주의 토지 겸병이 극심했다. 이 와중에 황제의 사치가 심해지고 이를 지탱하기 위한 세금과 요역이 날로 늘어나자 땅을 잃고 유랑하는 농민이 급증했다. 안사지란은 이런 모순이 폭발한 결과였다.

안사지란은 결국 9년 만에 진정됐으나 그 후유증은 컸다. 변방을 지키는 번진藩鎭 군벌 세력의 발호와 이민족의 침입, 환관의 횡포 등으로 인해 제국은 안정을 찾을 길이 없었다. 그 결과가 바로 황소의 난(875)으로 나타났다. 이 난 역시 9년 만에 평정되었으나 당 제국은 껍데기만 남게 됐고, 얼마 후 황소의 난을 진압하는 데 대공을 세운 절도사 주전충에 의해 907년에 당 제국은 멸망하고 말았다.

성세를 구가하던 당 제국이 패망으로 치닫게 된 근본 배경은 바로 개원지치의 이중성에 있었다. 후대 사가들은 오랫동안 양귀비에게 그 책임을 뒤집어씌웠다. 당쟁을 일삼으며 환관 정치를 초래한 사대부들을 비호할 속셈으로 애꿎은 여인을 악녀로 만든 셈이다.

원래 당 현종은 즉위 초 뛰어난 인재를 대거 발탁해 정치를 일신했다. 군사적으로도 강력한 절도사를 두어 동으로는 안동(安東: 요녕), 서로는 안서(安西: 신강성에서 중앙아시아), 남으로는 일남(日南: 베트남 북부), 북으로는 바이칼 호 일대에 이르는 지역을 다스렸다. 경제적으로도 호구가 증가하고 생산력이 지속적으로 발전해 번영과 풍요의 시대를 맞이했다.

당 현종은 즉위 초만 해도 사치스런 물건을 모아 궁궐 앞에서 불태울 만큼 검박한 생활을 했으나 재위 기간이 길어지고 재정이 풍부해지자 말년에는 안일과 쾌락에 빠지게 되었다. 결정적인 계기는 736년 사랑하던 무혜비武惠妃를 잃은 데 있었다. 무혜비는 측천무후의 일족이었다.

이때 무혜비 소생의 여덟 번째 아들인 수왕壽王 이모의 부인이 절세 미녀라는 소문이 있었다. 바로 양귀비였다. 양귀비는 미모도 빼어났지만 음악과 무용 등에도 뛰어났다. 당 현종은 양귀비를 후궁으로 삼기 위해 중신들의 반대에도 불구하고 그녀를 여도사女道士로 삼아 자신의 곁에 두고 아들에게는 다른 여자를 주었다. 양귀비는 6년 뒤 귀비로 책봉됐다.

당시 명문 귀족 출신인 이림보는 권귀權貴들과 가까웠을 뿐만 아니라 권귀의 부인들과도 매우 가까웠다. 이는 그가 베갯머리송사 풍조에 해당하는 소위 '침변풍枕邊風'을 교묘히 구사하게 된 배경이 되었다. 고금 동서를 막론하고 권력의 핵심부에 접근하는 데 권귀의 부인들만큼 확실한 통로는 없다. 이림보는 침변풍을 이용해 태자 자리를 둘러싼 궐내의 암투 상황을 파악해 출세의 사다리를 만들고자 했던 것이다. 나름대로 승부수를 던진 셈이다. 그는 무혜비가 총애를 받으면서 덩달아 그의 소생인 수왕과 성왕盛王도 크게 주목되고 있다는 소식을 듣고는 곧 은밀히 환관을 통해 무혜비를 부추기고 나섰다.

"원컨대 수왕을 모시고 만세의 계책을 세우고자 합니다."

태자 폐립을 추진해 수왕을 당 현종의 후사로 삼자고 꼬인 것이다. 크게 감격한 나머지 이림보와 손을 잡은 무혜비는 틈만 나면 당 현종 앞에서 이림보를 칭송했다.

당시 시중侍中 배광도의 부인은 측천무후의 조카인 무삼사의 딸이었다. 이림보는 은밀히 그녀에게도 추파를 던지며 사적인 통로를 구축했다. 배광도가 죽자 이림보는 그 뒤를 잇고자 했다. 무씨가 정부인 이림보를 거들자 당 현종의 총애를 입고 있던 환관 고력사가 적극 돕고 나섰다. 고력사는 원래 배씨 집안 출신이었다. 그러나 당 현종은 이미 한휴를 후임으로 내정해놓고 있었다. 이림보는 여기에 실망하지 않았다. 이미 다음 재상감으로는 그를 제외하고는 아무도 없을 지경이 되었기 때문이다.

이림보는 차츰 자신의 정적들을 제거하였는데, 고력사는 이림보의 전횡을 현종에게 간하였으나 도리어 현종의 노여움을 사게 되었다. 고력사는 매우 총명한 인물로 당 현종을 위해 모든 것을 바칠 정도로 충성스러웠다. 그러나 그 역시 이림보를 당해내지 못했다. 이후로 백관百官들은 이림보의 저택으로 찾아가 결재를 받는 형편이 되었다.

당시 당 현종은 모든 정무를 이림보에게 맡기고 후궁에 파묻혔다. 이림보는 당 현종의 신임을 배경으로 당대 최고의 권신으로 군림하면서 끝없이 욕심을 채워나갔다. 농촌에서는 균전제가 무너져 재정이 위협을 받게 되었고, 부병제도 무너져 군의 사기와 전투력이 현저히 약화됐다. 이림보는 국내 귀족 세력을 견제하기 위해 이민족이나 서민 출신을 절도사로 임명했다. 안녹산이 발탁된 이유가 여기에 있다. 당시 절도사는 중앙 조정의 통제력 약화로 말미암아 지방의 군사뿐만 아니라, 정치와 행정 일반에까지 영향력을 미치는 지방 군벌이었다. 그러나 이림보 사후 양귀비의 6촌 오빠 양국충이 재상이 되자 안녹산의 출세 가도에 도 제동이 걸렸다. 안녹산이 간신 양국충을 토벌한다는 명목으로 반란의 기치를 올린 이유다.

여기서 주목할 점은 당시 사람들이 이림보를 두고 입가에는 꿀을 바른 듯 언행이 부드러우나 뱃속에는 칼을 감춘 듯 음흉하기 짝이 없다는 의미로 구밀복검口蜜腹劍이라 칭했다는 점이다. 이는 이종오가 말한 후흑과 사뭇 닮아 있다. 그러나 후흑은 구국을 전제로 한 것인 데 반해 이림보의 구밀복검은 개인의 영달과 치부를 위한 것이란 점에서 천양지차가 있다. 아직도 많은 사람들이 왕망의 반룡부봉과 이림보의 반룡부봉을 똑같이 부정적인 의미로 해석하고 있으나, 왕망의 경우는 따로 떼어서 생각할 필요가 있다.

| 03 |

충沖
호언장담으로 기선을 제압하라

'충沖' 자는 보통 허풍 떤다는 의미의 '취우吹牛'를 뜻하는데 사천 방언으로는 충모각자沖帽殼子라고 한다. 허풍 떠는 재주는 두 종류가 있다. 말재주로 하는 것과 글재주로 하는 것이 그것이다. 말로 하는 것은 다시 일반적인 장소에서 하는 것과 상관 앞에서 하는 것으로 구별된다. 글로 할 때도 신문과 잡지를 이용할 때와 편지나 진술서를 이용할 경우로 나뉜다.

'취우'는 입김을 불어 소를 날려 보낸다는 뜻이다. 엄청난 허풍이다. 《삼국지연의》에서 제갈량이 구사한 공성계空城計가 바로 취우의 대표적인 실례에 해당한다. 《삼국지연의》의 거의 마지막 대목에 이르면 오장원에서 진몰한 제갈량이 산 사마의를 물리치는 장면이 나온다. 이는 《삼국지》〈촉서·제갈량전蜀書諸葛亮傳〉의 배송지 주에 인용된《촉기蜀記》의 내용을 그대로 인용한 것이다. 원래《촉기》의 이 기록은 믿을 만한 것이 못 된다. 정사《삼국지》와《자치통감》에 따르면 삼국시대 당시 공성계를 구사한 사람은 위나라 장수 문빙과 촉나라 장수 조자룡 두 사람밖에 없다. 《삼국지》〈위서·문빙전魏書文聘傳〉의 배송지 주에 인용된 《위략》은 문빙의 공성계를 이같이 기록해놓았다.

> 손권이 군사 5만 명으로 석양 땅을 방어하는 위장 문빙을 포위했을 때 마침 큰비가 내렸다. 문빙은 젖은 성채를 수리할 틈도 없었다. 문빙으로서는 어찌할 수 없는 사태가 벌어진 것이다. 그래서 그는 성내의 사람들에게 동요하지 말 것을 명하고 자신도 집으로 들어가 침소에 들었다. 손권은 이를 보고 책략이 있음에 틀림없다고 생각해 공격하기는커녕 포위를 풀고 철군했다.

나관중은 《삼국지》를 검토하면서 분명히 조운과 문빙의 공성계를 확인했을 것이다. 내심 제갈량도 공성계를 구사한 적이 있는지를 뒤지던 나관중은 마침 곽충의 《촉기》에 제갈량도 공성계를 이용했다는 기록이 있는 것을 보고 쾌재를 불렀을 가능성이 높다. 제갈량을 미화하기 위해서라면 사료라는 사료는 모두 인용한 나관중이 이를 그대로 놓아둘 리 만무했다.

제갈량이 과연 공성계를 구사했는지 여부에 대한 논란과 상관없이 공성계는 전장에서 흔히 사용되는 허장성세의 효용을 잘 보여주고 있다. 실제로 《36계》는 제32계에서 공성계를 매우 중요한 전술로 채택했다. 이는 말 그대로 비어 있고 과장된 형세로 소리를 내 적을 물리친다는 뜻이다. 《삼국지》와 《삼국지연의》에 공히 실려 있는 대표적인 공성계로는 역시 조자룡이 행한 공성계를 최고로 꼽을 수 있다.

《삼국지》〈촉서·조운전〉의 배송지 주에 인용된 《조운별전》은 당시 조자룡이 구사한 공성계를 아주 세밀하게 묘사해놓았다. 그러나 《삼국지연의》에서와 같이 조자룡이 필마단창으로 활짝 열려 있는 영채 앞에 나와 서 있었다는 서술은 나오지 않는다. 이는 나관중이 창작해낸 것이다.《조운별전》에는 영문을 활짝 열어놓은 뒤 창검을 눕히고 북소리 등을 내지 못하게 하는 소위 '언기식고偃旗息鼓'를 행했다는 기록만 나올 뿐이다.

나관중은 조운의 담략膽略을 부각시키기 위해 이런 장면을 덧붙여놓았는지 모르나 이는 일종의 사족에 지나지 않는다. 언기식고는 기본적으로 복병의 가능성을 강하게 암시함으로써 적의 판단을 흐려놓는 데 그 목적이 있는 것이다. 활짝 열려 있는 영문 앞에 필마단창으로 나와 서 있는 것은 오히려 적들로 하여금 공성계를 눈치채게 할 가능성이 높다. 더구나 당시 날이 어두워 얼굴을 식별할 수 없는 상황에서 조자룡이 필마단창으로 나와 있다고 한들 적들이 그가 조자룡인지 여부도 알아차리기도 힘들었을 것이다. 나관중의 사족은 오히려 조자룡의 공성계의 의미를 퇴색시켰다고 할 수 있다.

일설에는 춘추시대 중엽 정나라 대부 숙첨叔詹이 공성계를 구사해 초나라 대군을 물리쳤다는 애기가 있으나《춘추좌전》에는 그런 애기가 나오지 않는다. 다만 숙첨이 허장성세에 능했다는 것만은 확실하다. 춘추시대의 역사와 관련해《춘추좌전》과 쌍벽을 이루고 있는《국어國語》의〈진어晉語〉에 따르면 그는 허장성세로 정나라를 위기에서 구한 바 있다.

주 양왕 22년(기원전 630), 진 문공은 자신이 망명했을 때 정 문공이 자신을 예로써 대하지 않은 것을 잊지 않았다. 이에 조 공공共公이 변협駢脇; 갈비뼈가 하나로 붙은 통뼈)을 훔쳐보는 무례를 범한 것을 이유로 조나라를 토벌한 뒤 돌아오는 길에 같은 죄목을 내세워 정나라를 쳤다. 이때 정나라에 명하여 성가퀴성 위에 낮게 쌓은 담를 헐도록 했다. 그러자 정나라가 이름난 보옥을 진나라에 보내 강화를 청했다. 진 문공이 이를 거절하면서 이같이 제안했다.

"대부 숙첨을 보내면 내가 퇴병을 명하겠다."

숙첨이 이에 응하려 하자 정 문공이 그를 저지했다. 그러자 숙첨이 이같이 청했다.

"한 신하를 버려 나라의 백성들을 구제하고 나라를 전화戰禍에서 구해낼 수 있는데 군주는 어찌하여 신을 희생시키는 것을 애석히 여기는 것입니까?"

결국 정나라 사람들이 숙첨을 진 문공에게 보냈다. 그러자 진 문공이 그를 팽살토록 명했다. 이에 숙첨이 이같이 청했다.

"청컨대 신이 해야 할 말을 다한 뒤 죽여주기 바랍니다. 이는 간절히 바라는 바입니다."

진 문공이 이에 동의하자 숙첨이 이같이 말했다.

"하늘이 정나라에 재앙을 내려 우리 군주로 하여금 멋대로 조나라 군주가 변협을 훔쳐본 것과 같은 무례를 범하게 했습니다. 이는 예를 버리고 종친을 무시하는 처사였습니다. 제가 일찍이 간하기를, '이같이 해서는 안 된다. 진나라 공자는 재덕을 겸비했고 좌우의 인물 모두 나라의 재상이 될 만한 인물이다. 만일 장차 그가 귀국해 보위에 오르면 반드시 제후들의 존숭을 받을 것이다. 그리되면 정나라는 재난을 면치 못할 것이다'라고 했습니다. 이에 지금 정나라는 과연 멸망의 화를 입게 되었습니다. 재덕이 출중한 사람을 존숭하고, 앞으로 일어날 화난을 미리 억제하는 것이 밝은 지혜입니다. 제가 희생하여 군주를 속죄케 할 수 있다면 이는 충성입니다."

말을 마친 숙첨은 스스로 물이 펄펄 끓는 솥을 향해 걸어갔다. 이어

솥의 귀를 잡고 큰 소리로 이같이 말했다.

"앞으로 재주와 충성을 다하여 군주를 섬기려는 자들은 장차 나와 같은 꼴이 될 것이다!"

그러자 진 문공이 급히 명을 내려 그를 사면한 뒤 두터운 예로 대접해 귀국시키자 정 문공은 그를 장군으로 임명했다.

이상이 《국어》에 나오는 내용이다. 그가 일종의 허장성세로 나라를 구한 것만은 확실한 듯하다. 후대인들 중 누군가 이 내용에 착안해 숙첨이 공성계를 구사해 초나라 군사를 물리쳤다는 얘기를 만들어냈을 가능성이 높다.

원래 정나라처럼 약한 나라가 진나라나 초나라와 같은 강대국을 상대로 어떤 책략을 구사하기 위해서는 정교한 판세 분석이 전제되어야 한다. 이어 상대방의 약점과 심리를 정밀하게 파악한 뒤 대국 간의 갈등을 최대한 활용해 인내심을 갖고 현란하면서도 치밀한 줄다리기를 해야 한다. 그래야 간신히 위기를 벗어날 수 있다. 자신이 보유하고 있는 게 별로 없는 상태에서 상대방이 쥐고 있는 패가 어떤 것인지조차 제대로 가늠하지도 못한 채 허장성세만 계속할 경우 이는 자멸의 길로 나아가는 것이다.

《삼국지》를 보면 전투가 벌어질 때마다 자신들이 이끄는 군사의 숫자를 한없이 부풀리는 것을 알 수 있다. 적을 지레 겁먹게 만들려는 술책이다. 적벽대전 때 조조가 100만 대군을 동원했다고 떠벌인 게 그 증거다. 그러나 실제로 동원된 숫자는 20만~30만 명이었다. 일종의 허장성세를 행한 것이다. 그러나 적벽대전 당시 조조의 허장성세는 실패로 끝났다. 조조의 지나친 자만심 때문이었다.

그러나 원소와 하북의 패권을 놓고 건곤일척의 싸움을 벌인 관도대전 당시만 해도 조조는 매우 신중했다. 오히려 그는 원소의 허장성세를 꿰뚫어 싸움을 승리로 이끌 수 있었다. 당시 그의 책사 곽가는 조조가 원소에게 이길 수밖에 없는 열 가지 이유를 거론하면서 원소의 허장성세를 이같이 질타한 바 있다.

"원소는 허장성세만을 구사할 줄 알아 용병의 요체를 모릅니다. 그러나 장군은 적은 군사로써 대군을 이겨 용병이 신과 같고, 공의 군사가 모두 공을 믿고 적들은 공을 두려워하니 이는 군사 면에서 그를 이긴 것입니다."

유비도 함부로 허장성세를 드러냈다가 곤욕을 치른 바 있다. 이릉대전 당시 손권은 비록 육손을 내세워 유비의 군사를 대파하기는 했으나 유비가 복수전에 나설까 크게 우려했다. 이에 만일을 대비해 태사대부 정천을 촉한에 화해 사자로 보냈다. 촉한도 동오를 적으로 돌릴 경우 조조에게 협공을 당할 것을 우려해 태중대부 종위를 답례 사절로 보냈다. 이로써 동오와 촉한이 다시 왕래하기 시작했다.

당시 유비는 백제성에 머물고 있었다. 마침 위나라 군사가 대거 동오로 진공한다는 소식을 들은 그는 크게 기뻐했다. 이 틈을 타 동오를 협공해 원수를 갚고자 했던 것이었다. 그러나 지난번 싸움에서의 피해가 너무 커 또다시 동오로 진격할 상황이 아니었다. 이에 유비는 말로라도 육손을 겁주기 위해 다음과 같은 내용의 편지를 육손에게 보냈다.

"적이 이미 장강과 한수 일대에 있으니 나는 장차 다시 동쪽으로 내려갈까 한다. 그대는 능히 이리될 줄 생각이나 했는가?"

육손이 이 편지를 받아보고 속으로 웃었다. 유비의 허장성세가 너무 훤히 들여다보였기 때문이다. 그는 곧바로 다음과 같은 내용의 회신을 보냈다.

"서촉의 군사가 방금 전에 패하여 상처가 제대로 치유나 되었을지 걱정입니다. 다시 우리와 왕래를 재개한 마당에 스스로 보완하기에도 바쁠 터인데 어찌 군사력을 증강할 여가가 있겠습니까? 만일 이를 고려하지 않고 다시 요행히 살아 돌아간 패잔병이 또다시 먼 길을 온다면 이번에는 목숨을 부지할 길이 없을 것입니다!"

따끔한 충고였다. 유비는 자신의 속셈이 훤히 드러난 사실에 크게 화를 냈다. 그러나 달리 도리가 없었다. 더구나 마침 촉의 속방으로 있는 한가의 태수 황원이 반기를 들었기 때문에 '동오 공벌' 운운은 웃음거리에 지나지 않았다.

이처럼 허장성세는 주어진 상황과 구사 방법 등에 따라 전혀 다른 결과를 가져올 수밖에 없다. 나름대로 충분한 무력을 갖춰야만 허장성세의 수법이 효력을 발휘할 수 있는 것임은 말할 것도 없다.

허장성세가 절묘하게 맞아떨어진 경우가 있다. 제갈량은 북벌 당시 마속이 지키던 가정이 무너지자 몰래 철수할 때 허장성세를 이용했다. 먼저 일부 장수를 남겨두고 허장성세를 활용해 촉한의 대군이 그대로 주둔하고 있는 것처럼 꾸며 위나라 병사들의 추격을 저지토록 했다. 그 사이 군사들을 보내 검각劍閣의 산길을 수선해 촉병의 돌아갈 길을 정비케 하고, 비밀리에 영을 하달해 전 군사들로 하여금 몰래 철군토록 조치했다.

모택동은 국공 내전 당시 장개석을 능히 제압할 수 있다고 자신했다. 1946년 8월 6일 미국 여기자 안나 루이스 스트롱Anna Louise Strong과 가진 인터뷰에서 다음과 같이 말했다.

"일체의 반동파들은 모두 '지노호(紙老虎; 종이호랑이)'에 불과합니다. 내가 보기에 반동파는 일견 대단해 보이나 사실 그 역량은 별 볼일 없습니다. 장기적인 관점에서 보면 진정으로 강한 힘은 반동파에 속하는 것이 아니라 인민에게 속합니다."

지노호는 장개석이 이끄는 국민당 정부군을 지칭한 것이다. 그의 이런 말이 과연 타당한 것이었을까? 부분적으로만 타당했다. 현실적으로 국민당 정부군은 나름대로 상당한 무력을 보유하고 있었다. 이에 반해 홍군은 국민당 정부군을 일거에 제압할 만한 역량을 보유하지 못했다. 이는 중국 특유의 호언에 지나지 않았다.

그러나 그가 일단의 진실을 언급한 것 역시 사실이다. 당시 장개석군은 막강한 화력과 병력에도 불구하고 전략적인 실수로 인해 만주를 점차 상실하고 있었다. 이를 계기로 패배주의가 퍼져나가기 시작했다. 치명타였다. 결과적으로 허장성세의 호언이 진언眞言이 된 경우다.

상대방의 진언을 허장성세로 잘못 읽어 대세를 그르친 경우도 있다. 주은래가 모스크바에서 〈중소우호동맹 상호원조조약〉을 체결한 지 불과 5개월 만인 1950년 6월, 한반도에서는 전쟁이 터졌다. 미국의 응징은 전광석화와 같았다. 트루먼은 즉각 군대를 파견하는 한편, 대만에 있는 장개석 정권을 보호하기 위해 제7함대를 대만해협으로 이동시켰다. 주은래는 즉각 성명을 통해 제7함대의 이동을 '중국 영토에 대한 무력 침공'으로 비난했으나 트루먼은 이를 일축했다.

그해 9월 유엔군의 전격적인 인천상륙작전으로 북한군은 패주를 계속했다. 유엔군의 북진이 계속될 경우 만주가 전쟁터로 변할지도 모를 일이었다. 주은래가 중국의 외교부장 자격으로 포문을 열었다.

"중국은 절대로 외세의 침략을 용납할 수 없고, 이웃 나라가 무참하게 유린당하는 것을 좌시하지 않을 것이다."

그는 주중 인도 대사를 시켜 유엔군이 압록강까지 진격해올 경우 중국이 전쟁에 개입할 것이라는 경고를 미국 정부에 전하게 했다. 트루먼은 이것도 묵살했다. 내전이 끝난 지 얼마 안 된 중국이 허장성세의 엄포를 놓은 것으로 간주한 것이다. 그러나 이는 트루먼의 실수였다.

그해 11월 26일 주은래의 성명이 결코 허언이 아니었음이 증명됐다. 수많은 중국군이 한반도로 밀고 들어왔다. 이듬해인 1951년 1월 북한군과 중국군은 남한의 수도 서울을 다시 점령했다. 1·4후퇴가 빚어진 것이다. 이때 맥아더는 전세를 일거에 반전시킬 속셈으로 만주의 중국군 기지에 대한 공습을 트루먼에게 건의했다. 하지만 소련의 개입으로 인한 제3차 세계대전으로의 비화를 우려한 트루먼은 이를 거부했다. 유엔군이 재차 공세를 펴 가까스로 서울을 탈환하고, 곧이어 협상이 시작돼 휴전협정이 체결됐다. 이는 상대측의 엄포를 허장성세로 오독해 대세를 그르친 대표적인 사례로 꼽힌다.

허장성세는 군사와 외교 방면에서 자주 구사되는 술책이다. 기본적으로 막강한 무력이 뒷받침될 때 효과를 발휘할 수 있다. 그렇지 못할 경우 기껏해야 소위 '블러핑bluffing'으로 상대방을 일시적으로 속일 수 있을 뿐이다. 블러핑은 일시적으로 상대방으로 하여금 전면 승부로 착각하게 만들 수는 있다. 하지만 이를 계속해서 구사할 경우 오히려 자신의 허약한 패를 상대방에게 읽혀 낭패를 당할 소지가 크다. 드러내지 않고 실력을 키워야 하는 이유가 여기에 있다. 그게 바로 칼날의 빛을 칼집에 감추고 실력을 기르는 도광양회다. 세계 최빈국 중 하나였던 중국이 개혁개방 30년 만에 G2로 우뚝 선 비결이기도 하다.

이것이 중국인의 '허풍'이 지니고 있는 또 다른 모습이다. 중국인의 허풍은 그 연원이 깊을 뿐만 아니라 중국의 역사문화에 깊이 각인돼 있다. 이중톈易中天의《이중톈, 중국인을 말하다》(박경숙 옮김, 은행나무, 2008)에 따르면 중국인은 매우 이중적이다. 그의 주장에 의하면 중국인들은 강직한 듯 원만하고, 솔직한 듯 속물스러운 데가 있으며, 의심이 많으면서도 쉽게 믿기도 하고, 고지식하면서도 융통성이 있으며, 실리를 추구하면서도 정의감에 불타기도 하고, 예의를 따지면서도 공중도덕은 소홀히 하며, 근검절약을 강조하면서도 겉치레를 좋아하고, 그럭저럭 만족하면서도 일확천금을 꿈꾸며, 남의 흠을 들추기를 좋아하면서도 원만하게 수습을 잘한다는 것이다. 매사를 이분법적으로 나누기를 좋아하는 서양과 정반대의 모습이다.

중국인의 허풍은 '면자體面'와 불가분의 관계를 맺고 있다. 자부심이 강한 까닭에 허풍이 일상생활에 아무렇지도 않게 횡행한다. 이들의 허풍을 정면에서 반박하는 것은 곧 면자를 훼손하는 것에 해당한다. 중국 속담에 "군자는 10년 뒤에 복수해도 결코 늦지 않다"는 말이 있다. 오바마 정부의 빈 라덴 살해를 두고 '군자' 운운한 논평이 그 증거다. 월왕 구천이 그랬듯이 자부심이 강한 그들은 훼손된 자존심을 회복하기 위해 10년 동안 칼을 가는 것을 당연시한다.

중국의 역사를 개관하면 난세의 시기에는 예외 없이 수도 헤아릴 수 없는 군벌이 황제와 왕을 칭하며 우후죽순처럼 등장한다. 결국 힘 센 군벌이 천하를 통일할 때까지는 대소 군벌이 모두 황제와 왕을 칭하는 '허풍'이 난무할 수밖에 없다. 이때의 '허풍'은 결코 허풍으로 끝나지 않는다. 당장 사람들의 목숨을 좌지우지하는 사람은 해당 지역의 군벌이기 때문이다.

난세의 상황에서 가장 위험한 행위는 허풍이든 허풍이 아니든 윗사람을 거스르는 일이다. 모택동이 언급한 것처럼 설령 한 뙈기의 작은 지역을 손에 넣은 토황제土皇帝일지라도 해당 지역에서는 그야말로 지존이다. 그의 휘하에서 온갖 감투를 쓴 수많은 왕후장상 모두 지엄한 존재이다. 이들 모두 자신의 지엄한 위세가 무시당하는 것을 결코 용납지 않았다. 면자가 훼손되는 것으로 간주하기 때문이다. 이들의 '허풍'을 말 그대로 허풍으로 치부했다가는 당장 목이 잘리게 된다. 중국인들이 자신의 직접적인 이익과 관련된 것이 아니면 '오불관언吾不關焉'의 모습을 보이는 풍조도 이런 역사적 배경과 무관치 않다.

이종오가 허풍을 뜻하는 '충沖' 자 비결을 든 것은 바로 이 때문이다. 허풍이 그만큼 잘 통한다는 얘기다. 난세의 상황에서 더 잘 통한다. 1950년대 말의 대약진운동 당시 모택동은 7년 내에 영국을 따라잡겠다고 호언한 뒤 집단농장을 단위로 철강 증산 운동을 밀어붙였다. 황당한 건 제철소를 만들 생각은 하지 않고 흙벽돌로 만든 조악한 고로에서도 능히 질 좋은 철강을 만들 수 있다고 생각했던 점이다. 그 결과는 참담했다. 산의 나무가 불쏘시개용으로 남벌되는 바람에 전국의 산은 모두 민둥산이 됐고, 솥과 괭이 등을 녹여 만든 철은 철강이 아닌 쇳덩어리에 지나지 않았다. 농기구까지 헌납한 농민들은 농사를 지을 길이 없어 초근목피로 연명하다가 이내 추위가 닥치자 무수히 죽어나갔다. 그 숫자가 수천만 명에 달했다. 허풍의 전형적인 실패 사례가 아닐 수 없다.

그러나 이를 마냥 웃어넘길 수 없는 일이 이후에 빚어졌다. 등소평이 흑묘백묘론을 전개하며 개혁개방을 밀어붙인 결과 2010년 기준 철강 생산량에서 중국은 세계 1위를 차지했다. 취우의 실패를 면자의 심각한 훼손으로 생각해 수십 년에 걸쳐 도광양회를 행한 결과다. 중국인의 허풍을 대할 때 반드시 그들의 면자와 연결시켜 주의 깊게 해석해야 하는 이유가 여기에 있다.

| 04 |

봉捧
박수갈채로 자부심을 만족시켜라

'봉捧'은 무대의 배우에게 갈채를 보낸다는 뜻의 '봉장捧場'의 '봉'이다. 《삼국지연의》를 다룬 경극京劇에서 조조가 나타날 때 화흠華歆이 보여주는 거동이 좋은 예다.

이종오가 언급한 경극에서 화흠의 거동은 아부하는 모습을 지칭한 것이다. 그러나 사실 화흠은 조조의 치세 때 순욱의 뒤를 이어 상서령이 된 이후 문제 조비와 명제 조예를 섬기면서 3대에 걸쳐 위나라의 사직지신으로 활약한 인물이다. 《삼국지》는 그가 매우 근검하고 충직한 모습을 보였다고 기록해놓았다. 경극은 나관중의 《삼국지연의》에 기초해 있다. 유비를 정통으로 삼아 조조를 천하의 간웅으로 묘사한 결과 화흠 역시 조조에 아부하는 인물로 묘사해놓은 것이다. 우리나라의 판소리 〈적벽가〉에서 조조가 천하의 간웅으로 나오는 것과 맥을 같이한다.

이 세상에 자신을 칭찬하는 말을 듣기 싫어하는 사람은 없다. 최근의 연구 결과에 따르면 동물은 말할 것도 없고 식물도 칭찬에 민감하게 반응한다고 한다. 만물의 영장인 인간의 경우야 더 이상 말할 것도 없다. 이종오가 '봉棒' 자 비결을 든 것도 바로 이 때문이다.

최근 한 결혼정보회사의 설문 결과에 따르면 '맞선 자리에서 가장 많이 하는 거짓말은 무엇인가?'라는 질문에 남성의 31퍼센트, 여성의 33퍼센트가 '연락하겠다' 등 앞으로의 만남에 관한 거짓말을 가장 많이 하는 것으로 조사됐다. 또 '맞선 자리에서 이런 말 거짓말 같이 들린다?'라는 질문에는 남성의 35퍼센트가 '맞선은 처음이에요', 여성의 47퍼센트가 '전 여자 외모 안 봅니다'라는 말이 거짓말같다고 응답했다고 한다.

원래 적당한 칭찬조의 거짓말은 맞선 상대자의 기분을 좋게 만들어 대화 분위기를 상승시킬 수 있는 긍정적인 효과를 낸다. 물론 시도 때도 없이 칭찬조의 거짓말을 하는 것은 금물이다. 분위기에 어울리지 않는 지나친 거짓말과 지키지 못할 약속은 오히려 역효과를 낼 수 있다.

경영컨설턴트로 유명한 베스트셀러 작가 켄 블랜차드Ken Blanchard는 그의 저서 《칭찬은 고래도 춤을 추게 한다》(조천제 옮김, 21세기북스, 2003)에서 매사를 긍정적인 방향으로 유도하기 위해 칭찬을 적극 사용하라고 주문한 바 있다. 이는 범고래의 조련을 토대로 한 것이어서 매우 설득력이 있다. 원래 범고래는 화나면 무엇이든 닥치는 대로 잡아먹는 바다의 무법자로 알려져 있다. 이런 바다의 무법자를 조련할 수 있는 비결이 바로 칭찬에 있다는 것이다. 그 비결은 무엇일까? 의외로 간단하다.

먼저 물속에 줄을 걸어놓고 범고래가 그 위로 지나갈 때만 관심을 가져주고, 칭찬해주고 먹이를 준다. 줄 밑으로 지나갈 때는 책망하는 것이 아니라 관심을 다른 데로 돌린다. 이후 줄의 높이를 서서히 높여 가면 바다의 무법자도 마침내 많은 사람들에게 웃음을 줄 수 있는 놀라운 점프를 할 수 있게 된다. 저자는 이를 '고래 반응'으로 규정하면서 인간 사회에도 그대로 적용할 수 있다고 주장했다.

사실 가정과 직장에서 이 고래 반응을 사용하면 존경받는 남편과 아내, 능력 있는 비즈니스맨이 될 수 있다. 실천하기도 매우 쉽다. 첫째 신뢰를 쌓는다. 둘째 칭찬을 아낌없이 한다. 셋째 상대방이 실수를 저질렀을 때 모른 척하며 다른 쪽으로 화제를 돌린다. 이는 《한비자》가 역설하고 있는 군주에 대한 유세의 요체이기도 하다. 다음은 《한비자》의 〈세난〉편에 나오는 구절이다.

> 무릇 용이란 짐승은 길들여 탈 수 있다. 그러나 그 턱밑에 직경 한 자 정도의 역린이 있다. 만일 사람이 그것을 건드리면 반드시 그 사람을 죽이고 만다. 모든 군주에게는 역린이 있다. 유세하는 자가 능히 군주의 역린을 건드리지 않으면 가히 유세의 성공을 기할 수 있다.

유세하는 사람은 용의 역린을 건드리지 않을 정도의 수완을 부릴 수 있어야만 가히 용을 길들여 올라탈 수 있다고 주장한 것이다. 역린을 건드리지 않을 정도의 수완이란 구체적으로 무엇을 말하는 것일까? 바로 '칭송'이다. 윗사람을 칭송할 줄 모르는 사람은 아예 출세할 생각을 하지 않는 게 낫다.

원래 세상의 모든 사람은 칭찬에 약하다. 특히 윗자리에 앉아 있을 경우는 더욱 그렇다. 하물며 천하를 거머쥔 제왕의 경우는 어떻겠는가? 칭송이 먹히기 위해서는 먼저 신뢰 관계를 구축할 필요가 있다. 모든 인간관계가 그렇듯이 신뢰가 형성된 관계와 그렇지 않은 관계는 하늘과 땅만큼의 차이가 나기 때문이다. 신뢰 관계가 형성되지 않은 상황에서 칭송을 하면 그게 제대로 먹히지 않는 것은 말할 것도 없고, 오히려 '무슨 속셈으로 저러는가?' 하는 의심부터 사기 십상이다.

춘추전국시대부터 청대에 이르기까지 중국의 역대 왕조에서 소위 '엄당(閹黨: 환관의 당)'이 황제와 태후의 총애를 등에 업고 무소불위의 막강한 권력을 휘두른 이유가 여기에 있다. 《삼국지》에 나오는 후한 제국 때의 '십상시의 난'은 환관들이 주축이 됐으나, 명 제국 때의 경우는 환관 이외에도 내로라하는 사대부들이 엄당에 몸을 담았다. 조선의 경우에는 환관의 숫자도 적고 역할이 제한돼 있어 엄당이 행세할 여지가 없었으나, 중국처럼 거대한 나라의 경우에는 황제의 권한이 막강한 까닭에 황제를 가장 가까이서 시봉하는 환관의 위세가 그야말로 하늘을 찔렀다.

환관이 황제와 태후의 신임을 얻을 수 있는 결정적인 수단은 바로 칭송이었다. 그 어떤 황제와 태후일지라도 자신들의 곁에 그림자처럼 붙어 있으면서 극찬을 쏟아내는 그들을 미워하고 싶어도 미워할 수가 없었다. 명 제국 300년을 통틀어 가장 뛰어난 재상으로 일컬어지는 장거정張居正이 일련의 개혁 정책을 성사시킬 수 있었던 것도 바로 이들 엄당과 우호 관계를 유지했기에 가능했다.

예로부터 환관은 황제의 분신으로 여겨졌다. 따라서 엄당은 척당(戚黨: 외척의 당)과 달리 황제권을 남용하기는 했어도 이를 위협하지는 않았다. 제국 체제하의 통치 권력은 원래 황권皇權과 신권臣權이 상호 견제하는 구도로 짜여져 있었다. 한 무제가 유학만을 통치 이념으로 삼는다고 선포한 소위 '독존유술獨尊儒術'을 내건 이후 유가의 통치 사상 역시 이런 구도를 이론적으로 뒷받침하는 데 활용되었다.

따라서 엄당과 척당의 발호 모두 황제권을 바탕으로 한 것이지만 그

성격은 판이하게 다른 것이었다. 태후의 섭정을 기반으로 한 척당의 권력 장악은 어린 황제가 군림하는 한 계속 유지될 수 있었다. 나아가 어린 황제가 성년이 되기 전에 요사夭死할 경우에는 후임 황제를 지정할 수도 있었기 때문에 이론적으로 보면 계속 집권할 수 있는 계기를 스스로 만들어낼 수 있었다. 실제로 후한 제국 말기와 청 제국 말기에 이런 일이 빈발했다.

그러나 엄당의 경우는 달랐다. 엄당은 그 어느 시기를 막론하고 통치 권력에 개입할 근거가 없었다. 그들이 발호하는 것은 모두 황제권을 대행하거나 가장하는 것뿐이었다. 엄당이 척당과 달리 모든 것을 황제에게 기댈 수밖에 없었던 이유가 여기에 있다. 역설적으로 얘기하면 황제가 엄당을 신임하는 한 엄당만큼 황제의 장수를 간절하게 바라는 세력도 없었던 것이다. 새 황제가 자신들을 또다시 총애한다는 보장이 없기 때문이었다.

이를 두고 일부 학자는 정반대의 해석을 내리기도 한다. 척당의 권력 장악은 황제의 재위 기간을 한계로 할 수밖에 없는데 엄당의 경우는 이에 구애받지 않는다는 주장이 그것이다. 척당은 황제의 사망 이외에도 태후의 사망에 의해서도 큰 영향을 받으나 엄당은 황제가 어리지만 않으면 아무런 영향을 받지 않는다는 점을 논거로 들고 있다. 척당의 권력 장악은 한시적이며 변칙적인데 반해 엄당의 경우는 상시적이며 지속적이라는 것이다.

일견 그럴듯하나 이는 황권의 특성을 제대로 간파하지 못한 단견이다. 오히려 정반대로 해석하는 게 옳다. 척당의 발호는 제왕의 재위 기간에 구속받지 않는다. 태후의 섭정이 있기 때문이다. 유사시 얼마든지 어린 황제를 갈아치울 수 있다. 실제로 전한 제국 말기에 척당은 자신들의 세력을 유지하기 위해 성년이 되기 전에 어린 황제를 독살했다.

엄당의 한계는 환관들의 발호가 극심했던 명 제국의 경우를 보면 확연히 알 수 있다. 당시는 엄당의 전횡이 역대 어느 왕조보다도 극심했던 때였다. 그러나 하늘을 나는 새도 떨어뜨렸던 명대의 엄당 모두 대를 이어 통치 권력을 장악했던 적이 한 번도 없었다. 제아무리 막강한 힘을 보유했을지라도 자신들을 총애하는 황제가 신임을 거두거나 사망할 경우 일거에 몰락하고 말았다. 법제상으로는 말할 것도 없고 관행상으로도 엄당 자체가 통치 권력에 접근하는 것을 공식적으로 허용한 적은 단 한 번도 없었다. 청 제국 때도 다르지 않았다.

건륭제 때 최고의 권귀로 군림했던 화신和珅이 그 실례이다. 만주족 출신이기는 했으나 어릴 때 가세가 기울어 형편이 어려워지자 그는 직례총독 풍영렴馮英廉에게 가서 의탁하였고 18세에 그 손녀와 혼인하였다. 이후 금군의 삼등시위三等侍衛가 되어 건륭제를 호위하다가 능력을 인정받아 도통都統으로 승진했다.

26세 때인 건륭 40년(1775)은 화신의 앞날에 결정적인 변환점이 되었다. 이때 처음으로 건륭제를 직접 배견해 상주하면서 능력을 인정받게 되었기 때문이다. 하루는 이런 일이 있었다. 건륭제가 문득 외출하고자 했지만 가마를 덮는 황룡산개黃龍傘蓋가 제대로 준비되지 않자 화를 냈다.

"이는 누구의 잘못인가?"

황제가 화를 낸 것은 보통 일이 아니었다. 신하들이 사색이 되어 서로의 얼굴만 바라봤다. 이때 화신이 재치 있게도 《논어》의 〈계씨〉 편에 나오는 구절을 인용해 화답했다.

"담당자는 책임을 변명하지 않는 법입니다."

원래 〈계씨〉 편에는 다음과 같은 내용이 나온다. 하루는 노나라의 권신인 계씨가 장차 전유(顓臾: 노나라의 부용국)를 치려고 했다. 이때 계씨의 가신으로 있던 염유가 공자에게 이 사실을 알렸다.

"계씨가 전유에서 일을 벌이려고 합니다."

그러자 공자가 염유에게 말했다.

"구(求: 염유)야, 이는 네 잘못이 아니다. 저 전유는 우리 노나라 영역 안에 있으니 이는 우리의 사직지신인 셈이다. 그러니 어찌 이를 정벌할 수 있겠느냐?"

"계씨가 하고자 하는 것이지 가신인 제가 하려는 것이 아닙니다."

다시 공자가 말했다.

"구야, 나라가 위태로운 데도 붙잡지 못하고, 군주가 넘어지는 데도 부축하지 못한다면 장차 그런 사람을 어찌 보필하는 자로 삼을 수 있겠느냐? 또 네 말이 잘못되었다. 호시(虎兕: 호랑이와 들소)가 우리에서 뛰쳐나오고 구옥(龜玉: 거북 껍질과 옥. 보물을 상징)이 궤 속에서 망가지면 이는 누구의 잘못이겠느냐?"

"지금 전유를 취하지 않으면 훗날 반드시 후손들의 우환이 될 것입니다."

공자가 힐난했다.

"구야, 군자는 자신이 하고자 한다고 말하지 않고 굳이 변명하는 것을 미워한다."

원래 건륭제가 '이는 누구 잘못인가?'라고 물은 것은 통상적인 질문으로 《논어》의 〈계씨〉 편의 구절을 꼭 집어서 인용한 건 아니었다. 그럼에도 화신은 이를 〈계씨〉 편의 공자 말에 빗대어 화답을 한 것이다. 절묘한 화답이 아닐 수 없다. 당시 내심 탄복을 금치 못한 건륭제가 고개를 돌려 화신을 봤다. 기백이 있는 데다 태도 또한 의젓했다. 건륭제가 주위를 둘러보며 그를 칭찬했다.

"너희들 중 누가 이 말뜻을 알겠는가!"

그러고는 그의 출신 따위를 물어보면서 내친 김에 사서삼경 등의 내용에 대해서도 얘기를 나눴다. 화신은 원래 특별히 사서삼경을 공부한 것은 없음에도 태연히 이에 응했다. 화신의 학력은 비록 높지는 않았지만 건륭제는 그의 학식이 간단치 않음을 알게 됐다. 화신이 건륭제의 호감을 산 결정적인 배경이다.

그는 나름 뛰어난 재능을 지니고 있었다. 만주어와 몽골어는 물론, 중국어, 티베트어에도 능했다. 당시 청 제국의 황제는 어릴 때부터 이들 4개 국어에 능통해야만 했다. 백성의 대종을 이루는 중국인은 물론 라마교를 신봉하는 몽골인과 티베트인을 복속시키기 위한 최소한의 요건이기도 했다. 만주족 중 학문을 깊이 연마한 사람이 많지 않았지만 설령 그런 사람일지라도 화신처럼 4개 국어에 능통한 사람은 거의 없었다. 4개 국어로 된 국서國書를 능수능란하게 쓸 수 있는 그가 건륭제의 총애를 받은 것은 당연지사였다. 더구나 머리가 뛰어난 그는 이후 시의에 부합한 정책을 건의해 기대 이상의 성과를 내는 공을 세웠다.

32세 때인 건륭 46년(1781) 화신이 2품관인 호부상서에 제수된 후 이부상서, 병부상서, 형부상서, 국자감 교장 등을 두루 거친 뒤 사실상의 재상인 문화전대학사文和殿大學士 겸 군기대신이 된 배경이 여기에 있다. 이 와중에 화신은 자신의 능력과 건륭제의 총애를 믿고 지방 관원들에게 뇌물을 받아 챙겼다. 총독과 순무 등 지방 장관들은 혹여 비리가 적발되지나 않을까 우려해 거액을 바치며 그의 눈치를 살폈다.

그는 40대 때 사실상의 정승인 수석군기대신이 되었다. 건륭 54년

(1789)에는 자신의 아들이 건륭제의 막내딸과 혼인하면서 황제의 사돈이 됐다. 건륭 60년(1795) 건륭제가 조부인 강희제보다 더 오랫동안 보위에 앉아 있을 수 없다는 이유로 상황으로 물러나면서 아들 가경제가 즉위했다. 가경제는 누차 화신을 파직하려 하였으나 건륭제의 비호로 실패했다.

가경 4년(1799) 건륭제가 죽자 가경제는 곧바로 화신을 옭아 넣기 위해 술수를 부렸다. 먼저 국상을 책임지는 장의도감으로 삼았다가 곧바로 꼬투리를 잡아 파직시킨 뒤 20개의 죄목을 발표했다. 여기에는 후임 황제의 이름을 누설한 죄, 무엄하게 가마를 타고 궁에 들어온 죄, 건륭제가 병으로 누웠을 때 아무렇지도 않게 행동한 죄, 부정부패를 야기한 죄 등이 포함되어 있었다.

결국 그는 건륭제가 죽은 지 보름 만에 스스로 목을 매야만 했다. 당시 그의 나이 50세였다. 몰수한 화신의 재산은 9억 냥으로 청조 총예산의 12년 치를 훨씬 뛰어넘는 금액이었다. 청 제국이 청일전쟁에 패한 후 일본에 배상한 금액이 2억 냥인 점을 감안하면 그 규모가 어느 정도였는지를 대략 짐작할 수 있을 것이다. 당시 가경제가 이를 내탕금으로 쓰자 항간에 이런 말이 나돌았다.

"화신이 죽자 가경이 배불리 먹었다네!"

화신은 중국의 역대 왕조를 통틀어 가장 막강한 위세를 부린 엄당으로 불리고 있다. 이는 말할 것도 없이 건륭제의 지원이 있었기에 가능했다. 역대 왕조에 나타난 모든 엄당의 발호는 반드시 그 뒤에 황제가 있었다. 엄당과 황제를 분리해 엄당이 마치 황권과 대립하여 때에 따라서는 황권을 위협하는 척당과 같은 범주로 이해하는 것은 잘못이다. 엄당은 태생적으로 통치 권력을 독자적으로 장악할 수 있는 세력이 결코 아니었다.

그렇다면 죽는 순간까지 총기를 잃지 않아 천하의 명군으로 손꼽힌 건륭제는 왜 화신을 끝까지 신임한 것일까? 이에 대해서는 학자들의 견해가 엇갈린다. 엄당에 부정적인 대다수 학자들은 화신이 자신에게 불리한 상소문 따위를 미리 빼돌리고 조정의 모든 대신들을 모두 자신의 파당에 끌어들이는 등 술수를 부려 건륭제의 눈과 귀를 막은 점에 주목하고 있다. 그러나 이는 한쪽 면만을 본 것이다.

화신은 당 현종 때의 고력사와 마찬가지로 능력도 뛰어났지만 황제에게 모든 것을 바친 말 그대로 '황제의 남자'였다. 건륭제는 당 현종처럼 말년에 미색에 취해 정사를 그르치지도 않았다. 이는 화신이 그만큼 뛰어난 역량과 충성심을 발휘했음을 반증한다. 나아가 화신의 재산은 대부분 지방 총독과 순무 등 고관들로부터 받은 것으로 백성들의 재산을 편취한 게 아니었다. 물론 건륭제도 화신이 그토록 많은 재산을 축적했으리라고는 짐작하지 못했겠지만 이는 건륭제가 일정 부분 그의 수뢰 행위를 눈감아줬음을 시사한다.

종합적으로 볼 때 건륭제가 화신을 총애한 것은 단순히 그의 칭송에 귀가 멀었기 때문이 아니다. 청 제국의 통치에 매우 중요한 4개 국어에 능통한 화신의 능력을 높이 평가해 곁에 두었고, 화신은 명민한 머리와 타고난 재주를 최대한 발휘해 건륭제의 신임을 얻었으며, 고위 관원에 대한 인사권을 쥐게 되자 이를 기화로 재산을 긁어모은 것이다.

안드레 군더 프랑크Andre Gunder Frank의 《리오리엔트》(이희재 옮김, 이산, 2003)에 따르면 1840년 아편전쟁 당시 청국의 GDP는 전 세계의 33퍼센트에 달했다. 미국과 유럽을 합친 것보다 훨씬 큰 규모였다. 당시 해가 지지 않는 제국을 자랑하던 영국의 GDP는 고작 세계의 5퍼센트에 불과했다. 건륭제 때의 경제 규모는 아편전쟁 때보다 더 컸다. 화신이 긁어모은 재산이 9억 냥에 달한 것은 당시 청국의 경제 규모가 그만큼 컸음을 반증한다. 화신은 고관들로부터 천문학적인 뇌물을 받은 것을 빼고는 역대 왕조의 엄당과 비교할 때 별반 차이가 없다. 오히려 능력 면에서 뛰어난 바가 있다. 건륭제가 죽을 때까지 그를 신임한 이유가 여기에 있다.

원래 칭송과 충언을 가리는 것은 제왕의 몫이다. 신하는 소신대로 칭송 또는 충언을 하면 된다. 당 태종과 같이 뛰어난 군주는 충언을 좋아했기에 '현무문의 난' 당시 적진에 섰던 위징을 과감히 발탁해 계속 충언을 해주기를 당부했다. 그러나 그 역시 말년에는 위징의 거듭된 역린 발언에 크게 화를 냈다. 충언이 그만큼 어려운 것이다.

칭송과 아첨은 종이 한 장 차이다. 총기가 사라지면 제왕은 칭송과 아첨을 구별하지 못하게 된다. 조정 회의에서 충언과 칭송 중 어느 것이 유행하는지는 전적으로 제왕에게 달려 있다. 말로만 충언을 당부하면서 속으로 칭송만 좋아하면 충언은 이내 사라지고 아첨이 난무하게 된다. 군주의 마음을 읽어 사리를 도모코자 하는 흑심이 작동하기 때문이다. 《한비자》가 신하들에게 절대 속마음을 드러내지 말라고 신신당부한 이유가 여기에 있다.

| 05 |

공恐
솜에 바늘을 숨기고 때를 노려라

'공恐' 자는 협박한다는 뜻이다. 그 이치는 아주 심오하다. 어떤 사람은 남을 추켜올리는 짓을 수십만 번이나 해도 아무 소용이 없다. 이것은 바로 협박하는 수완이 부족하기 때문이다. 어느 자리에 있는 사람이건 모두 약점을 갖고 있다. 그런 사람의 급소를 찾아 가볍게 찌르기만 해도 그는 질겁하고 놀라서 당장 관직을 내줄 것이다.

후흑을 배우는 자는 반드시 협박과 아첨을 함께 병행할 줄 알아야 한다. 협박을 잘하는 자는 상대방을 치켜세우면서 은근히 위협을 가한다. 옆 사람이 보기에 그가 상관 앞에서 하는 말은 구구절절이 아첨하는 소리 같지만, 사실은 암암리에 급소를 찌르기 때문에 상관은 그 말을 들을 때 등에서 식은땀이 나기 마련이다.

아첨을 잘하는 자는 상관을 협박하는 가운데 치켜세운다. 옆 사람이 보기에 그가 오만하게 도끼눈을 부릅뜨고 하는 말이 상관을 탓하는 것처럼 들리지만 오히려 당하는 쪽은 뼈마디가 늘어질 정도로 기뻐하며 편안해 한다. 중요한 것은 협박을 할 때 적당히 해야 한다는 것이다. 만약 도가 지나치면 상관이 수치심을 느낀 나머지 분개하여 맞서고 나설 테니 어찌 협박의 기본 취지에 부합한다고 하겠는가? 부득이한 경우가 아니고서는 절대 협박을 가벼이 사용해서는 안 된다.

삼국시대 당시 유비는 황제가 되겠다는 얘기를 단 한 번도 한 적이 없다. 오직 한나라 황실을 부흥시키겠다는 얘기만 했을 뿐이다. 그러나 이는《삼국지연의》의 내용일 뿐이다.《삼국지》와《자치통감》을 보면 누구보다 그는 보위에 오르고자 하는 욕심이 컸다. 그럼에도 그는 이를 철저히 숨겼다. 이종오가 유비를 후흑의 대가로 평한 이유다. 자신의 뜻과 이익이 크면 클수록 많은 사람들의 뜻과 이익을 수호한다는 기치를 내세울 필요가 있다.

조폭이 휘두르는 폭력과 경찰이 휘두르는 폭력은 그 외양만을 놓고 볼 때 하등 차이가 없다. 그럼에도 사람들이 경찰의 폭력에 복종하는 것은 그들이 민중의 지팡이로서 공권력을 행사한다는 믿음을 갖고 있기 때문이다. 똑같은 폭력이 이처럼 서로 정반대의 평가를 받게 되는 것은 바로 공의의 존부에 따른 것이다. 이종오가 폭력성 협박을 가미한 '공恐'자 비결을 언급한 것도 바로 이 때문이다.

《삼국지연의》에 따르면 적벽대전 당시 제갈량은 손권을 배견하면서 일종의 협박을 했다. 그 수법이 교묘했다. 제갈량이 노숙을 따라 대청 앞에 이르자 손권이 섬돌 아래로 내려와 그를 정중히 맞아들였다. 인사를 나눈 뒤 손권이 제갈량에게 자리를 권했다. 제갈량이 유비의 뜻을 전하자 손권이 차를 권하며 이같이 말했다.

"선생의 재덕에 대해서는 이미 말씀을 많이 들었소. 오늘 다행히 이같이 만나게 되었으니 부디 가르침을 주기 바라오."

"제가 재주가 적고 배운 것이 없어 모처럼 묻는 바를 욕되게 하지나 않을까 두렵습니다."

손권이 곧바로 본론으로 들어갔다.

"선생이 근간에 유예주를 도와 조조와 싸웠으니 필시 그쪽 군사의 허실을 잘 알겠지요?"

"유예주는 군사는 많지 않고 장수도 적은 데다 군량도 부족한 형편이었으니 무슨 수로 조조와 겨뤄보겠습니까?"

"도대체 조조의 군사는 얼마나 되오?"

"기병과 보병, 수병을 모두 합쳐 대략 100만 명은 될 것입니다."

이종오가 말한 취우의 허풍이다. 겁을 주기 위해 조조군의 숫자를 한 없이 부풀린 것이다. 손권이 크게 놀라 재차 물었다.

"그게 확실합니까?"

"그렇습니다. 조조가 연주에 갔을 때 이미 청주 군사 20만을 거느렸는데 원소를 쳐서 50만~60만 명을 얻었고, 중원에서 새로 모집한 군사가 30만~40만 명인데 이번에 형주의 군사 20만~30만 명을 더 얻었으니 모두 따져보면 150만 명 정도가 됩니다. 제가 100만 명이라고 줄여서 말한 것입니다."

숫자를 다시 부풀린 것이다. 손권이 물었다.

"조조 수하에 장수들은 또 얼마나 되오?"

"뛰어난 모사들과 경력이 많은 제장들이 1천에서 2천 명가량은 될 것입니다."

이 또한 터무니없이 부풀린 숫자다.

"지금 조조가 형주까지 모두 손에 넣었는데 또 어디를 노릴 것으로 보시오?"

제갈량이 기다렸다는 듯이 거침없이 대답했다.

"조조가 지금 강변에 영채를 세우고 전선들을 준비하고 있으니 강동을 노리는 움직임이 아니고 무엇이겠습니까?"

겁이 덜컥 난 손권이 확실히 말려들기 시작했다.

"조조가 우리 강동을 삼키려는 것이 정말이라면 우리는 그와 싸워야 합니까, 아니면 싸우지 말아야 합니까? 선생은 나를 위해 결단해주시오."

제갈량이 뜸을 들이며 말했다.

"천하 대란으로 장군은 강동에서 기병하고, 유예주는 강남에서 사람을 모아 조조와 더불어 천하를 다투고 있습니다. 지금 조조는 북방의 대난大難을 제거하여 이미 북방을 평정한 데다가 형주마저 격파하니 그 위엄이 사해를 진동시키고 있습니다. 그러나 영웅이 용무用武할 땅이 없어 유예주가 이곳으로 도피해 있습니다. 원컨대 장군이 힘을 다해 눈앞에 닥친 위기 국면에 대처해주길 바랍니다. 만일 오월吳越 지역의 백성을 거느리고 중원과 항쟁하고자 하면 일찍 조조와 관계를 끊느니만 못합니다. 만일 그것이 불가능하면 속히 군사를 해산시키고 무장을 해제한 뒤 북면하여 조조에게 칭신하는 것이 좋을 줄로 압니다."

손권이 미처 대답을 하기도 전에 제갈량이 다시 말을 이었다.

"지금 장군은 겉으로는 조정에 복종하고 있으나 심중은 머뭇거리며 결정을 내리지 못하고 있습니다. 지금 정황이 긴박한데도 결단을 못 내리니 화란이 닥칠 날을 손꼽아 헤아릴 수 있을 것입니다."

그러자 손권이 반문했다.

"만일 사실이 그렇다면 유예주는 왜 조조에게 투항하지 않는 것이오?"

제갈량이 손권을 자극하고 나섰다.

"옛날 제나라의 전횡田橫은 제나라의 장사일 뿐인데 의절을 굳건히 지켜 굴욕으로 투항하지 않았습니다. 하물며 유예주는 황실의 후예로 그 뛰어난 재주가 세상을 덮을 만합니다. 사대부들이 그를 앙모하는 것이 마치 물이 흘러 대해로 들어가는 것과 같습니다. 만일 사업에 성공치 못할지라도 이는 하늘의 뜻이니 어찌 능히 조조의 발밑에 무릎을 꿇겠습니까?"

과연 손권이 발끈했다.

"내가 모든 오군의 땅과 10만 명의 군사를 들어 다른 사람의 통제를 받을 수는 없소. 내 생각은 이미 정해졌소. 유예주를 제외하고는 조조를 당할 사람이 없소. 그러나 유예주는 방금 실패한 후이니 어찌 능히 이 재난을 벗어날 수 있을지 모르겠소."

제갈량이 느긋하게 대답했다.

"유예주의 군사는 비록 장판에서 패하기는 했으나 지금 다시 돌아온 군사와 관우의 수군을 합치면 정병이 1만 명이고, 유기 또한 강하의 군사를 합치면 최소한 1만 명은 될 것입니다. 지금 조조의 군사는 먼 길을 달려와 피곤을 감당하기 어려울 것입니다. 또한 듣건대 유예주를 추격할 때 경기輕騎로 하루 밤낮에 300여 리를 달려왔다고 하니 이는 소위 '강노强弩의 화살도 마지막에는 노나라의 얇은 천 조각을 뚫지 못한다'는 말과 같은 것입니다. 그래서《손자병법》도 이를 꺼려 '장군이 경솔하게 행군하여 병사들을 지치게 만들면 상장군이 포로가 되거나 큰 피해를 입게 된다'고 경고한 것입니다.

나아가 북방인은 수전에 익숙하지도 않은 데다가 형주의 백성 또한 비록 조조에게 귀부했다 해도 이는 무력에 핍박되어 부득이하여 그랬을 뿐 진심으로 심복한 것이 아닙니다. 지금 장군이 맹장들에게 명하여 수만 명의 군사를 이끌고 유예주와 협력토록 하면 반드시 조조의 군사를 격파할 수 있을 것입니다. 조조의 군사는 패배하면 반드시 북쪽으로 돌아갈 것이니 그리되면 형주와 오군의 세력은 더욱 커져 서로 정립鼎立하는 형국이 나타날 것입니다. 성패의 관건은 바로 오늘에 있습니다."

손권이 기뻐하며 말했다.

"선생의 말씀이 답답하던 내 가슴을 탁 틔워주었소. 내가 이미 뜻을 정했으니 다시는 의심하지 마시오. 곧 군사를 일으켜 유예주와 함께 조조를 칠 일을 상의토록 하겠소."

이는 물론《삼국지연의》가 제갈량을 높이고 손권을 낮출 생각으로 당시의 상황을 과장되게 표현한 것이기는 하나 전혀 터무니없는 내용은 아니다. 제갈량이 손권을 설득해 조조와 싸움에 나서도록 부추긴 게 사실이기 때문이다.

여기서 주목할 것은 제갈량이 시종 손권에게 겁을 집어먹도록 조조군의 군사력을 과장되게 언급한 뒤 손권의 자존심을 자극해 발끈하도록 만든 점이다. 협상에서 화를 내면 승부는 이미 끝난 것이나 다름없다. 손권이 화를 벌컥 낸 후 협상은 완전히 제갈량이 의도한 바대로 흘러갔다. 이종오가 면리장침綿裏藏針을 역설한 이유가 여기에 있다.

역사적으로 면리장침과 관련해 가장 유명한 것은 모택동이 등소평을 복권시킬 때 행한 말이다. 1972년 2월 21일 미국의 닉슨 대통령이 중국을 방문했다. 이는 주은래가 모택동의 재가를 얻어 이뤄낸 작품이었다. 이로써 중국의 최대 적은 미국이 아니라 소련이라는 사실이 만천하에 공표됐다. 비슷한 시기에 문화대혁명의 여파로 시골로 쫓겨 가 있던 등소평은 여러 구실로 모택동에게 편지를 올렸다. 거기에는 홍위병에 의해 창문에서 떨어져 불구가 된 장남을 선처해달라는 내용도 있었다.

그해 5월 치료를 위해 북경으로 돌아와도 좋다는 허락이 떨어졌다. 그의 장남은 중국에서 가장 시설이 좋은 제301육군병원에 입원했다. 등소평은 모택동의 마음이 변하기 전에 자신의 충성심을 확실히 보여줄 필요가 있다고 판단했다. 그해 8월 3일 다시 편지를 보냈다.

주석 동지께서 아시다시피 임표林彪는 저를 미워했고, 아마 죽이고 싶어 했을 것입니다. 주석 동지의 보호가 없었다면 저에게 무슨 일이 일어났을지 상상하기도 어렵습니다. 제가 일자리를 잃고 사회에서 배제된 것도 이미 6년째입니다. 주석 동지의 혁명 노선으로 돌아갈 기회를 학수고대하고 있습니다. 제 나이 이미 68세이나 아직 건강이 좋기 때문에 당과 인민을 위해 과거의 실책을 조금이나마 보상하고자 합니다. 아직 7~8년 정도는 더 일할 수 있으리라고 믿습니다.

모택동이 제법 긴 답장을 보냈다. 골자는 다음과 같았다.

그대는 비록 심각한 실수를 저질렀으나 유소기劉少奇와는 다른 인물이오. 게다가 세 가지 미덕을 지니고 있소. 과거 전력에 심각한 문제가 없고, 강서소비에트에서 나의 추종자로서 박해를 받았으며, 전시에 많은 공로를 세운 점 등이 그것이오. 이는 전에도 내가 여러 번 언급한 바 있고, 지금 다시 한 번 이야기하는 것이오.

이 답장에서 주목할 것은 마지막에 언급한 '전에도 내가 여러 번 언급한 바 있고, 지금 다시 한 번 이야기하는 것이오'라고 한 대목이다. 유소기와 임표가 차례로 사라진 상황에서 이제 다시 한 번 기회를 줄 터이니 자신의 뒤를 이을 후계자로서 더욱 확실한 충성심을 보이라고 주문한 것이나 다름없었다.

그해 9월 27일 일본의 총리대신 다나카 가쿠에이田中角榮가 중국을 방문했다. 모택동은 다나카에게 《초사집주楚辭集注》 영인본 한 부를 선물했다. 모택동의 장서 중 가장 유명한 게 이 《초사집주》다. 다나카는 일본에 돌아간 뒤 〈아사히신문〉에 건네주고 이를 인쇄하도록 했다.

이듬해인 1973년 겨울 문화대혁명의 열기가 초기에 비해 크게 가라앉았다. 그러나 사인방의 기세는 여전했다. 일이 어떻게 전개될지 아무도 예측할 수 없었다. 그해 12월 21일 문화대혁명 기간 중 소원했던 주덕朱德과 모택동이 만나게 됐다. 모택동이 비서의 부축을 받으며 회의장에 들어서자 정치국과 군사위 간부들이 모두 기립해 박수로 환영했다. 모택동이 맨 먼저 주덕에게 손을 내밀었다. 주덕이 인사말을 건넸다.

"주석 동지, 안녕하십니까?"

"총사령 동지, 안녕하십니까? 당신은 붉은 사령관입니다. 어떤 사람은 당신을 검은 사령관이라고 하지만 나는 언제나 그들을 비판했습니다. 나는 당신을 붉은 사령관이라고 합니다. 그래 지금도 붉은 대표가 아니십니까?"

주덕이 웃으며 말했다.

"아닙니다. 주석 동지가 총사령이십니다."

모택동이 고개를 저었다.

"아니, 아닙니다. '저모猪毛'니까 당신은 '주'고 나는 '모'입니다. '주'가 없으면 어떻게 '모'가 붙어 있겠습니까?"

'저모'는 돼지털을 말한다. 중국어로 '저猪'는 '주朱'와 발음이 같다. 정강산井岡山 시절 '주모군朱毛軍'으로 불린 홍군을 함께 이끈 것을 이같이 비유한 것이다. 어느덧 45년의 세월이 흘렀다. 얼마 후 모택동은 지역별로 영향력이 있는 8대 군구 사령관들의 인사 배치를 새로이 했다. 등소평을 다시 기용해 군사위원회의 실질적 지도자로 부각시킨 게 가장 주목할 만했다. 모택동은 군구 사령관과 군의 원로들 앞에서 이같이 말했다.

"나는 오늘 군사위원회에 지도자 한 분을 모셔왔습니다. 이름은 등소평이라고 합니다. 바로 이분입니다. 어떤 사람들은 그를 조금 어려워합니다. 그러나 그는 과단성 있게 일을 처리합니다. 그도 나와 마찬가지로 70퍼센트는 유용한 일을 해왔으며 30퍼센트는 잘못되었습니다. 그는 내가 청해서 왔습니다."

이어 자신 못지않게 반항적인 등소평에게 일침을 놓았다.

"등소평 동지, 남들이 동지를 좀 무서워하고 있는데 내가 동지에게 두어 마디만 말하겠소. 외유내강과 면리장침이 그것이오. 겉으로는 상냥스럽되 속은 강철 바늘이 되라는 뜻이오. 지난날의 결점은 점차 고쳐 나가도록 하시오."

그간 홍위병의 광란과 사인방의 횡포로 인해 군의 위신은 물론 사기까지 크게 떨어져 있었다. 모택동은 임표가 지배했던 군을 정비해야 했다. 임표의 횡사에도 불구하고 군구 사령관의 영향력은 날로 커지고 있었다. 모택동은 자신의 사후 지방화와 군벌화 가능성을 크게 우려했다. 이 시점에서 그는 군구 사령관의 위치를 교체할 필요가 있다고 생각했다. 이를 떠맡을 유일한 적임자는 등소평밖에 없었다. 그러나 그는 등소평에게 한마디 충고하지 않을 수 없었다. 문화대혁명에 휩쓸려 두 번 다시 험한 꼴을 당하는 모습을 보이지 말라고 주문한 것이다. 그가 공개적으로 면리장침을 언급한 이유다. 이는 자신의 후계자에 대한 세심한 배려에 해당한다.

|06|

송送
비자금을 활동자금으로 활용하라

'송送' 자는 크고 작은 두 가지로 나눌 수 있다. 크게는 현찰이나 수표 뭉치를 보내는 것을 뜻하고, 작게는 식사를 대접하거나 요릿집에서 한턱내는 것 등을 말한다. 뇌물을 받는 자도 두 부류로 나눌 수 있다. 하나는 자신에 대한 임면권을 쥐고 있는 자이고, 다른 하나는 임면권을 쥐고 있지는 않지만 자신에게 도움을 줄 수 있는 자이다.

'송' 자는 한마디로 뇌물을 주는 것이다. 뇌물을 주는 이유는 말할 것도 없이 청탁을 하기 위한 것이다. 청탁의 종류는 다양하다. 반드시 아랫사람이 상납하는 것만 있는 것이 아니라, 윗사람이 아랫사람에게 차질 없는 임무 수행을 당부할 때도 등장한다. 일종의 거마비 내지 활동비를 지급하는 것이다.

조선 개국 초 이와 관련한 유명한 일화가 있다. 태조 5년(1396) 정월에 빚어진 소위 '표전문表箋文 사건'이 그것이다. 원래 '표전문'은 신년과 탄일誕日 등 기념일에 맞추어 축하의 목적으로 황제에게 올리는 표문表文

과 황후나 태자에게 올리는 전문篆文을 말한다. 당시 명나라는 조선에 사자를 보내 조선에서 보낸 신년 축하의 글 가운데 경박할 뿐 아니라 황실을 모독하는 내용이 담겨 있다는 트집을 잡고 이를 작성한 정도전을 보낼 것을 요구했다.

태조 이성계는 명나라의 압력을 견디지 못해 표문을 작성한 김약항을 대신 명나라로 보냈으나, 명나라는 강도를 높여 교정을 본 정도전을 압송하라고 압박했다. 조선에 온 명나라 사신의 거듭된 독촉에도 불구하고 정도전이 계속 병을 핑계 대자 보다 못한 권근이 나섰지만 이성계가 반대했다.

"경은 노모가 있고 또 황제의 명령이 없으니 차마 보낼 수 없소."

권근이 거듭 주청했다.

"표문을 짓는 일에 신도 참여했습니다. 신은 지금 잡혀가는 것이 아니므로 용서받을 수 있고, 잡혀가지 않는 자들도 또한 의심을 면할 수 있습니다."

《태조실록》에 따르면 당시 세론은 권근을 높이 칭송하며 정도전을 그르게 여겼다. 정도전이 이성계에게 말했다.

"권근은 이색이 사랑하던 제자로 전에 이색은 일찍이 주상을 황제에게 고자질하다가 뜻을 얻지 못한 바 있습니다. 지금 권근이 청하여 가고자 하니 반드시 이상한 것이 있으니 권근을 보내지 마십시오."

이성계가 이를 듣지 않고 오히려 사람을 뒤따라 보내 권근에게 황금을 노자로 주었다. 스스로 총대를 메고 나선 권근에게 전폭적인 신뢰를 보낸 것이다. 문제는 그 다음이다. 태조 6년(1397) 4월, 권근이 일을 깨끗이 마무리한 뒤 주원장으로부터 후대를 받고 돌아오자 정도전이 사헌부를 사주해 권근을 탄핵한 것이다.

"아직 정총 등이 돌아오지 못한 상황에서 황제가 권근에게만 금을 상으로 주어 보냈으니 의심스런 바가 있습니다. 청컨대 그를 국문토록 하십시오."

그러자 이성계가 물었다.

"어떻게 금으로 상을 준 사실을 아시오?"

"듣건대 권근이 금을 사용하고 있다고 하니 황제가 준 것이 아니라면 빈한한 선비가 어디서 금을 얻었겠습니까?"

이성계가 권근에게 황금을 노자로 준 사실을 전혀 모르고 있던 정도전은 권근이 주원장으로부터 황금을 받고는 조선의 기밀을 파는 식의 매국 행보를 했을 것으로 지레짐작한 것이다. 이성계가 어이가 없어 웃으며 말했다.

"비록 빈한한 선비라도 어찌 금을 얻을 도리가 없겠소?"

전후 사정을 모르는 정도전이 계속 국문할 것을 청하자 이성계가 마침내 역정을 냈다.

"그는 황제가 진노했을 때 자청하여 중국으로 가 다시는 경을 부르지 않게 만들었소. 그러니 나라에도 공이 있고 경에게도 은혜가 있는 것이오. 과인은 상을 주려 하는데 경은 오히려 그에게 죄 주기를 청하는 것이오?"

여기서 정도전과 권근의 인물됨이 선명히 드러나고 있다. 정도전은 비록 창업의 1등 공신이기는 했으나 이성계가 표전문 사건으로 인해 외교적 궁지에 몰린 상황에서 시종 대책도 없이 병을 핑계로 주군을 더욱 곤혹스럽게 만드는 모습을 보였다. 적잖은 학자들이 정도전의 이런 행보를 간과하거나 무시한 채 그가 이방원에게 참변을 당한 것에만 주목하고 있으나 이는 큰 잘못이다. 표전문 사건에서 드러났듯이 창업 과정에서 자신이 세운 공에 안주해 군주와 국가가 위기에 처한 상황에서 대책도 없이 화를 키운 무책임한 행보가 그 실례다.

중국 속담에 '동료가 원수다'라는 말이 있다. 동료 사이의 질시는 무인보다 문인이 훨씬 심하다. 삼국시대 당시 위 문제 조비는《전론典論》에서 후한 때의 대문장가인 부의傅毅와 반고班固 두 사람의 문장 실력을 논하면서 '아득한 옛날부터 문인은 서로 무시한다'고 지적한 바 있다. 다음은 그 해당 대목이다.

> 문인은 모름지기 자기야말로 제일인자라고 자부하는 까닭에 서로 상대를 경멸한다. 이런 풍조는 지금 시작된 것이 아니라 일찍이 반고와 부의 때부터 시작됐다. 이 두 사람은 서로 실력이 백중함에도 불구하고 반고는 부의를 대단한 사람이 아니라며 아우 반초에게 다음과 같은 글을 써 보냈다. "문장을 쓴다는 명성이 있어 난대령사(蘭臺令史: 역사 편수관)에 임명된 부의가 바빠서 쉴 틈도 없다고 하니 가엾은 일이다. 모름지기 사람은 자기야말로 훌륭하다고 자부하지만 그 사람의 인격과 쓰는 문장이 일치하지 않는다면 진짜라고 할 수 없다. 부의를 보면 쓰는 것은 그저 그렇지만 중요한 인격 쪽은 아직 멀었으니 정말로 훌륭하다고는 할 수 없다." 이를 통해 문인들이 서로 경멸하는 풍조는 일찍부터 있었음을 알 수 있다.

반고는 사마천처럼 부친의 유업을 물려받아《한서》를 쓴 당대의 문인이다. 문장이 뛰어난 부의도 황제의 명으로 여러 서적을 정리하는 일을 했다. 문장가가 자기 문장을 내세우고 다른 동료의 문장을 깎아내리는 것은 동서고금이 따로 없다.《문심조룡文心雕龍》도《전론》을 인용해 다음과 같이 기록해놓았다.

> 반고와 부의는 문장이 서로 백중함에도 반고는 부의를 깔보았다. 문인들이 서로 깔보았다는 얘기가 결코 허언이 아니다.

여기서 나온 성어가 바로 '문인상경文人相輕'이다. 고금을 막론하고 지식인들의 문인상경 풍조는 하등 달라진 게 없다. 상대방을 무시해 자신을 높이려는 얄팍한 수법이다. 그럼에도 예나 지금이나 이게 커다란 위력을 발휘한다. 학계와 언론계의 풍조가 그렇다. 경쟁자를 칭찬한 글과 언행을 거의 보기 어려운 게 그 증거다. 문인들 사이에 고금을 막론하고 경쟁자를 터무니없이 헐뜯는 참언讒言이 난무한 배경이 여기에 있다.

초한전 당시 유방의 책사 진평陳平이 한때 궁지에 몰린 게 대표적인 사례에 해당한다. 원래 그는 가난했지만 독서를 매우 좋아했다. 진시황 사후 천하가 소란해지자 그는 평소 품은 뜻을 펴기 위해 항우 쪽에 가담했다가 이내 유방 쪽으로 넘어갔다. 기원전 205년 항우와 싸움을 벌이다가 힘이 달리게 되자 유방은 형양에 군사를 주둔시키며 휴식을 취했다. 이때 유방의 측근인 주발과 관영이 이같이 말했다.

"진평은 위나라를 섬기다가 건의가 받아들여지지 않자 초나라에 귀부했고, 그 곳에서 중용되지 못하자 다시 도망쳐 우리 한나라에 귀부했습니다. 그런데도 대왕은 배신을 일삼는 그를 호군(護軍: 중간급 간부)에 임명했습니다. 게다가 그는 도수수금盜嫂受金을 했다는 얘기까지 있습니다. 실제로 최근 제장들로부터 금품을 뇌물로 받으면서 많이 낸 자는 좋은 곳에 배치하고 조금 낸 자는 나쁜 곳에 배치한다고 합니다."

유방이 이 말을 듣고 곧 그를 천거한 위무지를 불러 나무라자 위무지가 다음과 같이 말했다.

"신이 대왕께 천거한 건 그의 재능이고 지금 대왕이 나무라는 건 그의 행실입니다. 지금 행실이 아무리 좋다 한들 승부를 내는 책략에는 아무런 도움이 되지 않습니다. 초나라와 한나라가 서로 천하를 놓고 다투고 있기에 신은 기이한 계책을 내는 인재를 천거한 것입니다. 그러니 그의 계책이 실로 족히 나라를 이롭게 하는 것인지 아닌지만을 고려하십시오. 도수수금이 어찌 사람의 재능을 의심할 이유가 될 수 있겠습니까?"

유방은 아무래도 미심쩍어 이내 진평을 불러들여 물었다.

"그대는 위나라를 섬기다가 등용되지 못했고, 초나라를 섬기다가 떠났으며, 지금은 또 나와 사귀고 있소. 성실한 믿음을 지닌 사람이 실로 이처럼 여러 마음을 가질 수 있는 것이오?"

진평이 대답했다.

"신이 위왕을 섬겼을 때 위왕은 신의 건의를 채택하지 않았습니다. 그래서 그를 떠나 초패왕 항우를 섬긴 것입니다. 항우는 다른 사람을 믿지 못했습니다. 그가 일을 맡기고 아끼는 사람은 모두 항씨가 아니면 바로 그 처가 쪽 사람이었습니다. 그는 비록 뛰어난 인재가 곁에 있을지라도 활용할 줄 몰랐습니다. 그러던 중 마침 대왕의 명성을 듣고 이내 대왕께 귀부한 것입니다. 당시 신은 맨몸으로 온 까닭에 금품을 받지 않으면 쓸 자금이 없었습니다. 지금 신의 계책에 채택할 만한 것이 있다면 대왕은 이를 채택하시기 바랍니다. 그러나 그럴 만한 것이 없다면 제가 받은 금품이 그대로 있으니 이를 봉해 관청으로 보내도록 하겠습니다."

유방이 곧 사과하며 많은 상을 내린 뒤 그를 '호군중위'에 제수했다.

이는 장수들을 감독하는 직책이었다. 이후 장수들이 다시는 그에 관해 감히 말하지 못한 것은 말할 것도 없다.

이 일화에서 주목할 점은 진평이 거둬들인 뇌물의 성격이다. 진평을 탄핵한 주발과 관영은 진평이 제장들로부터 거둬들인 뇌물을 진평 개인의 사적인 이익을 위한 것으로 보았다. 금품을 많이 낸 자는 좋은 곳에 배치하고 조금 낸 자는 나쁜 곳에 배치한다는 게 논거다. 당시 진평은 이를 활동 자금으로 썼다. 맨몸으로 온 까닭에 금품을 받지 않으면 쓸 자금이 없었기 때문이다. 유방은 진평의 손을 들어주었다. 이내 사과하며 오히려 많은 상을 내린 게 그 증거다. 실제로《사기》와《자치통감》의 기록을 보면 진평은 결코 사적으로 뇌물을 축재한 적이 없다.

당대의 지낭(智囊: 꾀주머니)인 진평은 소위 '뇌물계'의 대가였다. 주로 적진을 교란시키기 위한 반간계反間計를 구사할 때 뇌물계를 동시에 사용했다. 취지 면에서 춘추시대 말기 월왕 구천의 책사인 대부 문종과 범리가 오왕 부차를 거꾸러뜨리기 위해 당대의 미인 서시西施를 이용한 미인계를 구사한 것과 하등 다를 바가 없다. 예로부터 뛰어난 미색은 값진 금은보화와 똑같은 위력을 발휘했다. 21세기라고 달라질 리 없다. 지난 2010년 말에 터져 나온 러시아 여간첩 '안나 채프먼' 사건이 그 증거다.

비즈니스 전쟁에서 뇌물에 입각한 청탁은 대개 경쟁업체보다 한 발 더 앞서 협상을 타결시킬 의도로 동원된다. 협상 전에 상대측과 함께 술을 마시는 등의 분위기를 조성하는 경우가 이에 해당한다. 그러나 이는 동아시아 3국에서는 나름 효과를 볼 수 있으나 구미 각국의 파트너와 협상할 때는 별 효용이 없다. 질 낮은 물건을 속여 팔려는 게 아니냐는 의심을 사 자칫 역효과를 낳을 수도 있다. 구미 각국의 파트너라고 술자리를 싫어할 리 없다. 다만 제대로 된 물건을 갖고 협상에 임하는 자세가 전제돼야 한다.

통상 전장에서 사용되는 뇌물계는 기본적으로 동쪽에서 소리를 지르고 서쪽을 치는 소위 '성동격서' 책략과 그 취지를 같이한다.《36계》의 제6계에 해당한다. 다음과 같이 성동격서의 대표적인 사례가 있다.

초한지제 당시 유방과 항우가 서로 싸우던 중 위나라의 왕 위표魏豹가 항우에게 항복했다. 유방은 항우와 위표의 협공 위협에 처하게 되자 한신에게 명해 이들을 치게 했다. 위표는 백직柏直을 대장으로 하여 황하 동쪽 포판蒲坂에 진을 치고 한나라 군대가 강을 건너오지 못하게 했다. 한신은 병사들에게 낮에는 큰 소리로 훈련하도록 하고 밤에는 불을 밝혀 적극적으로 공격하는 모습을 취하도록 조치했다. 백직은 이를 보고 어리석은 짓이라며 크게 비웃었다.

이때 한신은 은밀히 군사를 이끌고 하양에 이르러 뗏목으로 황하를 건너 매우 신속히 전진했다. 위왕 위표는 이런 사실도 모른 채 만연히 대처하다가 이내 포로로 잡히고 말았다. 한쪽을 공격할 듯이 떠벌려 적의 시선을 끈 다음 재빨리 적의 약점을 찌르고 들어갔던 것이다. 뇌물을 미끼로 던져 상대방의 시선을 끈 뒤 청탁을 성사시키는 이치와 같다. 미인계를 포함해 뇌물로 여겨지는 물건을 미끼로 사용해 상대방을 낚는 것은 전형적인 성동격서 계책에 해당한다.

이 계책이 통할 수 있는 것은 기본적으로 뇌물과 예물의 구별이 애매한 데 있다. 예컨대 스승의 날에 학부모들이 그간의 노고를 사은하는 차원에서 자녀들의 선생님에게 정성을 담은 자그마한 선물을 하는 것은 미풍일 수 있으나 그게 하나의 관행이 되고 부담이 커지면 문득 뇌물로 둔갑한다.

뇌물을 흔히 '회뢰賄賂'라고 한다. 베트남전이 한창이던 1970년 당시에는 베트남어 '짜웅'이 와이로 대신 널리 쓰이기도 했다. 고전에 나오는 '증회贈賄'가 예물 또는 선물을 보낸다는 뜻으로 쓰인 데서 알 수 있듯이 '회賄'는 원래 재물 또는 예물을 뜻하는 말이다. 금옥金玉을 '화貨', 포백布帛을 '회'라고 한 게 그 증거다. 그러던 것이 문득 '뢰賂'와 결합해 '회뢰'로 쓰이면서 뇌물로 그 뜻이 바뀌었다. '예물'과 '뇌물'의 구별이 어렵게 된 결과다. '뢰'는 재화를 뜻하는 '패貝' 자에 여러 사람을 뜻하는 '각各' 자가 붙은 데서 알 수 있듯이 주변의 여러 사람들로부터 재물을 그러모은다는 취지에서 만들어진 글자다.

이를 일본어로는 소위 '와이로'로 읽는다. 뇌물을 먹인다는 뜻이다. 이종오가 언급한 '송' 자가 바로 '와이로'를 의미한다. 고금을 막론하고 와이로는 떳떳치 못한 것으로 취급하고 있다. 특히 외양상 청렴을 먹고 사는 공직자가 와이로 사건에 연루되면 치명타다. 그러나 와이로 사건은 끊임없이 이어지고 있다. 수법도 더 교묘해지는 양상이다. 한국에서는 와이로 사건을 통상 '떡값' 사건으로 돌려 표현하고 있다.

1923년 6월 북양군벌 조곤이 총통 여원홍을 몰아내는 소위 '제1차 북경 정변'을 일으킨 바 있다. 이어 그는 의원들을 매수한 뒤 그해 10월 총통 선거에 승리해 총통의 자리에 올랐다. 이를 소위 '조곤의 뇌선賂選: 뇌물 선거) 사건'이라고 한다. 이 사건으로 북경 정부의 법통이 크게 무너졌다. 전국적인 규탄 운동이 일어나자 손문 등은 기왕의 '호법 투쟁'에서 '무력 혁명' 쪽으로 방향을 틀기 시작했다.

장개석의 경우는 천하를 거머쥐기 위한 방략으로 와이로를 적극 활용한 경우에 속한다. 1926년 7월 5일 장개석은 제2차 북벌을 앞두고 투항한 적장을 국민당군 사령관에 임명할 수 있는 자신의 권한을 적극 활용했다. 사태를 관망하던 지방 군소 군벌들을 뇌매(賂買: 뇌물로 매수함)한 것도 이런 행보의 일환이었다. 그 효과는 컸다. 광동을 출발한 지 세 달 만에 군장(軍長: 여단장 이상 장군)의 숫자가 2배로 늘어났다. 1년 후 그 숫자는 40명에 이르렀다.

당시 국민당군은 북쪽으로는 북양군벌 오패부와 동쪽으로는 남경을 근거지로 삼고 있던 동남군벌 손전방의 위협을 받고 있었다. 두 전선에서 동시에 벌어지는 대규모 전투를 피하는 것이 장개석의 중대한 관심사였다. 그해 9월 17일, 그는 손전방에게 전문을 보내 강서에서 병력을 물릴 것을 요청했다.

이때 호남군벌 하요조는 국민당에 맞서다가 국민당군에 포위되었다. 그의 라이벌들이 그를 무장해제시켜 휘하 군사를 흡수하려고 하자 장개석이 반대했다. 그는 곧 특사를 보내 독립 제2사단을 지휘하는 방안을 제시하며 물자를 공급하는 등 뇌매 공세를 폈다. 이에 감복한 하요조가 결정적인 순간 호북의 구강을 점령했는데, 이는 장개석의 북벌에 결정적인 공헌을 했다. 이에 하요조는 군장으로 승진했고, 훗날 장개석의 신임을 받는 장군이 되었다.

1927년 5월 30일 장개석의 북벌군이 북상하자 북경을 장악하고 있던 봉천군벌 장작림이 군사 회의를 주재하면서 평화적인 중국 통일을 위해 만주 지역으로 물러날 것을 결의했다. 소식을 접한 일본의 관동군이 크게 놀랐다. 만주 지역에서의 위상과 이권이 크게 침해받을 것을 우려했던 것이다. 6월 2일 장작림이 산해관 동쪽으로 이동할 것을 통보하는 소위 '출관통지出關通知'를 발표하고 북경을 떠났다. 장개석은 총 한 방 쏘지 않고 자연스럽게 북경을 접수했다.

6월 4일 장작림이 탄 열차가 황고둔을 지나 북경과 봉천을 연결하는 남만주 철도의 교차점인 노도구에 이르렀을 때, 열차는 굉음과 함께 산산조각이 났다. 이른바 '황고둔 사건'이다. 장작림의 폭사에도 불구하고 봉천군은 만주 지역으로 재빨리 철수했다. 6월 17일 장작림의 아들 장학량이 비밀리에 심양에 도착해 동북보안총사령관에 취임했다.

당초 일본은 장작림을 괴뢰로 내세워 만주를 식민지화하려고 했다. 그러나 북경을 차지하고 있던 장작림은 이를 받아들이지 않았다. 그는 영국과 미국에 접근했고, 아들의 교육도 미국식으로 시켰다. 일본의 계산으로는, 장작림을 죽일 경우 만주를 통제할 인물이 없으므로 그 혼란을 틈타 일본군이 만주에 진주할 수도 있었다. 아들이 후계자가 될지라도 부친만 한 역량이 없었으므로 다루기도 쉬울 것으로 생각했다. 하지만 장작림의 아들 장학량은 민족주의자였고, 반일 감정도 있었다.

7월 1일 장학량은 통일 전쟁을 반대하거나 방해하지 않겠다는 뜻을 공식 선포했다. 이는 장개석이 하성준과 방본인 등을 만주로 보내 장학량을 설득한 결과였다. 당시 하성준은 장개석으로부터 은화 10만 원의 비용을 비밀리에 받고 심양에 도착했다. 그는 장학량의 측근과 자주 어울리며 은화로 뇌물을 쓰고 자주 연회에 초대하여 호감을 사기 시작했다. 와이로 공세의 전형에 해당한다.

당시 27세의 장학량은 자신에게 가해지는 임무와 책임의 중압감에서 벗어나지 못하고 있었다. 봉천군으로 동북 지역을 지켜내기도 어렵고, 일본의 압력을 이겨내기도 쉬운 일이 아니었다. 내심 남경 정부에 귀순하여 세력을 유지하는 게 차라리 낫다는 생각을 하게 되었다.

당시 일본 정부는 하성준이 이미 심양에 와서 장학량에게 공작을 벌이고 있다는 첩보를 입수하고, 중국통인 하야시 곤스케林權助를 전권대사로 임명하여 장학량에게 보냈다. 조선에서 공사를 지낸 바 있는 하야시는 장작림의 폭사에 애도를 표하고, 장학량에게 만주에서 독립할 것을 권유했다. 만주와 내몽골을 기반으로 하는 만몽국滿蒙國을 세울 경우 적극 지원하겠다는 뜻을 전했다. 한편, 하성준은 장학량의 속마음을 훤히 읽고 신분을 보장한다는 장개석의 각서를 보이며 끈질기게 설득했다. 하루는 마작을 하는 자리에서 장학량과 그의 부하들에게 노골적으로 독립을 포기하고 남경 정부에 귀순할 것을 권했다.

"장군, 그리고 여러분, 이제는 오색공화기(五色共和旗: 북경 정부의 깃발)를 내리고 청천백일기(靑天白日旗: 남경 정부의 깃발)를 내걸어야 할 때입니다. 시기를 놓치지 않아야 합니다."

1928년 12월 29일 장학량은 동북 독립을 포기하고 남경 정부에 귀순한다는 다음과 같은 성명을 발표했다.

"대원수의 유지를 받들어 중국의 통일과 평화에 힘쓰겠다. 오늘부터 삼민주의를 준수하고 국민 정부의 명령을 따르며 동북의 깃발을 바꾸어 달겠다."

성명이 발표되자 동북 3성과 열하성 등 봉천군벌이 장악한 각지에서 일제히 북경 정부의 상징인 오색공화기를 떼어내고 남경 정부의 상징인 청천백일기로 바꾸어 달기 시작했다. 이를 소위 '역치易幟'라고 한다. 그해 말 장개석은 장학량을 동북변방군 사령관에 임명했다.

장개석의 와이로 정치는 북벌에 성공한 이후에도 지속됐다. 대표적인 예로 소위 'CC단'을 들 수 있다. 일명 부흥사復興社로 알려진 이 단체는 장개석의 두터운 신임을 받는 진과부와 진립부 형제의 영문 이니셜을 딴 것으로 국민당을 실질적으로 장악한 정보 단체였다. 철저한 반공을 기초로 내세운 부흥사는 막대한 비자금을 이용해 다양한 공작 활동을 펼쳤다. 한국의 임시정부 수반 김구에게 매달 1천 위안씩 지원하며 반공 활동을 부추긴 것도 바로 그 일환이었다. 그의 후흑이 어떤 수준인지를 잘 보여주는 사례다.

| 07 |

공恭
사람을 가려 때에 맞게 칭찬하라

'공恭' 자는 마치 관절이 없는 인간인 양 비굴할 정도로 아첨하고, 상관의 비위를 맞추기 위해 헤헤거리는 것을 말한다. 여기에는 직접·간접의 두 가지 종류가 있다. 직접적인 방법은 상관에게 직접 하는 것을 말하고, 간접적인 방법은 상관의 친척과 친구, 고용인이나 첩 등과 같이 상관의 주위 사람들에게 하는 것을 말한다.

치열한 경쟁을 기본 속성으로 하고 있는 속세는 약육강식의 정글과 사뭇 닮았다. 난세일수록 약육강식의 양상은 더욱 광포하게 나타난다. 치세의 경우도 크게 다르지 않다. 생존의 주도권을 강자가 틀어쥐고 있기 때문이다.

결국 부모를 봉양하고 처자식을 먹여 살리기 위해서는 강자에게 기댈 수밖에 없다. 이런 이유로 고금동서를 막론하고 남의 비위를 맞추는 인물이 끊임없이 등장한다. 그러나 예로부터 강자에게 빌붙어서 아첨하는 일은 결코 칭송받지 못했다. 비루하게 보였기 때문이다. 이것이

싫으면 나름 고고하게 살면 된다. 문제는 의식衣食이다. 최소한의 '의식'으로 '고고한 삶'을 산 대표적인 인물로 남북조 때 남조 동진 말기의 도연명陶淵明을 들 수 있다.

문 앞에 버드나무 다섯 그루를 심어놓고 스스로 '오류선생五柳先生'으로 칭한 그는 원래 남북조 동진 초기에 당대의 권신으로 천하를 호령한 도간陶侃의 증손이다. 그러나 동진 말기인 그의 세대에 와서는 부조父祖의 이름조차 제대로 알려지지 않을 정도로 생활이 궁핍했다. 29세 때 주州의 작은 벼슬자리에 오른 후 13년간 지방의 말직에 있었다. 이후 간신히 아는 사람을 통해 팽택령彭澤令이 되었으나 겨우 80일 만에 누이의 죽음을 구실로 이내 사표를 던지고 향리로 돌아갔다. 현縣을 시찰하러 온 군郡의 상관에게 구차하게 몸을 굽힐 수 없다는 게 그의 실질적인 귀향의 이유였다.

"오두미五斗米의 봉록을 위해 향리의 소인에게 허리를 굽힐 수 없다."

이때 그가 귀향하면서 지은 시부가 바로 그 유명한 〈귀거래사歸去來辭〉다. 그는 직장을 때려치운 뒤 홀가분한 듯 '이제야 다시 본래의 나로 돌아왔다'고 선언했다. 그러나 당장 시급한 문제는 호구지책이었다. 당시 그에게는 아들이 다섯 명이나 있었다. 대쪽 같은 성격의 그는 누구를 찾아다니며 구걸할 주제도 못 되었다. 그렇다고 아이들을 굶주리게 내버려둘 수는 없는 일이었다. 어떻게 해서라도 먹여 살려야 했다. 방법은 오직 하나, 늘그막에 스스로 괭이를 들고 논밭을 가는 길밖에 없었다. 그는 쉬지도 못한 채 밭을 갈아야 하는 자신의 처지를 운명으로 받아들였다.

"천운이 이러하니 술이나 마시는 수밖에 없구나!"

이런 이유로 그는 늘 술을 가까이했다. 결국 그는 가난과 질병 속에 괴로워하다가 62세에 생을 마쳤다. 그 스스로 자신의 삶이 행복했다고 여겼는지는 자세히 알 길이 없다. 다만 전원생활을 하며 읊은 그의 작품이 후대에 커다란 칭송을 받은 것만은 확실하다. 남조 양나라의 종영鍾嶸은 최초의 시평인《시품詩品》에서 그의 시를 이같이 평했다.

"고금을 통틀어 은일시隱逸詩의 조종祖宗이다."

실제로 그의 시는 맹호연孟浩然과 왕유王維, 유종원柳宗元 등 당나라 때의 내로라하는 시인들에게 지대한 영향을 미쳤다. 도연명처럼 뛰어난 자질을 타고난 사람은 평생 남에게 허리를 굽히는 것을 마다하며 고고한 삶을 살 수 있을 것이다. 그러나 그런 자질도 없는 사람은 어찌해야 할까? 몸을 굽히고 사는 수밖에 달리 방도가 없다.

이때 취할 수 있는 길은 두 가지다. 적당히 몸을 굽히며 자아실현을 해나가는 길이다. 이를 중은中隱이라고 한다. 이에 반해 도연명처럼 도사 내지 거사의 행보를 보이며 전원에 아예 파묻히는 것은 소은小隱이라고 한다. 몸을 숨기는 방법으로는 중은이 소은보다 한 수 위다. 그렇다면 대은大隱은 무엇일까?《도덕경》에서 얘기하는 소위 '화광동진和光同塵'이 이에 해당한다. 빛을 부드럽게 하여 속인과 함께 산다는 뜻이다.

화광동진의 단계에서는 '은일'과 '출세'의 구별이 무의미해진다. 속세에서 은일하고, 은일 속에서 속세를 살아가기 때문이다. 대표적인 인물로 춘추시대 중엽 초 장왕을 도와 패업을 이룬 당대의 명재상 손숙오孫叔敖를 들 수 있다.《사기》의〈순리열전〉에 따르면 당시 초나라 백성들은 바퀴가 작고 높이가 낮은 수레를 즐겨 탔다. 초 장왕이 영을 내려 수레의 높이를 높이려고 하자 그가 만류했다.

"그런 영은 아무리 많이 내릴지라도 백성들이 따라야 하는 이유를 모르는 까닭에 효험을 볼 수 없습니다. 지금 대왕은 수레의 높이를 높이고자 합니다. 그렇다면 차라리 백성들에게 대문의 문지방을 높이도록 유도하십시오. 수레를 탄 사람들은 모두 지체가 높은 자들입니다. 이들은 번거롭게 여러 번 수레에서 내리는 것을 감당치 못할 것입니다."

과연 반년 만에 백성들 모두 스스로 수레의 높이를 높였다. 그가 세 번 재상 자리에 오르고 세 번 물러난 소위 '삼위삼거三爲三去' 일화는 중국의 고전에 두루 나오는 매우 유명한 일화다. 《장자》의 〈전자방〉 편의 일화에 따르면 하루는 전설적인 도인인 견오肩吾가 그에게 물었다.

"그대는 세 번이나 영윤(令尹; 초나라 재상)이 되었으나 이를 영화로 생각지 않고, 세 번이나 영윤의 자리에서 물러났으나 전혀 근심하는 기색이 없었소. 그대의 입장은 과연 어떤 것이오?"

손숙오가 대답했다.

"내가 어찌 특별히 남보다 뛰어날 리 있겠소? 내가 관여할 바가 아니라고 생각하는 까닭에 태연한 것이오. 나는 '삼위삼거'가 나로 인한 것인지 아니면 그 밖의 다른 것으로 인한 것인지 알 길이 없소. 다른 것으로 인한 것이라면 내가 기뻐하거나 우려할 일이 없고, 나로 인한 것이라면 응당 그런 것이니 내가 기뻐하거나 우려할 일이 없소. 나는 스스로 유유자적하며 사방을 두루 살피는 데 여념이 없는데 어느 겨를에 '삼위삼거' 문제로 신경을 쓸 수 있겠소?"

이는 장자가 활약하는 전국시대 말기에 이르러 그에 관해 무수한 일화가 만들어졌음을 반증한다. 《열자》의 〈열부〉 편에도 유사한 일화가 나온다. 하루는 한 현자가 손숙오를 만나 물었다.

"사람들에게는 세 가지 원망怨望이 있소. 그대는 이를 알고 있소?"

"그게 무엇이오?"

"작위가 높으면 사람들이 투기하고, 관직이 크면 군주가 미워하며,

녹봉이 두터우면 원망이 쏠리는 게 그것이오."

"나는 작위가 높아질수록 뜻을 더욱 낮추고, 관직이 커질수록 마음을 더욱 작게 하며, 녹봉이 두터울수록 베푸는 것을 더욱 넓히고 있소."

원망을 들을 일이 전혀 없는 것이다. 이게 바로 '대은'의 경지이다. 대략 직위가 높아질수록 더 겸허한 자세를 취하면 손숙오처럼 '대은'을 행할 수 있다. 그러나 이를 실천하는 게 결코 쉬운 일이 아니다. 대다수 사람들이 출세를 위해 더 쉬운 '아첨'의 길을 택하는 이유가 여기에 있기 때문이다.

원래 지위가 높은 사람일수록 아랫사람들로부터 칭송을 듣고 싶어 한다. 역대 황제들이 모두 주변에 아첨꾼을 가까이한 것은 바로 이 때문이다. 지방의 말단 관원조차 부하들로부터 칭찬을 들으면 우쭐해한다. 황제의 경우는 더 말할 것도 없다. 이게 심해지면 유아독존의 독선으로 간다. 이 때문에 간관諫官을 옆에 두고 수시로 간언을 들어야 하는 것이다.

이와 관련해 재미난 일화가 있다. 남북조 때 남연의 개국조인 헌무제獻武帝 모용덕慕容德은 군서群書를 두루 읽은 데다 다재다능하고 인품도 뛰어났다. 17세 때 이미 신장이 8척 2촌에 달했고, 용모 또한 웅장하고 빼어났다. 하루는 그가 많은 신하를 모아놓고 큰 연회를 베풀었다. 주연이 한창 무르익었을 때 문득 군신들에게 물었다.

"경들은 짐의 치국 능력이 과연 어느 정도라고 생각하오?"

군신들이 입을 모아 말했다.

"실로 어깨를 겨룰 사람이 없을 정도로 뛰어납니다."

모용덕이 다시 물었다.

"역대 황제 중 누구와 비교할 만하다고 생각하오?"

이때 청주자사 국중鞠仲이 자리에서 일어나 말했다.

"폐하는 문무를 겸비했으니 감히 비교할 자가 없습니다. 전에도 없고 앞으로도 없을 것입니다. 후한의 광무제 유수는 폐하의 제자로 인정해 주면 크게 만족할 터이고, 한 고조 유방은 폐하의 뒷모습을 바라볼 수밖에 없을 것입니다."

헌무제가 크게 웃으며 비단 1천 필, 좋은 밭 1천 무, 미녀 1천 명을 하사하겠다고 말했다. 국중이 크게 놀라 황급히 절을 하며 사례했다.

"성은이 망극합니다."

그러자 헌무제가 껄껄대며 이같이 말했다.

"감사할 필요 없소. 농담으로 한 말이니까! 경이 흰소리로 짐을 치켜 세운 까닭에 짐도 흰소리로 상을 내렸을 뿐이오."

전설 같은 일화이니 역사적 사실로 믿기는 어려우나 모용덕이 나름 뛰어난 자질을 지닌 명군이었다는 사실을 전하고 있다. 고금동서를 막론하고 명군과 암군의 분기점은 곁에 아첨을 일삼는 유신諛臣을 두는가, 아니면 역린을 무릅쓰고 직언을 행하는 간관을 두는가 여부에 달려 있다. 이는 높은 자리에 오를수록 인간은 칭찬에 약하다는 사실을 반증하는 것이다.

《춘추좌전》에 좋은 예가 나온다. 기원전 484년, 위나라 대부 공어는 위 영공의 딸과 결혼한 당대의 실세였다. 그는 이에 만족하지 않고 자신의 기반을 튼튼히 하기 위해 대부 태숙질을 억지로 이혼시킨 뒤 자신의 딸과 결혼시켰다. 그러나 이후 태숙질이 이혼한 전 부인과 계속 만나자 화가 난 공어는 군사를 동원해 그를 공격하면서 그 처리 문제를 공자에게 물었다. 이에 공자가 대답했다.

"예에 관한 일에 대해서는 일찍이 배운 바가 있으나 군사에 관한 일에 대해서는 아직 들어보지 못했소."

공자는 곧 밖으로 나가 수레에 말을 매어 떠날 채비를 갖추게 하고는 이같이 말했다.

"새도 나무를 가려서 앉는 법이다. 나무가 어찌 새를 가릴 수 있겠는가?"

여기서 '조즉택목鳥則擇木'이라는 성어가 나왔다. 이와 비슷한 내용이 《논어》의 〈위령공〉 편 첫머리에 나온다. 여기서는 위령공의 질문에 대해 공자가 "제사에 관한 일은 일찍이 들은 바가 있으나 군사에 관해서는 배운 바가 없소"라고 말하며 곧바로 위나라를 떠나는 것으로 되어 있다. 같은 내용이 다르게 전해졌거나 비슷한 상황이 두 번에 걸쳐 빚어졌거나 둘 중 하나일 것이다.

당시 공어도 위령공과 마찬가지로 크게 당황한 나머지 황급히 뛰쳐나와 공자를 만류했다.

"제가 어찌 감히 사적인 일로 그런 일을 도모하려 했겠습니까? 저는 위나라의 화환을 막기 위해 물었던 것입니다."

공어가 공자에게 군사 문제를 물은 것은 공자의 권위를 이용해 태숙질에 대한 군사 공격을 정당화하려는 속셈에서 나온 것이었다. 그러나 공자는 공어가 추진한 이 일 자체에 혐오감을 느낀 나머지 이내 중단을 촉구한 뒤 곧바로 귀국 채비를 했던 것이다. 당시 공자의 결심은 확고했다. 뒤늦게 공어가 사과하며 만류했으나 이미 시간이 너무 늦었다. 이것이 공자가 14년간에 걸친 천하 유세를 마치고 고국인 노나라로 돌아온 배경이다.

여기서 '양금택목이서良禽擇木而棲, 현신택왕이사賢臣擇王而事'라는 말이 나왔다. 좋은 새는 나무를 잘 가려서 둥지를 틀고, 현명한 신하는 군주를 가려서 섬긴다는 뜻이다. 한 마디로 '택주이사擇主而仕' 즉, 주군으로 모실 사람을 잘 가려 벼슬을 산다는 뜻이다. 제갈량이 유비의 삼고초려에 감읍해 이내 그의 휘하로 들어가 죽을 때까지 충성을 바친 게 이 경우에 속한다.

난세의 시기에는 군주도 좋은 신하를 만나야 하지만 신하 역시 좋은 군주를 만나야 한다. 그렇지 못할 경우 아무리 공을 세워도 표시가 나지 않을 뿐 아니라 오히려 몸을 망칠 수도 있다. 자신의 능력을 인정해 주는 소위 '지은知恩'을 베풀 수 있는 군주를 만나야 손숙오처럼 '대은'을 행할 수 있게 된다.

그러나 이게 쉽지 않다. 이와 관련해 본보기가 될 만한 사례가 있다. 아편전쟁이 일어날 당시 도광제에게는 모두 아홉 명의 아들이 있었다. 이들 중 네 번째 아들인 혁저奕詝와 여섯 번째 아들인 혁흔奕訢이 자신의 후계로 가장 유력했다. 도광제는 고민 끝에 네 번째 아들인 혁저를 선택했다. 그가 바로 함풍제이다. 그러나 이는 최악의 선택이었다. 함풍제가 훗날 청국을 패망으로 이끄는 데 결정적인 역할을 한 궁녀 출신을 총애해 귀비로 발탁한 사실이 이를 뒷받침한다. 그녀가 바로 서 태후西太后였다.

《청사고》의 〈두수전전〉에 따르면 도광제의 생전에 네 번째 아들인 혁저와 여섯 번째 아들인 혁흔은 스승의 조언을 토대로 부황의 총애를 얻기 위해 치열한 경쟁을 벌였다. 두 황자의 스승은 자신들의 정치 운명이 두 황자의 황태자 낙점 여부에 달려 있다는 사실을 잘 알고 있었다. 비록 스스로 주군을 선택하는 택주이사의 사례에 딱 맞아 떨어지는 것은 아니지만 두 사람은 택주이사에 못지않게 제자의 황태자 낙점을 위해 혼신의 노력을 기울였다.

당시 혁저의 스승은 두수전杜受田이었다. 도광제는 재위 만년의 어느 봄날에 황자들의 기사騎射 능력을 시험하기 위해 남원南苑으로 사냥 시합을 간 적이 있었다. 도광제는 무공이 출중했으나 도학에 심취한 이후에는 무예를 좋아하지 않았다. 실제로 그는 즉위 후 전통적으로 열리던 사냥 시합을 취소시키기도 했다.

혁저는 사냥에서 동생 혁흔을 따를 수 없었다. 사냥하기 하루 전에 권모술수에 능한 두수전이 도광제의 심리를 읽고 제자인 혁저에게 이같이 권했다.

"사냥터에 도착하면 절대 화살 하나 날리지 마십시오. 따라간 자들에게도 살아 있는 생물을 하나도 붙잡지 못하도록 단속하십시오. 황상이 그 이유를 물으면 단지 '시절이 봄이고 새나 짐승도 자식을 낳아 기르는 때인데 차마 산 것을 죽여 천륜을 어기게 할 수 없었습니다. 사냥에서 조금 나은 것을 가지고 형제들과 다투기도 싫었습니다'라고 하십시오."

과연 혁저는 사냥터에 도착해 화살을 한 발도 날리지 않았다. 혁흔이 가장 많은 소득을 올렸다. 혁저가 빈손으로 가마히 서 있자 도광제가 그 이유를 물었다. 혁저가 스승인 두수전이 일러준 대로 대답하자 도광제가 찬탄했다.

"이는 진정 제왕의 언사다!"

혁저가 바로 도광제의 뒤를 이어 보위에 오른 '함풍제'이다. 〈두수전전〉의 기록을 액면 그대로 믿기는 어려우나 도광제가 혁저를 높이 평가한 것만은 확실하다. 당시 무예뿐만 아니라 학문과 임기응변의 언변, 대세의 판단력, 과감한 추진력 등 모든 면에서 혁흔이 위였다. 객관적으로 볼 때 혁흔이 뒤를 잇는 게 옳았다. 그럼에도 낙점은 혁저에게 떨어졌다. 모든 것을 투자한 두수전의 택주이사의 결과로 볼 수도 있다.

택주이사의 대표적인 사례로 전국시대 말기의 이사李斯를 들 수 있다. 원래 이사는 초나라 상채上蔡 출신으로 젊었을 때 군郡의 소리小吏로 있었다. 하루는 변소의 쥐가 오물을 먹다가 사람과 개가 다가가면 놀라서 도주하는 데 반해, 창고의 쥐는 넓은 건물 안에 살면서 사람과 개가 지나가는 데도 전혀 겁내지 않고 곡식을 여유 있게 먹는 것을 보게 되었다. 충격을 받은 그는 이같이 소리쳤다.

"아, 사람의 잘나고 못난 것은 비유하면 쥐와 같은 것이다. 오직 스스로 어떤 상황에 처하는지에 달렸을 뿐이다."

이에 그는 곧 당대의 명유名儒인 순자를 찾아가 제왕지술帝王之術 즉, 제왕의 통치술을 배웠다. 법가 사상을 집대성한 한비자는 그와 동문이었다. 그는 학문이 어느 정도 완성되자 곧 스승을 찾아가 하직 인사를 올렸다.

"듣건대 '때를 얻으면 태만하지 말라'고 했습니다. 지금 제후들이 바야흐로 서로 다투자 유세객들이 정사를 주도하고 있고, 진나라 왕은 천하를 병탄하여 황제를 칭하려 하고 있습니다. 지금이 바로 포의布衣가 유세하기 좋은 시기인 듯합니다. 비천한 처지에 있으면서 자신의 계책을 실행하지 않는 것은 고깃덩이를 보면 굶주린 짐승처럼 바로 집어삼켜야 하는 처지에 있는 데도 사람의 얼굴을 한 까닭에 억지로 참는 것에 불과합니다. 치욕으로 말하면 비천보다 더 큰 게 없고, 슬픔으로 말하면 빈궁보다 더 심한 게 없습니다. 오랫동안 비천한 지위와 곤궁한 처지에 놓여 있는 데도 부귀를 비판하며 스스로 실행하지 않는 것은 선비의 진심이 아닐 것입니다. 저는 장차 서쪽으로 가 진왕에게 유세할 생각입니다."

그가 진나라에 이르렀을 때 마침 진 장양왕이 죽은 까닭에 이내 여불위를 찾아가 그의 사인舍人이 되었다. 그의 학문과 재주를 아낀 여불위는 곧 그를 낭관(郎官: 황제의 시위)으로 천거했다. 그가 낭관의 자격으로 자연스럽게 진시황을 만나 유세하자 진시황이 크게 기뻐하며 그를 곧 객경(客卿: 타국 출신 자문관)에 임명했다. 그러나 기원전 237년 여불위가 노애의 반란에 연루돼 상국의 자리에서 쫓겨나자 진나라의 대신들이 진시황을 찾아가 이같이 건의했다.

"여불위도 다른 나라에서 온 자입니다. 지금 진나라에 들어와 벼슬하는 타국 출신 모두 그들의 군주를 위해 유세하면서 진나라 군신을 이간하고 있습니다. 이들을 모두 내쫓아야 합니다."

진시황이 '축객령(逐客令: 유세객을 추방하는 명령)'을 내린 배경이다. 축객령은 타국 출신으로 진나라에 들어와 벼슬을 살고 있는 소위 '기려지신羈旅之臣'과 유세객 모두 지위 고하를 막론하고 추방한다는 내용이었다. '축객령'의 발포發布에는 당시 진나라의 치수治水 사업을 맡고 있던 정국鄭國이 한나라에서 온 첩자라는 사실이 밝혀진 점도 크게 작용했다.

당시 한나라는 진나라가 대규모 치수 사업에 힘을 쏟아 자국을 침공치 못하게 할 속셈으로 수리 전문가 정국을 파견했다. 함양 인근의 경수涇水를 300여 리 떨어진 낙하洛河에 연결시켜 농토를 관개해야 한다고 주장한 정국은 승낙을 받자마자 곧바로 대규모 공사를 진행시켰다. 그러나 공사가 반쯤 진행되었을 때 그의 신분이 발각됐다. 하지만 오히려 그가 공사가 마무리되면 진나라에 이로울 것이라며 설득하자 진시황은 이를 받아들였다. 결국 진흙이 섞여 있는 경수의 물을 끌어오자 염분이 섞인 관중關中 지방의 농토가 일거에 비옥한 농토로 일변했다. 진나라의 국력을 피폐케 만들고자 한 계책이 오히려 진나라를 더욱 부강하게 만든 셈이 되었다.

이는 당시 객경으로 있던 이사가 쫓겨 가는 와중에 올린 상소문 〈간축객서諫逐客書〉의 취지와 같다. 그 골자는 다음과 같다.

들건대 "태산은 모든 토양을 가리지 않고 받아들여 그같이 크게 되고, 강과 바다는 작은 시냇물도 가리지 않고 받아들여 그렇게 깊게 되었다"고 합니다. 왕자王者는 백성들의 귀의를 두루 받아들임으로써 덕정을 널리 펼 수 있는 것입니다. 그런데 지금 대왕은 백성들을 버려도 적국에 도움을 주는 것인데 하물며 찾아온 빈객을 물리쳐 다른 제후들이 업적을 쌓도록 도와주고 있습니다. 소위 "도적에게 군사를 빌려주고, 양식을 집어준다"고 한 것이 바로 이를 두고 이르는 말입니다.

〈간축객서〉는 제갈량의 〈출사표〉에 버금가는 것으로 평가받는 명문이다. 당시 진시황은 이를 읽고 크게 깨달은 바가 있어 곧 축객령을 거두고 사방으로 사람을 보내 그를 데려오도록 했다. 그는 복직하자마자 이같이 건의했다.

"진나라가 천하를 도모한 지 이미 여러 대가 되었습니다. 진나라의 힘과 대왕의 위망威望으로 6국을 무찌르는 것은 마치 먼지를 터는 것과 같이 쉬운 일입니다. 그런데도 부지런히 천하를 도모하지 않은 채 다른 나라들이 다시 부강해지는 것을 앉아서 구경만 하려는 것입니까? 6국이 다시 합종하여 일어나면 어찌할 것입니까? 그때는 후회해도 미치지 못할 것입니다."

"어찌하는 것이 좋겠소?"

"몰래 유세객을 시켜 각국에 금옥金玉을 가지고 가 유세하도록 하십시오. 각 제후국의 명사들 중 금전으로 매수할 수 있는 자들에게는 재물을 후하게 주어 교결交結하고, 이를 거부하는 자는 가차 없이 제거토록 하십시오."

진시황이 천하 통일 과정에서 무력과 더불어 반간계를 구사한 배경이 여기에 있다. 비록 정당한 방법은 아니나 천하의 유세객들이 각국으로 가 재물을 뿌리며 유세한 덕분에 진시황의 천하 통일이 앞당겨진 점만은 높이 살 만하다. 비슷한 시기에 이사와 더불어 진시황을 섬긴 병가의 대가 위료자尉繚子도 유사한 건의를 한 바 있다. 이사가 천하 통일의 방략으로 반간계를 권한 것은 되도록 피를 적게 흘리며 속히 천하 통일을 이루고자 하는 취지에서 나온 것이다. 이사의 발탁은 명군과 현신의 만남에 해당한다. 천하 통일이 그의 건의를 좇아 이뤄진 게 그 증거다.

이사가 진시황을 만난 이후 자신의 재주를 유감없이 펼쳐 마침내 역사상 첫 제국인 진 제국의 승상 자리에 오르게 된 단초는 말할 것도 없이 여불위와의 만남에 있다. 여불위와의 만남이 없었다면 진시황을 만나는 것 자체가 불가능했을 것이다. 그는 한 치 앞을 내다볼 수 없는 난세의 시기에 공恭을 통해 성공한 경우에 속한다.

08

붕繃
큰 인물로 포장해 신뢰케 만들라

'붕繃' 자는 속어에서 '뻣뻣하게 군다'는 뜻으로 '공恭' 자와 대비되는 말이다. 이는 아랫사람과 백성들을 대하는 태도를 말하는데 두 가지로 나눌 수 있다. 하나는 외관상 위엄을 갖춘 큰 인물이라는 인상을 풍겨 감히 범접하지 못하게 만드는 것을 말한다. 또 하나는 어투를 통해 흉중에 큰 뜻을 지닌 위대한 인물로 여기도록 만드는 것을 말한다.

'붕繃' 자는 《36계》의 제1계로 나오는 소위 '만천과해瞞天過海'와 통한다. 황제를 속여 무사히 바다를 건넌다는 뜻이다. 《영락대전》의 〈설인귀정료사략〉에 따르면 이는 당 태종이 바다를 건너 고구려를 정벌하러 떠날 때의 일화에서 나왔다. 당시 30만 대군을 이끌고 장안을 떠나 요동으로 향하던 당 태종은 일망무제의 발해만을 바라보고는 바다를 넘어가는 게 엄두가 나지 않았다.

대장 설인귀가 이를 보고는 계책을 냈다. 태종을 바닷가의 한 장막으로 모신 뒤 주연을 베풀고 음악을 연주하게 했다. 일순 당 태종이 시름을 잊고 크게 취했다. 한참 후 홀연 파도 소리가 들렸다. 장막을 걷고 바깥을 내다보니 30만 대군이 이미 배를 타고 바다를 건너고 있다는 것을 알게 되었다. 설인귀는 당 태종이 바다를 건너는 것을 꺼려 환군할까 우려한 나머지 당 태종을 속이고 바다를 건넜던 것이었다. 여기서 천자를 속이고 바다를 건넌다는 뜻의 성어 '만천과해'가 나왔다. 물론 이 일화는 역사적 사실과 동떨어진 전설에 지나지 않는다.

만천과해의 구체적인 사례로 삼국시대 태사자太史慈의 경우를 들 수 있다. 북해 태수 공융孔融이 적에게 포위되었을 때 휘하의 태사자는 원병을 청하러 가야 하는 사명을 띠고 있었다. 그가 활과 과녁을 휘하에게 들리고 성 밖으로 나가자 성 안의 군사나 성 밖의 적병들 모두 크게 놀랐다. 태사자는 태연히 말을 끌고 성 가까이에 있는 언덕에 과녁을 세우고 활쏘기 연습을 시작했다. 연습이 끝나자 그는 다시 성 안으로 돌아왔다. 다음 날도 똑같은 자세로 아무 일이 없다는 듯 활쏘기 연습을 했다.

그러자 성 밖에 있던 적병들 중에는 이를 신기해하며 구경하는 자도 있고, 드러누워 낮잠을 자는 자도 생겼다. 며칠 동안 이같이 활쏘기를 계속하자 적병은 이제 그에게 아무런 관심조차도 갖지 않게 되었다. 이를 틈타 태사자는 갑자기 말 위에 올라 채찍을 휘두르며 비호처럼 적의 포위망을 뚫었다. 적들이 속았구나 하고 손을 쓰려 했을 때는 이미 그가 멀리 가버린 뒤였다. '붕繃' 자 비결의 요체는 이처럼 겉으로 위엄을 내보임으로써 상대방이 감히 범접하지 못하도록 기만하는 데 있다.

당나라 때 태상박사 이길보李吉甫가 이와 유사한 행보를 보인 바 있다. 그는 젊었을 때부터 박학다문博學多聞을 자랑했다. 조정대신 이심李沁은 그를 높이 평가했으나 재상 육지陸贄는 오히려 그를 동해 구석의 명주明

州로 보냈다. 후에 다시 충주忠州로 가게 됐는데 마침 육지가 그곳에 귀양을 와 있었다. 육지의 친구들은 이길보가 보복할까 우려했다. 그러나 이길보는 충추에 부임한 후 옛날의 은원은 모두 잊은 듯 오히려 육지와 가까이 지냈다.

이길보는 이후 요주饒州로 이임하게 됐다. 부임하자마자 좌우에서 관저에 귀신이 있어 4명의 자사가 모두 죽었고, 이후 관저에 머물지 않게 됐다는 사실을 알려줬다. 이길보는 귀신을 믿지 않는 사람이었다. 좌우는 할 수 없이 관저에 수북이 난 덤불과 잡초 따위를 제거해 그가 살 수 있게 했다. 이후 그때는 물론, 이길보가 이임한 뒤에도 요주의 관저에 다시는 귀신 소동이 일어나지 않았다.

당 헌종이 보위에 오른 후 이길보는 한림원 학사가 되었다. 이때 사천 절도사 유벽劉辟이 병변을 일으켰다. 이길보와 두황상 등이 속히 군사를 동원해 토벌할 것을 주장했다. 이어 은밀히 헌종에게 강회江淮 일대에서 군사를 모아 사천 쪽으로 공격해 들어갈 것을 건의했다. 그의 책략은 모두 채택됐다. 헌종의 신임이 두터워졌다. 원화 2년(807) 그는 재상이 되었는데, 오랫동안 강회 일대에서 근무하면서 백성들의 고통은 물론 번진 세력의 병폐를 절감한 까닭에 이를 막기 위한 일련의 정책을 실시해 호평을 받았다.

한번은 어떤 사람이 사원에 대한 부세賦稅 면제를 건의하자 이를 거절했다. 백성들에 대한 부담이 커질까 우려해서였다. 헌종의 어린 공주가 요절하자 어떤 사람이 어린 공주를 위한 사당 건립을 건의했다. 헌종은 덕종 때의 선례를 좇아 사당의 규모를 반으로 축소해 건립코자 했다. 이길보가 이 얘기를 듣고 반대했다.

"덕종 때 사당은 120칸에 이릅니다. 이를 반으로 줄일지라도 천하에 절검하는 모습을 보이는 셈입니다. 그러나 당시의 사당은 덕종 황제가 창설한 것입니다. 이전에 그런 제도는 없었습니다. 신의 생각으로는 그곳에 몇 가구를 이주시켜 대대로 땅을 부치며 공주의 묘를 지키도록 하는 게 좋을 듯합니다."

헌종이 흔쾌히 동의하자 이길보는 황급히 절을 하며 사은했다. 헌종은 그가 너무 황공해하는 모습을 보고 웃으며 말했다.

"사당을 짓지 않는 것은 짐의 뜻을 거스르는 일이 아니오. 이후 짐에게 무슨 잘못한 일이 있으면 서슴없이 말하도록 하시오. 그처럼 황공해할 필요는 없소."

그러나 이길보는 처세에 밝아 결코 황상의 심기를 불편하게 만들지 않았다. 헌종은 고른 의견을 듣기 위해 이길보를 중용하면서도 한편으로는 직간을 서슴지 않는 이강李絳을 중용했다. 한번은 이길보가 조정에서 이같이 말했다.

"신하로서 진언하면서 황상을 강압해서는 안 된다. 군주가 기뻐해야 대신 또한 평안해질 수 있다."

그러자 이강이 즉각 반박했다.

"용안을 범하는 것을 두려워하지 않아야 한다. 이것이 신하가 해야 할 도리다. 황상이 위험에 빠질 게 뻔한 데도 수수방관하는 것이 어찌 충성이 될 수 있겠는가?"

헌종이 이강을 극찬했다. 이길보는 중서성으로 돌아온 뒤 장탄식을 하며 후회했으나 이미 지나간 일을 어쩔 수 없었다. 또 한번은 이길보가 이같이 말했다.

"국가를 통치하는 요체는 상과 벌입니다. 폐하의 상은 지나치게 많습니다. 응당 엄법으로 다스려야 천하를 진흥시킬 수 있습니다."

이강이 즉각 반박했다.

"자고로 성왕은 덕을 숭상했지 형벌을 숭상치 않았습니다. 한 문제와 한 경제를 배울 생각을 하지 않고 진시황을 닮고자 하니 이 어찌 황당한 일이 아니겠습니까?"

이강과 이길보는 사사건건 대립했다. 조정에는 이강의 무리가 많았으나 이길보는 늘 화합하는 모습을 보였다. 마음속으로는 꺼릴지라도 정적에게 해를 끼치는 일은 없었다. 붕繃을 자를 마음에 새긴 까닭이었다. 또 그는 장안에 있는 집 이외에는 별도의 재산을 갖지 않았는데, 이로 인해 그의 명성이 높아졌다.

붕繃 자 비결은 합종연횡의 종횡술과 맥이 닿는다. 춘추시대에 이미 전국시대 말기에 활약한 소진과 장의 등 종횡가의 선구적인 인물이 등장했다. 그는 바로 공자의 제자 중 가장 뛰어난 언변을 자랑했던 자공子貢이다.

원래 그는 위나라 사람으로 이름은 단목사端沐賜다. 나이는 공자보다 31년이나 아래였다. 그는 공자의 제자 중 가장 머리가 명석한 인물로, 특히 언변에 출중한 재능이 있었다. 사서에는 그의 화려한 행보가 대거 실려 있다. 공자는 자공이 변설이 지나치게 능한 것을 우려해 늘 이를 억누르려고 했다. 하루는 공자가 자공에게 물었다.

"너와 안회顔回 중 누가 더 나으냐?"

안회는 공자의 제자 중 가장 어진 인물이었다. 그러자 자공이 이같이 대답했다.

"제가 어찌 감히 안회를 바라볼 수 있겠습니까? 안회는 하나를 들으면 열을 알고, 저는 하나를 들으면 겨우 둘을 알 뿐입니다."

자신의 재능에 대해 겸양한 듯하면서도 한없는 자부심을 드러낸 대답이었다. 공자가 왜 이같이 물었는지는 알 길이 없다. 대략 자공의 지나친 자부심을 제어하기 위해 이런 질문을 던진 것으로 짐작된다. 이때 자공이 공자의 가르침을 받고 난 뒤 공자에게 물었다.

"저는 어떤 사람입니까?"

어찌 보면 매우 당돌하기 그지없는 질문이 아닐 수 없다. 스승의 질문에 대한 반격의 성격이 짙었다. 공자가 대답했다.

"너는 그릇이니라."

자공이 또 물었다.

"어떤 그릇입니까?"

공자가 대답했다.

"호련(瑚璉: 종묘 제사에 쓰는 귀한 그릇)이다."

공자도 자공의 뛰어난 재능을 액면 그대로 인정한 셈이다. 자공은 머리도 비상하고 언변이 뛰어났던 만큼 스승인 공자를 가장 잘 변호한 인물이기도 했다. 하루는 제나라의 권신인 진항陳恒이 자공에게 이같이 물은 적이 있었다.

"중니(仲尼: 공자)는 누구에게서 배웠소?"

자공이 대답했다.

"주 문왕과 무왕의 도가 아직 땅에 떨어지지 않고 사람에게 보존되어 있습니다. 현자들은 그중에서 큰 것을 기억하고 있고, 그렇지 못한 자라도 작은 것을 기억하고 있습니다. 이처럼 주 문왕과 무왕의 도를 사람마다 지니고 있으니 선생님이 누구에겐들 배우지 않았겠습니까? 그러니 또한 어찌 일정한 스승을 두었겠습니까?"

명변明辯이다. 반론의 여지가 없다. 실제로 만세의 사표인 공자는 일정한 스승 밑에서 배운 적이 없었다. 공자는 삶의 체험 속에서 인애仁愛

의 이치를 터득했다. 공자의 통치 사상을 한마디로 요약하고 있는 인仁에 대한 여러 해석에도 불구하고 '인즉인仁則人'보다 더 절실한 해석은 존재하지 않는다. 공자의 모든 사상은 지인(知人: 사람을 이해함)에서 시작해 애인(愛人: 사람을 사랑함)에서 끝난다. 자공은 바로 공자 사상의 기반이 어디에 있는지를 통찰하고 있었던 것이다.

그러나 후세인들의 자공에 대한 평가는 그다지 높지 않았다. 이는 그가 이재理財에 밝았던 것과도 무관치는 않았다. 그러나 사마천은《사기》의 〈화식열전〉에서 이같이 칭송해놓았다.

> 자공은 공자의 제자들 중 가장 부유했다. 그가 많은 수레에 속백(束帛: 나라 사이에 서로 방문할 때 공경의 뜻으로 보내던 예물)을 들고 제후들을 방문하면 마당에 나와 항례(抗禮: 대등한 예절)를 하지 않은 자가 없었다. 무릇 공자가 천하에 명성을 떨친 건 자공이 앞뒤를 보살폈기 때문이다.

두뇌가 명석하고 언변이 뛰어났던 자공은 공자의 명을 좇아 위기에 처한 노나라를 구한 바 있다.《사기》의 〈중니제자열전〉에 따르면 공자가 14년간에 걸친 천하 유세를 그치고 노나라로 돌아와 제자들을 가르칠 때였다. 당시 자공은 노정공의 총애를 입어 노나라 조정에서 대부로 일하고 있었다. 마침 제나라 군사가 노나라로 쳐들어올 것이라는 소문이 나돌았다. 공자가 이 소문을 듣고 크게 우려했다. 곧 제자들을 불러놓고 대책을 상의했다.

"노나라는 부모의 나라로 조상의 묘가 모두 여기에 있다. 지금 제나라가 장차 우리 노나라를 치려 하니 그대들은 출국하여 한 번 노나라를 위해 노력해볼 생각이 없는가?"

성질이 급한 자로가 곧바로 작별을 고한 뒤 출국하려고 했다. 하지만 공자가 만류했다. 자장 등도 자원했으나 공자가 허락지 않았다. 이내 가장 언변이 뛰어난 자공이 나섰다.

"제가 가면 어떻겠습니까?"

"사(賜: 자공)가 가면 괜찮을 것이다."

자공이 바로 제나라를 향해 떠났다. 그는 제나라에 당도해 집정대부 진항陳恒을 배견한 뒤 이같이 말했다.

"노나라는 공략하기 대단히 어려운 나라입니다. 그대가 노나라를 치려는 것은 잘못입니다."

"노나라가 왜 치기 어렵다는 것이오?"

자공이 대답했다.

"노나라의 성벽은 얇고도 낮고, 성을 둘러싼 해자垓字는 좁고도 얕으며, 군주는 어리석고 불인不仁하며, 대신들은 쓸모가 없고, 병사들은 전쟁을 싫어합니다. 그러니 그대는 그들과 싸울 수 없습니다. 그대는 오나라를 치느니만 못합니다. 오나라는 성벽이 견고하고 높으며, 성을 둘러싼 해자는 넓고도 깊고, 갑옷은 견고하며, 사병은 정예하고, 기물들은 진귀하며, 궁노弓弩는 강력하고, 뛰어난 장수를 보내 성을 수비하고 있습니다. 이것이 바로 공략하기 쉬운 나라입니다."

진항이 화를 냈다.

"그대가 어렵다고 하는 것은 사람들이 쉽게 여기는 것이고, 그대가 쉽다고 한 것은 사람들이 어렵다고 여기는 것이오. 그대가 이런 얘기로 나를 가르치려고 하는 것은 무슨 뜻이오?"

자공이 말했다.

"지금 그대가 노나라를 쳐 제나라의 영토를 넓히고, 노나라를 멸함으로써 자신의 위세를 높이려 하나, 사실 그대가 세울 공은 오히려 여기에 있지 않습니다. 만일 이같이 되면 그대는 위로는 군주의 생각을 더욱 교만 방자하게 하고, 아래로는 군신들로 하여금 더욱 자의적으로 행동하게 만드니, 하나의 큰 사업을 성취하기 위한 것으로는 매우 어렵게 됩니다. 군주가 교만 방자하면 사람을 능욕하게 되고, 신하들이 교만 방자하면 사람들과 다투게 됩니다. 이런 상황에서 그대의 제나라에서의 위치는 누란(累卵: 포개놓은 계란)과 같습니다. 그래서 '오나라를 치느니만 못하다'고 말한 것입니다.

오왕은 강맹剛猛하고 과단성이 있으며, 자신의 명을 능히 관철시켜 집행할 수 있습니다. 그의 백성들은 공수에 능하고, 법의 금령을 잘 알고 있습니다. 제나라 군사가 그들과 교전하면 곧 그들에게 포획되고 말 것입니다. 그러나 만일 지금 그대가 국내의 모든 갑옷을 끄집어낸 뒤 대신들을 시켜 이를 입게 하면 백성들은 나라 밖에서 전사하게 되고, 대신들은 군사들을 이끌고 가게 되어 조정은 텅 비게 됩니다. 이같이 하면 위로는 그대에게 대적할 신하가 없게 되고, 아래로는 그대와 다툴 포의지사布衣之士가 없게 됩니다. 군주를 고립시켜 제나라를 제압하는 것은 오직 그대의 선택에 달려 있습니다."

장차 제나라를 삼키고자 하는 권신 진항의 입장에서 볼 때 이보다 귀를 솔깃하게 만드는 계책도 없었다. 진항이 즉시 얼굴을 부드럽게 하여 은근히 물었다.

"그러나 다만 우리 군사가 이미 노나라 성벽 아래까지 갔소. 만일 내가 노나라를 떠나 다시 오나라를 향하면 대신들은 곧 나를 의심할 것이오. 어찌 대처하는 것이 좋겠소?"

자공이 대답했다.

"그대는 단지 군사들을 장악한 채 움직이지 마십시오. 그러면 내가 그대를 대신하여 남쪽으로 가 오왕을 만나도록 하겠습니다. 그에게 노나라를 구원하고 제나라를 치도록 청하겠습니다. 그대는 이 기회를 이용해 오나라 군사를 맞아 싸우기 바랍니다."

진항이 크게 기뻐하며 이를 수락했다. 자공은 다시 밤낮을 가리지 않고 오나라로 갔다. 당시 그는 천하의 패자霸者로 군림하던 오왕 부차를 배견한 뒤 이같이 말했다.

"신이 듣건대 '왕자는 후사를 단절치 않고, 패자는 강대한 적을 두지 않는다'고 했습니다. 지금 제나라를 방치하면 만승萬乘의 제나라는 천승千乘의 노나라를 취한 뒤 오나라와 다투게 됩니다. 무릇 노나라를 구하는 것은 아름다운 명분을 얻는 것이고, 제나라를 치는 것은 커다란 실리를 취하는 것입니다. 망하려는 노나라를 보전하는 명분을 얻고, 강포한 제나라에 타격을 가해 강대한 진晉나라로 하여금 오나라를 두렵게 만드는 실리를 취할 수 있습니다. 그러니 대왕은 다시는 이를 의심하여 머뭇거려서는 안 될 것입니다."

천하의 패자가 되겠다는 오왕 부차는 이 말을 듣고 크게 기뻐했다. 그는 곧 군사를 동원해 제나라를 공격했다. 노나라가 위기를 면한 건 말할 것도 없다. 당시 자공이 보여준 눈부신 활약은 마치 전국시대의 종횡가를 보는 듯한 느낌을 주고 있다. 이 일화는《사기》의 〈중니제자열전〉과《오월춘추》에 나온다. 내용은 대동소이하다.

《사기》의 〈화식열전〉을 보면 자공은 열국의 제후를 방문할 때 화려한 수레를 탄 채 수많은 종자를 이끌고 가 제후에 버금가는 대우를 받았다고 한다. 이종오가 말하는 붕繃 자 비결을 실천한 셈이다. 사마천은 이같이 말한 바 있다.

"대체로 일반 백성들은 상대방의 재산이 자기보다 10배 많으면 몸을 낮추고, 100배 많으면 두려워하며, 1천 배 많으면 그의 일을 하고, 1만 배 많으면 그의 하인이 된다. 이것이 사물의 이치다."

사마천은 일반 백성들만 언급했으나 열국의 제후들이라고 다를 리 없다. 화려한 수레에 수많은 종자를 이끌고 오는 당대의 거부이자 공자의 수제자인 자공 앞에서 주눅이 들지 않을 제후가 과연 몇 명이나 있었겠는가? 공자의 이름이 천하에 널리 알려지게 된 것도 자공이 공자를 모시고 다니며 도왔기 때문이라는 사마천의 주장이 결코 틀린 말이 아니다.

후대의 성리학자들은 성인成仁의 안회를 숭상한 까닭에 상대적으로 명지明智의 자공을 낮게 평가했다. 이는 성리학자들이 자공의 종횡가적 행보를 탐탁지 않게 여긴 사실과 무관하지 않았다. 그러나 자공은 공자의 제자 중 가장 현실적인 차원에서 난세의 타개 방안을 찾아낸 발군의 인물이었다.

| 09 |

농聾
귀머거리 흉내로 속셈을 감추라

'농聾' 자는 귀머거리와 벙어리처럼 처신하라는 뜻이다. '비웃고 욕하려거든 마음대로 해라. 그러나 좋은 자리는 모두 내 것이다'라는 자세가 필요하다. 다만 농聾 자에는 장님의 뜻도 포함되어 있으므로 남이 헐뜯고 비방하는 글을 쓰더라도 눈감고 못 본 체하는 자세가 필요하다.

농聾 자는 《36계》에서 제27계로 나오는 '가치부전假痴不癲'을 말한다. 미친 척하며 속셈을 숨기는 계책을 뜻한다. 바보짓을 하는 사람은 겉으로는 어리석은 것처럼 보이지만 내심은 매우 냉정하다. 삼국시대의 사마의는 가치부전을 몸소 행한 장본인에 해당한다.

그는 정적인 조상이 경계심을 누그러뜨리지 않자 거짓으로 중병이 든 것처럼 가장하는 소위 '사병계詐病計'를 구사해 그를 귀신같이 속여 넘긴 바 있다. 당시 그가 구사한 사병계가 바로 가치부전의 전형에 속한다.

당초 조상은 사마의가 칭병하고 조회에 나오고 있지 않는데도 사마의가 도대체 무슨 생각을 하고 있는지 알아보려고도 하지 않았다. 권력에 도취된 결과다. 조상의 음식과 의복은 황제가 사용하는 것과 유사했다. 그는 미인들이 부원府院에 가득한데도 사사로이 궁녀를 기악伎樂으로 삼아 자신의 부중으로 불러들이는가 하면 가무에 능한 양가의 자녀들 30~40명을 뽑아 가악家樂으로 삼았다. 집안에 지하실을 만들어 사방에 화려한 주단으로 장식해놓고 하안 등을 불러 함께 질탕하게 술을 마시며 놀았다. 동생 조희가 이를 심히 우려하여 조상에게 이같이 간했다.

"형님의 위엄과 권세가 지극히 크고 무겁기에 그럴수록 더욱 자중해야만 몸을 보전할 수 있습니다."

조희가 여러 차례 눈물로 저지했음에도 조상은 이를 듣지 않았다. 조상이 무리와 어울려 자주 성 밖으로 출유出遊하자 하루는 휘하 참모 환범이 이같이 말했다.

"만기를 총람하고 금병禁兵을 관장하는 사람은 출성해서는 안 됩니다. 만일 성문을 닫는 일이 일어나면 누가 다시 안으로 들어갈 수 있겠습니까?"

조상이 크게 웃으며 말했다.

"내가 병권을 쥐고 있는데 누가 감히 그리한단 말이오!"

조상은 더욱 기고만장해져 누구의 충고도 들지 않으려고 했다. 이로 인해 많은 중신들이 그의 곁을 떠나는 결과를 초래했다. 이때 조상의 미움을 받아 관직에서 물러나 있던 기주자사 손례는 한참 시간이 흐른 후 병주자사에 제수되자 사마의를 찾아가 인사하면서 화난 얼굴로 말을 거의 하지 않았다. 사마의가 의아해하며 물었다.

"경은 병주의 크기가 작아 불만이오?"

사마의는 기주자사를 지냈던 손례가 병주자사가 된 것에 불만을 품은 것인지 의심이 되어 이같이 물은 것이었다. 그러나 이는 손례의 속마음을 떠보기 위해 짐짓 던져본 것이었다. 손례가 발끈했다.

"내가 비록 덕행은 없지만 어찌 자리와 지나간 문제를 놓고 불만을 품겠습니까? 나는 본래 명공이 이윤과 여상의 뒤를 이어 위나라 황실을 바로 보좌하여 위로는 명제의 탁고託孤에 보답하고 아래로는 만세의 공훈을 세울 것으로 생각했습니다. 지금 사직이 장차 위험에 빠지려 하고 천하 또한 흉흉하기만 합니다. 이것이 바로 제가 심려하는 것입니다."

말을 마친 후 손례가 하염없이 눈물을 흘리자 사마의가 위로했다.

"상심치 마시오. 참을 수 없는 일도 참아야만 하오."

마침 하남윤 이승이 형주자사를 맡게 되자 조상은 곧 그를 불러 사마의에게 하직을 고하면서 은밀히 그의 속셈과 동정을 알아오게 했다. 이승이 곧 태부의 부중으로 가자 사마의가 두 아들에게 이같이 말했다.

"이는 바로 조상이 내 병의 허실을 알아보려고 보낸 것이다."

그러고는 두 시녀에게 명하여 자신을 부축하게 했다. 이때 사마의가 한 손으로 옷을 잡고 있었으나 옷자락이 땅에 질질 끌렸다. 또 손가락으로 입을 가리켜 목마르다는 표시를 하자 시녀가 죽을 올렸는데 사마의가 그릇을 손으로 잡지 못하고 입을 내밀어 마시는 모습을 보였다. 이때 죽이 모두 흘러내려 앞가슴을 적시게 되자 이승이 안타깝다는 표정으로 위로했다.

"모두들 명공에게 지병인 중풍이 도졌다고 말하고 있지만 어찌 존체尊體가 이 지경에 이를 줄이야 생각이나 했겠습니까?"

사마의가 화를 가까스로 다스리는 모습을 보이면서 당부하는 어투로 말했다.

"늙고 병들어 죽음이 눈앞에 있소. 군이 몸을 굽혀 병주로 가고자 하니 병주는 호인胡人들과 가까이 있어 그들을 잘 막아야만 할 것이오. 내가 군을 다시는 못 볼까 두려우니 나의 두 아들을 잘 부탁하오."

"저는 본주本州로 돌아가려는 것이지 병주로 가는 것이 아닙니다."

이승은 남양군 출신으로 남양군은 형주에 속해 있었다. 그래서 본주로 돌아가는 것이라고 말한 것이다. 본주와 병주는 발음이 비슷하다. 사마의가 더욱더 귀가 먹은 양 가장했다.

"군이 정말 병주로 가려는 것이오."

이에 이승이 답답한 듯 다시 크게 말했다.

"형주에 가는 것입니다."

사마의가 그때서야 제대로 알아들은 듯 미소를 지으며 말했다.

"나이를 먹어 머리가 혼란스러워 그런지 군의 말을 제대로 알아듣지도 못했소. 지금 본주로 간다 하니 융성한 덕행과 장렬한 기개로 큰 공훈을 세우도록 하시오."

이승이 인사하고 나와 이를 조상에게 다음과 같이 고했다.

"사마공은 거의 시체와 다름없습니다. 간신히 숨을 붙이고 있을 뿐입니다. 몸과 정신이 완전히 분리되어 있으니 심려하지 않아도 좋을 듯합니다."

조상이 그 말을 듣고 크게 기뻐했다. 사마의가 구사한 사병계가 절묘하게 적중한 것이었다. 이후 그는 결정적인 순간이 오자 단번에 조상을 제압하고 위나라의 병권을 틀어쥐었다. 이것이 훗날 그의 손자 사마염이 천하를 통일하는 배경이 되었다.

당시 사마의가 사병계를 쓰지 않고 속셈을 드러냈으면 조상 일당에 의해 일찍이 제거되고 말았을 것이다. 이종오가 사마의의 후흑술을 격찬한 배경이 여기에 있다. 사마의의 사병계는 삶과 죽임이 엇갈리는 길목에서 취할 수 있는 최상의 선택이었다. 가치부전은 이종오가 말한 후흑술의 최고 단계에 해당한다. '대지약우' 또는 '난득호도'와 취지를 같이 하는 것이다.

원래 어떤 목적을 이루기 위해 짐짓 바보짓을 하는 사람은 겉으로는 어리석은 것처럼 보이지만 내심은 매우 냉정할 수밖에 없다. 남송대의 이종理宗도 사마의가 보여준 가치부전과 유사한 수준의 후흑술을 구사한 바 있다.

남송 가정 17년(1224) 영종이 중병에 걸렸다. 여덟 명에 달하는 황자가 모두 요사하는 바람에 후사를 잇는 게 현안으로 떠올랐다. 대신 사미원 史彌遠은 백방으로 노력한 끝에 강소 소흥에서 조여거趙與莒라는 17세 소년을 찾아냈다. 그는 송 태조 조광윤의 10세손으로 평민이나 다름없었다. 사미원은 그를 도읍인 임안으로 모시고 와 이름을 조귀성趙貴誠으로 바꾼 후 태자로 옹립했다. 그는 양 태후의 반대에도 불구하고 조귀성을 황제로 옹립하고자 했다. 이에 역대 황제 대부분이 외자 이름을 쓴 점에 주목해 다시 이름을 조윤趙昀으로 바꿨다. 그가 바로 남송의 이종理宗이다.

이종은 복상이 끝난 후 황후를 간택하게 되었다. 대신들은 집안의 여식을 간택 명단에 올리고자 했다. 당시 좌상 사심보에게는 손녀가 있었는데 현숙하고 너그러웠다. 양 태후는 전에 황후의 자리에 오를 때 사심보로부터 적잖은 도움을 받은 바 있었다. 이에 그의 손녀를 황후로 앉히고자 했다. 당시 사씨 외에 선발된 여인은 모두 여섯 명이었다. 영종 때 제치사로 있던 가섭賈涉의 딸이 그중 자색이 뛰어났다. 그녀는 사람의 마음을 잘 헤아리는 데도 뛰어났다. 이종이 그녀를 보고 크게 마음에 들어 황후로 책봉하고자 했다. 그러자 양 태후가 제동을 걸고 나섰다.

"황후를 세우는 데는 덕을 가장 중시해야 하오. 비빈은 색을 위주로 할 수 있소. 가씨 여식은 자색이 뛰어나나 몸가짐이 가벼워 중임을 맡을 수 없소. 사씨 여식은 단정하면서도 기품이 있으니 응당 중궁에 앉을 만하오."

이종은 이 말을 듣자 곧바로 깨달은 듯한 표정을 지으며 양 태후의 뜻을 받들었다. 이에 사씨는 황후, 가씨는 귀비가 되었다. 그러나 사실 이종의 속마음은 전혀 달랐다. 그는 양 태후의 말을 듣지 않을 경우 자칫 폐위되지나 않을까 우려했던 것이다. 양 태후가 죽을 때까지 참고 있다가 이후에 속셈을 드러낼 생각이었다.

대례가 끝난 뒤 이종은 사씨 황후에게 예를 다했다. 이는 양 태후로 하여금 자신의 선택이 옳았다는 확신을 갖게 만들었다. 2년 뒤 양 태후가 죽었다. 이미 이종의 세력이 조정에 꽉 차 있었다. 이종은 날마다 가 귀비와 함께 지내며 기탄없이 그녀를 총애했다. 이종은 사씨를 황후로 책봉할 때 일종의 농聾 자 비책을 썼던 셈이다.

중국인들에게 제갈량에 버금하는 최고의 명재상으로 손꼽히는 증국번도 농聾 자 비책을 쓴 적이 있다. 동치 9년(1870)에 그는 간에 병변이 생겨 마침내 오른쪽 눈을 실명하고 말았다. 곧 병가를 얻어 요양에 들어갔으나 한 달을 더 연장해야만 했다.

이때 문득 소위 '천진교안天津教案' 사건이 일어났다. 이는 프랑스 선교사를 비롯한 서양인이 성난 인민에게 대거 타살된 사건을 말한다. 당시 천진에는 발해만에 면한 곳에 망해루望海樓로 불리는 프랑스계 성당이 있었다. 언제부터인가 이 성당 안에서 어린아이의 눈알과 심장을 도려

내 약을 만든다는 괴소문이 나돌았다. 마침 어린이 유괴 사건이 일어난 직후 무란진이라는 자가 유괴 혐의로 붙잡힌 뒤 이런 소문을 뒷받침하는 진술을 했다.

그러나 그는 현장검증 과정에서 중언부언했다. 관원이 그를 다시 아문으로 데려가자 현장에 있던 백성들이 프랑스의 압력에 굴복했다며 흥분하기 시작했다. 지현 유걸이 설득에 나섰으나 아무 소용이 없었다. 이때 화가 난 선교사 퐁타니엘이 유걸과 말다툼 끝에 권총을 뽑아 방아쇠를 당기는 순간 유걸의 시종이 뛰어들어 대신 총에 맞아 죽었다. 이를 목도한 백성들이 곧 퐁타니엘을 비롯해 눈에 띠는 영국인과 미국인, 러시아인 등 외국인 20명을 타살한 뒤 교회당을 비롯해 프랑스 영사관과 영국인 및 미국인 등이 운영하는 학교를 불태웠다.

보고를 접한 조정이 황급히 증국번에게 명해 사건을 수습케 했다. 이때 프랑스 공사 로슈쉬알이 천진으로 달려가 교전 가능성을 언급하며 피해 배상과 함께 해당 관원들에 대한 사형을 요구하고 나섰다. 증국번이 관원들의 직위 해제와 형부로의 이송 방안을 제시했으나 로슈쉬알은 강경한 자세를 굽히지 않았다. 증국번은 곧바로 다음과 같이 상주했다.

"서양인은 시비를 논하지 않고 오로지 힘을 내세워 우리를 핍박하고 있습니다. 우리가 만전의 태세를 갖추지 못할 경우 더욱 날뛸 것이 분명합니다. 만반의 태세를 갖춰야 저들도 교섭에 응할 것입니다."

이에 그는 병사 9천 명을 천진 남쪽의 창주에 주둔시킨 뒤 호광총독 이홍장에게 연락해 유사시 즉각 출동할 수 있도록 만반의 준비를 갖춰 줄 것을 당부했다. 증국번은 조사 끝에 범인 45명을 체포해 방화 및 살인을 주도한 20명을 사형시키고, 방조범 25명을 도형徒刑에 처했다. 이 사건은 마침 유럽에서 보불전쟁이 일어난 것을 계기로 로슈쉬알이 증국번의 처리 내용을 수용함으로써 마무리되었다.

이 사건이 마무리될 즈음인 그해 8월 22일에 또다시 양강총독 마신이가 척살되는 사건이 빚어졌다. 양강총독이 암살된 것은 청조 역사에서 단 한 번도 없던 일이라 민심이 흉흉했다. 당시 이 사건은 너무 유명해 상해에서는 〈자마전刺馬傳〉이라는 연극이 만들어지기도 했다. 지난 1973년에 나온 영화 〈자마刺馬〉와 2007년에 이를 리메이크한 〈명장名將〉 모두 바로 〈자마전〉을 새롭게 각색한 것이다.

청조 정부는 증국번을 다시 양강총독에 임명해 이 사건의 진상을 파헤치도록 하면서 형부상서를 흠차대신으로 임명해 그를 돕도록 했다. 당시 증국번은 사안의 중대성을 잘 알면서도 마음속에 뭔가 걸리는 바가 있었다. 부임 전에 서 태후의 생각을 알아볼 요량으로 알현을 청했다. 서 태후가 양심전으로 그를 불러 물었다.

"마신이는 평소 일처리가 어떠했소?"

"무척 꼼꼼하면서도 모나지 않았습니다."

증국번은 서 태후와 얘기를 나누는 와중에 서 태후가 이 사건을 더 이상 확대하고 싶어 하지 않는다는 속셈을 읽었다. 원래 대단히 엄격하고 신중하게 일을 처리하는 그가 이 사건에 대해서만큼은 건성으로 처리하는 모습을 보인 이유가 여기에 있다. 농聾 자 비결을 활용한 셈이다. 증국번은 천하가 극도로 혼란한 19세기 말의 난세 상황에서 제갈량에 이어 가장 위대한 재상이었다는 칭송을 받고 있다. 명철과 보신을 절묘하게 결합시킨 난득호도의 처세술이 그 비결이었다.

농聾 자 비결은 흉중에 깊숙이 감춰둔 목적을 이루기 위해 반드시 사전에 취해야 하는 연막전술에 해당한다. 비결 자체가 흉중의 목적을 성사시키는 구체적인 방략이 될 수는 없다. 구체적인 방략은 과연 무엇일까? 바로 '임기응변'이다. 임기응변은 상대방이 전혀 눈치채지 못하는 가운데 실행돼야만 소기의 성과를 거둘 수 있다. 상대방이 미리 낌새를 알아채면 전혀 다른 방식으로 대응하는 만큼 임기응변의 조치가 오히려 스스로를 상대방의 함정에 빠뜨리게 만드는 빌미로 작용할 수도 있다. 이중간첩을 활용한 치열한 첩보전을 연상하면 쉽게 이해가 될 것이다.

그렇다면 농朧 자 비결을 통해 철저한 연막전술에 성공했을 경우 과연 어찌해야 성공적인 임기응변을 구사할 수 있는 것일까? 먼저 유연한 사고를 할 줄 알아야 한다. 이는 기존의 통념과 과거의 관행을 좇는 인순고식因循姑息에서 과감히 벗어나는 것을 의미한다.

사람이든 동물이든 통상 늘 하던 것이 쉽고 편하기 마련이다. 그러나 여기에 문제가 있다. 동물들이 늘 다니는 길에 덫과 함정을 설치하는 경우를 생각해보라! 인순고식은 상대방에게 수를 읽히는 것과 같다. 스스로 덫에 걸려드는 자승자박自繩自縛이 이 경우에 해당한다.《한비자》의 〈외저설 좌상〉 편에 이를 경계하는 다음과 같은 일화가 나온다.

하루는 정나라 사람 중 어떤 사람이 새 신발을 사고자 했다. 그는 먼저 자로 자신의 발의 크기를 잰 뒤 그 치수를 곁에 두었다. 그러나 시장 갈 때 깜박해 그것을 들고 가는 것을 잊어버렸다. 그는 신발을 산 뒤 이내 이같이 말했다.

"아, 깜박하고 치수 잰 것을 가져오지 않았다."

그러고는 집으로 돌아가 치수를 가져왔으나 시장은 이미 파해 끝내 신발을 구하지 못했다. 곁에 있던 사람이 물었다.

"어찌해서 당신 발로 직접 치수를 재지 않은 것이오?"

그가 대답했다.

"치수 잰 것은 믿을 수 있어도 내 발은 믿을 수 없기 때문이오."

임기응변의 융통성이 없음을 지적한 일화이다. 처자식을 포함한 다른 사람의 발일 경우는 이런 식으로 하는 게 맞다. 자신의 발을 재는 것도 크게 나무랄 바가 아니다. 치수를 정확히 알고 있으면 굳이 신발을 신어보지 않더라도 쉽게 발에 맞는 신발을 찾을 수 있기 때문이다. 문제는 자신의 발이 더 정확한 치수라는 사실을 믿지 않는 데 있다. 자신을 포함해 우주 만물은 끝없이 변전變轉한다. '어제의 나'와 '오늘의 나'가 다르듯이 말이다. 물론 현실에 안주하며 노력을 포기한 사람은 예외다.

옛날 모습이 하나도 변하지 않았다는 게 결코 칭찬이 아니다. 물론 문득 뜻을 이뤄 상황이 달라졌다고 해서 과거의 어려웠던 시절에 사귄 사람들을 홀대하는 식의 일이 있어서는 안 된다. 그러나 이게 면모 일신을 거부해야 한다는 뜻은 아니다. 세월이 무상하듯이 반드시 사람도 쉼 없이 변해야 한다. 21세기처럼 모든 것이 전광석화처럼 빠르게 변하는 시절에는 더 말할 게 없다. 어제 대박을 터뜨린 상품이 내일이면 소비자들의 외면을 받을 수도 있다. 쉬지 않고 세상의 변화에 촉각을 곤두세우고 끊임없이 스스로를 채찍질해야 하는 이유가 여기에 있는 것이다.

지난 2008년에 미국발 금융 위기가 불어닥치기 전까지만 해도 내로라하는 세계의 석학들 중 장차 중국이 미국과 어깨를 나란히 하는 G2가 되리라고 예상한 사람은 거의 없었다. 대부분 미국의 뒤를 좇는 제2의 경제 대국 수준에 머물 것으로 내다봤다. 그러나 2011년 벽두에 성사된 미중정상회담 이후에는 중국이 조만간 미국을 누르고 세계 제1의 경제 대국이 될 것이라 내다보는 견해가 훨씬 많아졌다. 일각에서는 하드웨어뿐만 아니라 소프트웨어에서도 미국을 앞지를 것으로 내다보고 있다. 아편전쟁 이래 1세기 반 만에 세기사적인 대변혁이 일어나고 있는 셈이다.

지난 2010년 말 미국의 역사학자 알프레드 맥코이Alfred W. McCoy는 서구의 역사를 면밀히 검토한 결과, 미국이 2025년쯤 급격히 몰락할 것이라 진단했다. 서구의 모든 제국이 외양상 비할 데 없이 강력한 것처럼 보였지만, 사실은 제조업이 붕괴된 취약한 조직 체계로 인해 일단 충격이 가해지면 급속도로 몰락했다는 게 논거다. 그의 주장에 따르면 제국의 몰락에는 오직 경착륙만 있고 연착륙은 존재한 적이 없다. 포르투갈은 1년, 소련은 2년, 프랑스는 8년, 오스만 터키는 11년, 대영 제국은 17년 만에 힘을 잃었다는 게 그의 진단이다. 미국이 이라크를 침공한 2003년을 기준으로 22년째가 되는 2025년에 이르러 대영 제국과 유사한 몰락의 과정을 맞으리라는 게 그의 분석이다.

맥코이의 분석이 타당한지 여부는 좀 더 시간이 지나봐야 알 수 있겠지만 고금동서를 막론하고 영원한 1등 제국은 존재한 적이 없다는 사실 만큼은 분명하다. 현실에 만족하며 안주하는 자는 칼을 갈며 분발하는 자에게 이내 정상의 자리를 내주고 마는 것이 만고의 이치이기도 하다. 이를 뒷받침하는 유명한 일화가 있다.

삼국시대 당시 오왕 손권이 무예에는 능하나 학문을 너무 소홀히 하고 있다며 스스로를 나무라자 장수 여몽이 느낀 바가 있어 학문을 열심히 닦기 시작했다. 이후 노숙이 찾아와 전과 달라진 여몽의 높은 식견에 놀라워하자 그가 이같이 말했다.

"사흘을 떨어져 있던 선비를 다시 대할 때는 눈을 비비고 대해야 합니다."

여기서 괄목상대刮目相對라는 성어가 나왔다. 영원한 1등이 없는 논리와 같다. 소니의 하청 업체에서 출발한 삼성전자가 전 세계 전자업계를 석권한 게 그 증거다. 삼성도 기왕의 성과에 안주하면 소니의 전철을 밟을 수밖에 없다.

임기응변은 끊임없이 변전하는 사물의 이치를 꿰어야만 가능하다. 고식적인 방법과 관행을 거부하는 데서 이런 임기응변이 가능하다. 전장의 상황이 대표적인 경우에 속한다. 아무리 병서를 꿰고 있을지라도 반드시 승리를 거둘 수 있는 건 아니다. 이를 고식적으로 적용할 경우 오히려 더 큰 화를 자초할 수 있다.

전국시대 말기 조괄이 범한 소위 '지상담병紙上談兵'이 좋은 실례다. 종이 위에서 병법을 말한다는 뜻이다. 조괄의 부친 조사는 당대의 명장이었다. 그 덕분에 그는 어려서부터 수많은 병서를 읽었다. 이내 그는 부친 조사도 놀랄 정도로 병법 이론에 능통할 정도가 됐다. 그러나 조사는 아들에게 군사 지휘를 한 번도 맡기지 않았다. 부인이 따져 묻자 조사가 말했다.

"용병은 나라의 존망과 직결되는 일이오. 그런데 조괄은 이를 너무 가볍게 생각하고 있소. 만일 그에게 병권을 주면 나라를 망하게 할 것이오."

조사 사후 진나라 군사가 쳐들어오자 조나라 조정이 병법에 달통한 조괄을 대장으로 삼았다. 조괄의 모친이 달려가 이를 철회해달라고 간청했다. 명장 염파와 함께 조나라의 기둥 역할을 하다 은퇴한 인상여藺相如마저 노구를 이끌고 가 간청하였으나 조나라 혜문왕은 듣지 않았다. 결국 조사가 예언한 대로 춘추전국시대 최대의 격전인 장평대전長平大戰에서 조나라 군사는 몰살을 당하고 말았다.

이는 임기응변에 실패했기 때문이다. 우주 만물은 쉬지 않고 변전한다. 전쟁처럼 임기응변이 절실한 상황도 없다. 국가 총력전으로 전개되고 있는 21세기 경제·경영 환경도 크게 다를 바가 없다. 잠시라도 방심했다가는 이내 경쟁업체에게 뒤집기를 당하기 십상이다.

기본적으로 임기응변에 능하려면 대국을 읽는 안목이 있어야 한다. 대표적인 인물로 남북조 때 전진前秦의 재상을 지낸 왕맹王猛을 들 수 있다. 그는 당대 최고의 정치가이자 전략가였다. 도량이 넓고 사리에 밝은 데다 임기응변에 능했다. 건원 6년(370) 왕맹이 등강鄧羌을 비롯한 10여 명의 대장과 함께 군사 6만 명을 이끌고 전연前燕 토벌에 나섰다. 잇달아 승리를 거둔 왕맹은 정벌에 나선 지 반 년가량 되는 시점에 최후의 결전을 앞두고 제장들과 함께 맹서 의식을 가졌다.

결전 하루 전날 밤 장수 서성徐成이 귀대하는 시간을 어긴 탓에 참수형에 처해지게 됐다. 당시 서성을 휘하에 거느리고 있던 등강이 그의 목숨을 살려줄 것을 간청했으나 왕맹은 듣지 않았다. 대로한 등강이 영채로 돌아간 뒤 곧 군대를 이끌고 와 왕맹을 치려고 했다. 이 소식을 접한 왕맹이 곧바로 등강을 불렀다.

"내가 잠시 장군을 한번 시험해본 것이오. 장군이 자신의 휘하 장수를 이처럼 아끼니 나라를 위해 더욱 진력해주시오."

결전의 날, 전연의 군사가 전진의 군사보다 몇 배나 많았다. 왕맹이 등강을 격려했다.

"오늘 싸움은 오직 장군에게 달려 있소."

그런데 등강이 엉뚱한 제의를 했다.

"만일 저를 사례교위(司隸校尉: 사법 총책)와 같은 직책에 임명해주시면 이 싸움에 전혀 신경 쓸 필요가 없을 것입니다."

하지만 왕맹은 거절했다.

"승리만 한다면 태수의 자리와 만호후萬戶侯를 보증할 수 있소. 그러나 사례교위와 같은 자리는 가히 대답해줄 수 없소."

이들이 대화하는 사이 이미 싸움이 시작됐다. 등강은 여전히 군막 안에 누워 일어날 생각을 하지 않았다. 왕맹이 부득불 등강의 요구를 수락하자 등강은 군막 안에서 대대적인 주연을 베풀었다. 그는 술을 큰 잔에 부어 단숨에 벌컥 마신 후 휘하 장수 서성 등과 함께 말에 올라 비호같이 전연의 군진 속으로 돌진했다. 종횡무진으로 휘저으며 적장의 목을 베고 장수기를 뽑아왔다.

이날 오전 중에 5만여 명의 전연 군사들이 목숨을 잃거나 포로가 되었다. 결국 승승장구하여 추격전을 펼친 결과 전진의 군사들은 모두 10만여 명에 달하는 전연의 군사를 몰살했다. 대승이었다. 이를 두고 후대인들은 이같이 평했다.

당초 등강은 세 가지 죄를 지었다. 첫째, 대장의 신분을 망각한 채 사적인 감정을 앞세워 서성의 목숨을 구하려고 했다. 이는 군법을 어지럽힌 죄에 해당한다. 둘째, 병사를 동원해 총사령관에 대한 공격을 시도했다. 이는 상관을 무시한 죄에 해당한다. 셋째, 전투를 앞두고 '사례교위'의 요직을 요구했다. 이는 군주를 협박한 죄에 해당한다. 어느 모로 보나 참형을 면할 길이 없다. 그러나 왕맹은 그를 참형에 처하지 않았다. 당시 그는 누구보다 법을 엄격하게 집행하는 관원으로 명성이 높았다. 그럼에도 군법을 어지럽힌 죄를 눈감아주었을 뿐만 아니라 터무니없는 제의까지 수락하는 등 등강의 단점을 묵인하고 장점을 추켜세웠다. 왜 그랬을까? 더 큰 이익인 국가 이익을 생각했기 때문이다. 여러 상황을 두루 감안해 등강과 서성이 저지른 군법 교란 문제를 융통성 있게 처리하려고 마음먹은 덕분이다.

고금을 막론하고 군법만큼 지엄한 법률이 없다. 군기가 흐트러지면 전쟁에서 패하고, 전쟁에서 패하면 곧 나라가 망하기 때문이다. 그러나 왕맹이 등강에 대해 조치한 것처럼 대국적인 차원에서 임기응변의 조치를 취할 줄 알아야 한다. 당시 그가 인순고식에 함몰돼 가차 없이 군법을 적용하고자 했을 경우 전연과 싸우기도 전에 자멸할 가능성이 높았다. 국가 총력전 양상으로 전개되고 있는 21세기 경제·경영 환경도 전장 상황과 별반 다를 바가 없다. 기업 CEO에게 임기응변의 전략과 전술이 그 어느 때보다 절실히 요구되는 이유가 여기에 있다.

| 4부 |

후흑으로 오늘에 답하라

후흑학의 탄생

면후심흑의 3단계

박백과 불후불흑

구천이 와신상담으로 부차를 제압하다

유방이 임협의 무리와 항우를 깨뜨리다

장량이 〈육도삼략〉으로 한신을 도모하다

조조와 유비가 심흑과 면후로 싸우다

손권과 사마의가 후흑의 지존을 다투다

장개석과 모택동이 후흑 천하를 논하다

공호 – 위기에 빠져나갈 퇴로를 만들라

공공 – 반룡부봉하되 역린을 조심하라

충沖 – 호언장담으로 기선을 제압하라

봉捧 – 박수갈채로 자부심을 만족시켜라

공恐 – 솜에 바늘을 숨기고 때를 노려라

송送 – 비자금을 활동자금으로 활용하라

공恭 – 사람을 가려 때에 맞게 칭찬하라

붕繃 – 큰 인물로 포장해 신회케 만들라

농聾 – 귀머거리 흉내로 속셈을 감추라

후흑이 있어야 살아남는다

상사와 부하로 사는 처세의 기술

厚黑學

| 01 |
후흑이 있어야 살아남는다

동서양과 후흑

적잖은 사람들이 후흑은 동양 전래의 역사문화 배경에서 나온 만큼 서양은 이를 제대로 파악하지 못할 것으로 지레짐작한다. 그러나 이는 오산이다. 이종오도 자신의 이런 오산을 《후흑학》에서 다음과 같이 절절히 술회한 바 있다.

제1차 세계대전이 끝난 후 평화 회담이 열릴 때까지 프랑스의 조르주 클레망소Georges Clemenceau가 후흑학을 깊이 연구한 사람인 줄을 그 누가 알 수 있었겠는가? 클레망소는 '어미 호랑이'라는 별명을 갖고 있는 데서 알 수 있듯이 음흉하기 그지없는 인물이다. 그는 처음에 월슨을 대단한 인물로 여겼다. 하지만 곧바로 그는 월슨이 겨우 '목소리만 내지르는 나귀 수준의 하찮은 재주'에 불과한 '검려지기黔驢之技'를 지닌 사실을 알게 되었다. 그는 때때로 월슨을 심한 말로 조롱하며 심지어는 "하나님은 십계명을 얘기했고 당신은 14개 조를 제출했소. 당신의 제안이 하나님보다 4개 조나 많으니 천국에 가서 행사하는 것이 어떠하겠소"라고 놀리기도 했다. 윌슨은 참을 수밖에 없었다. 후에 이탈리아의 전권대표가 귀국하고 일본의 전권대표마저 귀국하려 했다. 이는 윌슨을 위협하려는 행동이었다. 결국 윌슨은 머리를 숙여 그들의 요구를 들어주지 않을 수 없게 되었다. 이로써 '민족자결'이라는 네 글자는 한낱 물거품이 되고 말았다.

'검려지기'는 당나라 때의 문장가 유종원柳宗元의 〈삼계三戒〉에서 나온 성어다. 옛날 중국의 귀주성貴州省에는 나귀驢가 없었는데, 어떤 사람이 나귀를 가져와 산에 풀어놓고 길렀다. 그런데 그 고장의 호랑이는 나귀가 몸집이 크고 소리 또한 우렁차서 처음에는 겁을 내고 피했으나 나중에는 점차 접근하기 시작했다. 그러나 나귀는 단지 호랑이를 발로 찰 뿐이었다. 호랑이는 나귀가 발로 차는 재주 외에 별다른 재주가 없는 것을 알아보고 잡아먹어버렸다. 보잘것없는 꾀나 재주를 '검려지기' 또는 '검려무기黔驢無技'로 표현하게 된 일화다.

21세기에 들어와서도 서양인 중에 후흑을 터득한 사람이 제법 많다. 대표적인 인물이 미국의 최고 통치권자인 오바마다. 구체적인 실례로 지난 2009년 11월 중순에 이뤄진 그의 동아시아 순방을 들 수 있다. 이는 그의 취임 후 첫 아시아 순방이었다.

당시 오바마의 중국 체류 기간은 3박 4일이었는데 반해 일본 체류는 1박 2일로 잡혀 있었다. 그는 일본 측이 불쾌하게 생각할까 우려해 도쿄에 도착하자마자 일본을 가장 먼저 방문한 점을 강조했다. 대통령에 취임한 후 백악관에서 처음으로 외국 정상과 회담을 가졌던 사람도 일본 총리였고, 외교 수장인 힐러리 국무장관의 아시아 순방 때도 역시 일본을 가장 먼저 찾았다고 덧붙였다.

더 중요한 것은 일본을 떠나기에 앞서 아키히토 일왕 부부를 예방해 90도로 허리를 굽혀 인사하는 모습을 보인 것이다. 이로 인해 그는 미 의회와 언론들로부터 거센 비판을 받았다. '비굴' 내지 '굴욕 외교' 등의 표현까지 써가며 그를 비판했다. 그러나 이는 오바마의 난득호도 행보를 제대로 읽지 못한 소치다.

그는 미국 언론의 비난이 거세어질수록 향후 대일 외교에서 더 많은 것을 얻게 되리라는 계산을 했다. 실제로 며칠 되지 않아 일본의 우파 언론인 〈산케이신문〉은 미국과 대립각을 세우는 하토야마 정권을 한국의 과거 노무현 정권에 비유하며 강도 높게 비판하고 나섰다. 오바마는 미국을 낮춰 자신이 하고 싶은 말을 일본이 스스로 하도록 만든 것이다. 난득호도의 경지에 달한 후흑의 달인이나 구사할 법한 수법을 써먹은 셈이다.

오바마가 중국 방문에서 보여준 행보는 일본에서 보여준 것보다 한 단계 더 높은 수준의 난득호도였다. 그는 우선 자신을 '미국의 첫 아시아 태평양 대통령'이라고 표현했다. 좋게 해석하면 동아시아를 중시하는 첫 미국 대통령이라는 뜻이나 나쁘게 해석하면 동아시아와 미주 대륙을 대표하는 슈퍼 파워 대통령이라는 뜻도 된다. 그는 오해의 소지를 없애기 위해 다음과 같은 주석을 달았다.

"강력하고 번영하는 중국은 국제사회의 힘의 원천이고, 미국은 중국을 제어하려 하지 않을 것이다."

비룡재천飛龍在天의 중국에 대해 이제 대영 제국의 후신인 대미 제국과 함께 천하를 양분해 제후국들을 호령하자는 메시지를 보낸 것이다.

전국시대 말기인 기원전 288년 진시황의 증조부인 진 소양왕은 스스로 서제西帝라 칭하면서 동쪽 강국인 제나라에 동제東帝를 칭할 것을 제안한 바 있다. 남쪽의 강국인 초나라를 완전 무시한 것이다. 오바마가 중국에 대해 계속 G2를 역설하고 있는 것도 이와 사뭇 닮았다. 그의 G2 제안에는 1세기 넘게 아시아의 패권국으로 군림해온 일본은 물론 전통적인 우방 지역인 유럽연합도 생략돼 있다. 완전히 '치지도외置之度外: 내버려두고 문제 삼지 않음)'한 것이다.

미국 언론들의 나팔수 역할도 만만치 않았다. 비슷한 시기에 미국의 경제 전문지 〈포브스〉는 오바마의 동아시아 순방에 앞서 '세계에서 가장 영향력 있는 67인'의 명단을 발표하면서 오바마 대통령을 1위, 후진타오 중국 국가주석을 2위에 올려놓았다. 〈워싱턴포스트〉는 순방 직전 연이틀 동안 중국 관련 기사를 특집으로 꾸며 중국을 집중 조명하면서 1면 머리기사로 방중 사실을 대서특필했다. 이에 앞서 오바마는 달라이 라마와의 백악관 면담을 짐짓 피하는 제스처를 취해 자신이 G2로 격상시켜놓은 중국 수뇌부의 자부심을 한껏 부추기는 몸짓을 보여줬다. 중국을 어르고 뺨치기 위한 만반의 준비를 갖춘 셈이다.

난득호도 수준에 이른 그의 후흑 행보는 중국에 도착하자마자 곧바로 나타났다. 그는 원자바오 총리와 악수할 때 고개를 45도가량 숙였다. 반면 원자바오는 목을 꼿꼿이 세우고 그를 맞았다. 원자바오는 '제2의 주은래'라는 칭송을 들을 정도로 서민적이고 겸손한 사람이다. 그가 목을 세운 것은 중국인들의 자존심을 북돋워주기 위한 몸짓이었다. 그러나 그 역시 오바마의 후흑 속셈을 제대로 읽지 못했다. 당시 오바마는 자신의 몸을 한껏 낮춰 이같이 말했다.

"미국 경제는 중국 덕분에 살아가고 있습니다."

여기서 한때 세계를 호령했던 유일무이한 슈퍼 파워 미국의 자존심은 찾을 길은 없다. 아무리 미국의 위상이 예전만 못하다 할지라도 과연 이렇게까지 스스로를 비하하는 표현을 써가며 중국 수뇌부의 자부심을 부추길 필요가 있었던 것일까? 아직도 미국을 유일무이한 슈퍼 파워로 여기고 있는 미국인의 자존심에 커다란 상처를 입힌 것은 말할 것도 없다.

그러나 그의 이런 행보는 치밀한 계산 끝에 나온 고단수의 술책이었다. 객관적으로 볼 때 21세기에 들어와 미국이 계속 유일무이한 슈퍼 파워 역할을 하는 것은 불가능하다. 역할을 분담할 그럴듯한 파트너가 필요한 것이다. 아무리 눈을 씻고 돌아봐도 중국밖에 없다. 중국 사람들은 '면자'를 좋아한다. 그렇다면 미국은 그들의 면자를 한껏 북돋워 실리를 챙길 필요가 있다. 오바마가 원자바오와 악수하면서 고개를 한껏 낮추고, '중국 덕에 미국 경제가 살았다'는 얘기를 스스럼없이 한 속셈이 여기에 있다. 책임 분담의 비용을 전가시키고자 한 게 노림수다.

뒤늦게 오바마의 속셈을 눈치챈 원자바오가 손사래를 쳤지만 이미 엎지른 물이었다. 오바마는 상해에서 대학생들을 만나는 자리를 통해 '중국 덕에 미국 경제가 살았다'는 얘기를 조자룡의 헌 칼 쓰듯 써먹으면서 중국과 미국이 협력해 국제 문제를 해결하는 리더십을 보여야 한다고 강조했다. 어린 학생들을 자극해 중국 수뇌부의 도광양회 행보에 제동을 걸고자 하는 속셈을 그대로 드러낸 것이다. 오바마는 후흑으로 후흑을 제압키로 작심한 게 확실했다.

이 말은 곧바로 전 세계에 타전됐다. 맨 처음에는 오바마의 공치사에 우쭐했던 '임기제 황제' 후진타오 주석도 사태가 심상치 않다는 것을 뒤늦게 깨닫고 손사래를 쳤지만 이미 끝난 일이었다. 이제 국제사회에서 G2의 일원으로 각인된 중국의 책임은 갈수록 커질 수밖에 없게 됐다. 미국의 중국에 대한 위안화 절상 및 시장 개방 압력, 인권 개선 요구에 탄력이 붙게 된 배경이 여기에 있다.

후흑의 종가를 자처하며 느긋해하던 중국 수뇌부는 확실히 오바마에게 한 방 먹은 셈이다. 당초 후진타오 정부는 출범 초기 중국의 향후 국정 기조로 화평굴기를 내세우며 이를 대대적으로 선전한 바 있다. 평화적인 행보를 지속하되 목소리를 내야 할 때는 단호하게 '대국 외교'를 펼치겠다는 의지를 표명한 것이다. 그러나 이는 공연히 미국을 비롯한 구미 열강만 자극함으로써 중국에 대한 경계심을 증폭시킨 악수였다. 중국의 언론과 학계 내에서 속히 화평굴기를 거둬들이고 등소평이 제시한 도광양회의 기조를 100년간 더 견지해야 한다는 주장이 나온 이유다.

도광양회 책략은 이종오가 《후흑학》에서 역설한 후흑구국의 취지를 그대로 승계한 것이다. 등소평의 집권 이후에는 중국 정부의 가장 기본적인 '천하 경영' 방략이 된 국정 지표이기도 하다. 후진타오 정부가 황급히 도광양회 기조로 되돌아간 것은 바로 이 때문이었다.

오바마가 세계 전략에서 후진타오를 비롯한 중국의 수뇌부보다 한 수 위에 있었다는 사실은 만리장성 위에 올라가 내뱉은 탄식에 잘 나타나 있다. 그는 만리장성에 서서 끝없이 펼쳐지는 장성 자락을 그윽이 내다보며 이같이 내뱉었다.

"과연 신비롭기 짝이 없다!"

과연 무엇이 신비롭다는 것일까? 만리장성을 쌓은 중국 문명의 위대함이? 이는 평면적인 해석에 불과하다. 그가 중국에 대해 언급한 내용들을 종합해보면 불가사의에 가까운 장성 축조에 동원된 민초들의 고통을 연상했을 가능성이 높다. 그가 바쁜 방중 일정 가운데 시간을 쪼개 광주廣州에서 발행되는 주간지 〈남방주말〉과 인터뷰를 한 것도 이런 맥락에서 이해할 수 있다.

당시 오바마가 CCTV나 〈인민일보〉 등 중국을 대표하는 언론 매체를 제쳐두고 일부러 조그만 지방지와 인터뷰를 한 데에는 나름대로 속셈이 있었다. 이 주간지는 그간 사회 비리를 숱하게 파헤쳐 당국의 요주의 대상이었다. 그로 인한 불이익도 많이 받았다. 그러나 오바마가 볼 때 〈남방주말〉이야말로 진정한 언론이었다. 말할 것도 없이 다음 날 〈남방주말〉의 오바마 인터뷰 기사는 검열 때문에 잘려나갔다. 그러나 이는 오바마의 흑심을 제대로 읽지 못한 소치다. 오바마는 결코 자신의 입으로 중국에 언론 자유가 없다고 말하지 않았다. 대신 중국 스스로 이를 전 세계에 알리는 꼴이 되고 말았다. 후흑술의 종주국을 자처한 중국의 체면이 형편없이 구겨진 셈이다. 실제로 이를 두고 북경의 인민대 국제관계학원 김찬영金燦榮 부원장은 오바마 외교를 소위 '책임 아웃소싱(責任外包; 책임외포)'이라며 혀를 내둘렀다.

"오바마야말로 '대지약우'의 취지를 아는 사람이다."

이종오가 후흑을 역설하기 이전에 동양에서는 대지약우의 형태로 이미 후흑을 충실히 구사하고 있었다. 21세기에 들어와 오바마가 후흑의 책략을 구사했다는 것은, 후흑은 더이상 동양의 전유물도 아니고 서양이 아편전쟁 이래의 패권을 유지하기 위해 오히려 더욱 열심히 연마하고 있음을 방증한다.

한국 정치와 후흑

후흑학 이론은 동아시아 3국에서 활약한 근현대 위정자들의 리더십을 분석하는 데 매우 유용한 잣대를 제공하고 있다. 이들이 과연 난세의 상황에서 후흑술을 제대로 구사했는지, 구사한 후흑술이 과연 사의私義와 공의公義 중 어디에 초점을 맞춘 것인지 등을 검토하면 리더십의 적부適否를 쉽게 알아낼 수 있다.

지난 2010년 8월 초 당직 인선을 둘러싸고 한나라당 내 주류 세력을 대표한 당 대표와 비주류의 최고위원이 정면으로 충돌했다. 해당 최고위원은 곧바로 기자 간담회를 열고 이같이 말했다.

"주류 측의 당직 인선은 '이장폐천(以掌蔽天: 손바닥으로 하늘을 가림)'이다. 독선과 독주는 당의 앞날을 어둡게 하는 것이다. 이번 휴가 기간 중에 후흑론을 집중적으로 공부할 생각이다. 후흑론은 중국 제왕학의 기본으로 나한테 잘 맞지 않지만 집중적으로 읽어보겠다."

그가 후흑론을 부정적으로 평가한 것은 후흑이 난세의 통치술이라는 사실을 제대로 파악하지 못한 결과로 보인다. 이종오의 후흑론을 한국의 정치 지도자들의 리더십 분석에 적용할 경우 절묘하게 맞아 떨어진다는 사실이 이를 뒷받침한다.

여기서 6공화국 이후에 등장한 역대 대통령의 리더십에 관해서만 후흑론을 적용해 간략히 살펴보기로 하자. 원래 노태우 전 대통령은 면후에 밝았다. 그는 대선 공약으로 '중간 평가'를 내세운 바 있다. 그러나 그는 곧 평민당의 김대중 총재와 손을 잡고 이를 얼굴색 하나 변하지 않고 폐기해버렸다. 이어 그는 또다시 민주당의 김영삼 총재 등과 손을 잡고 '3당 통합'을 성사시켰다. 면후가 없었으면 불가능한 일이다. 그러나 그는 심흑의 단계에까지는 이르지 못했다. 3당 통합 이후 자신의 속셈을 그대로 드러냄으로써 당시 김영삼 민자당 대표에게 덜미를 잡힌 게 그 증거다.

김영삼 전 대통령은 면후와 심흑을 모두 갖췄다고 볼 수 있다. '군부 독재 종식'을 내세웠던 그는 열세를 만회하기 위해 3당 통합을 태연히 실천에 옮겼다. 면후의 대표적인 실례이다. 그러나 그는 당선된 이후 완전히 태도를 돌변해 자신의 당선을 위해 애썼던 인물들을 가차 없이 거세했다. 토사구팽으로 상징되던 당시의 상황은 그가 심흑의 달인이 었음을 반증한다.

김대중 전 대통령의 경우는 면후에는 뛰어났으나 심흑에는 적잖은 문제가 있었다. 그는 13대 대선 당시 대통령 직선제로의 개헌만 이뤄지면 대통령 출마를 하지 않겠다고 약속하고도 상황 논리를 들어 자신의 약속을 뒤집었다. 15대 대선에서는 '내각제 개헌'을 공약으로 내세워 당선되었음에도 불구하고 이를 헌신짝처럼 져버렸다. 면후의 달인이 었음을 반증하는 대목이다. 그러나 그는 심흑의 경지에는 이르지 못했다. 임기 초반에 일어난 소위 '옷 로비 사건' 당시 그가 심흑의 달인이었다면 민심 편에 서서 문제의 인물을 가차 없이 제거했을 것이다. 그의 가장 큰 약점은 결단력의 부족에 있었다.

노무현 전 대통령의 경우는 일정 수준의 심흑을 발휘해 청와대 입성에 성공한 경우에 속한다. 그의 심흑은 '국민경선제의 도입'에서 그 면모를 드러내기 시작했다. 그는 '국민경선제'를 도입해 가장 유력시되던 이인제 후보를 누르고 일약 국민적 지지를 받는 후보로 부각하는 데 성공했다. 대선을 불과 10여 일 앞두고 여론조사에 의한 '후보 단일화 방안'을 제시해 승기를 잡은 것은 심흑의 결정판이다.

그가 이런 극적인 과정을 통해 청와대에 입성한 것까지는 좋았으나 이후 재임 기간 내내 물의를 빚은 것은 적잖은 문제가 있었다. 이는 '득국得國'과 '치국治國'의 차이를 간과한 결과다. 치국은 득국보다 더욱 더 절묘한 후흑을 구사할 필요가 있다. 우리의 경우 지정학 내지 지경학地經學의 차원에서 볼 때 내치의 차원을 넘어 주변 4강국을 절묘하게 다뤄 통일시대를 앞당겨야 하는 외치의 막중한 책임을 떠안고 있기 때문이다.

그러나 그는 전통적인 한미 우호 관계를 손상시키는 방법으로 중국 및 북한과 접근하는 실책을 범했다. 전통적인 한미 우호의 지렛대를 사용해 중국이나 북한에 접근하는 게 더 효과적이라는 간단한 이치조차 망각한 것이다. 이이제이以夷制夷의 초보적인 후흑론조차 몰랐다고 해석할 수밖에 없다.

집권 후반기로 접어든 이명박 정부 역시 득국과 치국의 측면으로 나눠 분석할 필요가 있다. 그의 득국 과정은 일정 수준의 면후와 심흑이 결합된 결과로 볼 수 있다. '청계천 신화'로 서민들에게 'CEO 출신 경제 대통령'의 환상을 심어준 뒤 이를 바탕으로 경선 과정에서 기묘한 경선 룰을 고집해 막강한 박근혜 전 대표를 누른 것은 탁월한 심흑에 해당한다. 대선의 막판 과정에서 '국정의 동반자' 운운하며 박근혜 전 대표를 유인해 이회창 후보의 상승세를 좌절시킨 것 역시 심흑의 일환으로 보아야 한다.

이듬해인 2008년 초의 18대 총선 과정에서 한나라당을 명실상부한 '이명박당'으로 만들기 위해 공천 파동을 일으킨 것은 면후의 대표적인 사례에 속한다. 당시 박근혜 측 인물로 분류된 사람들을 대거 공천에서 탈락시킨 것 자체를 크게 탓할 수는 없다. 새 술은 새 부대에 담을 필요가 있기 때문이다. 문제는 천하의 인재를 대거 발탁해 공천하는 공의를 좇지 않고, 능력과 상관없이 자신과 가까운 인물을 공천해 공당을 사당으로 만들고자 하는 사의를 좇은 데 있다. 그 후유증은 매우 컸다. 이듬해인 2009년의 재보선에서 잇단 참패를 당한 게 그 증거다. 심흑을 구사해 득국에는 성공했으나 어설픈 면후로 오히려 지지 기반을 스스로 허물어뜨린 참여정부의 전철을 밟은 셈이다.

현재 후흑으로 완선무장한 중국 수뇌부는 말할 것도 없고 일본의 시도층 역시 '일본 제왕학의 태두'로 칭송받고 있는 야스오카 마사히로의 방대한 동양학 저서를 치열하게 연구하고 있다. 야스오카학은 일본판 후흑학에 해당한다. 동아시아 3국 중 유독 우리나라만 이런 논의가 미미한 실정이다.

우리도 거시사의 관점에서 우리의 역사문화에 기초한 리더십 이론을 만들 필요가 있다. 조선조의 군신이 '왕도'를 맹종하다가 '패도'로 무장한 일제에게 총 한 번 제대로 쏘아보지 못한 채 나라를 통째로 넘기고 백성들을 어육魚肉으로 만든 게 불과 100년 전의 일이다. 역사문화 배경이 전혀 다른 나라의 리더십 이론을 무차별적으로 수입해 쓰는 것은 극히 어리석은 짓이다. 그런 점에서 난세의 리더십 이론으로 등장한 이종오의 《후흑학》은 우리에게 시사하는 바가 크다.

| 02 |
상사와 부하로 사는 처세의 기술

상사의 처세술

도는 만물의 시작이고, 시비의 근본이다. 현군은 만물의 시작을 중시해 만물이 생겨난 근원을 알고, 그 기본을 잘 다스려 성패의 단서를 안다. 이에 현군은 마음을 비우고 고요히 상대를 지켜봄으로써 신하가 스스로 자신의 생각을 말하게 하고, 이후 그에 따른 책임을 지워 자연스럽게 그 일이 이루어지게 한다. 마음을 비우면 상대의 실정을 알 수 있고, 고요히 지켜보면 그 행동의 시비를 알 수 있다.

무엇인가 의견을 말하고자 하는 자는 스스로 말하게 되고, 어떤 일을 하고자 하는 자는 스스로 그 실적을 드러내게 된다. 말한 바와 실적을 대조하면 군주는 아무 일을 하지 않아도 신하의 모든 실정이 밝게 드러난다.

그래서 말하기를, "군주는 자신이 바라는 것을 드러내서는 안 된다. 이를 드러내면 신하는 스스로 군주가 하고자 하는 일에 맞도록 꾸미려

든다. 또 군주는 자신의 뜻을 드러내서도 안 된다. 이를 드러내면 신하는 자신의 속마음은 감춘 채 이에 부합하는 견해만 드러내게 된다"고 했다.

또 말하기를, "군주가 호오好惡를 드러내지 않으면 신하는 이내 속마음을 드러내고, 지혜와 재주를 드러내지 않으면 신하는 이내 군주를 헤아릴 길이 없어 스스로 대비하게 된다. 따라서 군주는 만물로 하여금 처신할 바를 스스로 알게 만든다. 행동할지라도 현명함을 보이지 않고, 신하들이 행하는 바를 살펴본다. 용맹할지라도 화내지 않고, 신하들로 하여금 자신의 무용을 다 발휘하도록 만든다"고 했다.

현명한 군주는 지혜를 버림으로써 신하를 바로 살피는 총명을 얻고, 현명함을 버림으로써 신하들이 스스로 능력을 발휘해 공을 세우게 하며, 용맹을 버림으로써 신하들이 스스로 무용을 발휘해 나라를 강하게 만든다. 모든 신하가 각자 자신의 직분을 지키고, 모든 관원이 떳떳이 그 능력에 따라 일하도록 하는 것을 '습상(習常; 관원의 기본자세 확립)'이라고 한다.

그래서 말하기를, "고요하여 그 자리에 없는 듯이 자리하고, 텅 비어 그 소재를 알 수 없다. 명군은 위에서 하는 일이 없을지라도 신하들이 두려워하며 삼간다"고 했다.

명군의 도는 지혜로운 자들로 하여금 스스로 사려를 다하게 해 이를 근거로 일을 결단하는 것이다. 그래서 군주의 지혜는 다함이 없다. 또한 현명한 자들로 하여금 스스로 재능을 다하게 해 이를 근거로 등용시키는 것이다. 그래서 군주의 재능은 다함이 없다. 또한 공이 있으면 군주가 칭송을 받고, 과가 있으면 신하가 책임을 진다. 그래서 군주의 명성은 손상되는 일이 없다.

그런 까닭에 군주는 현명하지 않으면서도 현자의 스승이 되고, 지혜롭지 못하면서도 지자의 우두머리가 된다. 신하는 직무에 힘쓰고, 군주는 공업을 이루니 이를 일컬어 곧 '현군의 상도'라고 한다.

이는 《한비자》의 〈주도主道〉 편의 첫머리에 나오는 구절이다. '주도'는 군주가 나아가야 할 길로, 유가에서 말하는 '군도君道'와 같은 뜻이다. 《한비자》는 역사상의 수많은 사례를 들어 군주에게 신하들을 어떻게 다뤄 천하를 뜻하는 바대로 다스릴 수 있는지를 논파한 고전이다. 《맹자》가 이상적인 '치세의 군도'를 논한 관념철학의 성격을 강하게 띠었다면, 《한비자》는 현실적인 '난세의 군도'를 논한 역사철학의 성격을 짙게 띠고 있다. 《맹자》를 읽은 뒤에는 반드시 《한비자》를 읽어야만 세상에 대한 균형 잡힌 시각을 가질 수 있다.

그럼에도 과거 성리학자들은 오직 《맹자》만을 지고의 '제왕학서'로 간주하면서 《한비자》를 이단의 금서로 간주했다. 삼국시대까지만 해도 조조와 유비, 제갈량 등 당대의 영웅호걸이 모두 최고의 제왕학서로 추천한 《한비자》를 남송대에 들어와 멀리하고 관념적인 사변론에 치우친 《맹자》를 극도로 존숭한 것은 커다란 불행이었다. 성리학의 기본 윤리인 삼강오륜이 아직 맹위를 떨치던 시절에 이종오가 당시로서는 충격적인 사상이랄 수밖에 없는 후흑을 역설한 것은 바로 이 때문이다. 박백을 상징하는 《맹자》 대신 후흑의 기본서인 《한비자》를 열심히 탐독하라고 주문한 것이나 다름없다. 삼국시대였다면 당연시되었을 얘기가 20세기 초에 이르기까지 정통에서 벗어난 이단으로 치부된 것은 《한비자》가 남송대 이후 1천여 년 동안 사설邪說로 간주된 사실과 무관치 않다.

20세기 후반에 들어와 이종오의 《후흑학》이 새삼 각광을 받는 데서 알 수 있듯이, 모든 것이 격변하는 21세기 동북아시대에《한비자》가 많은 사람들에게 사랑을 받게 된 것 또한 자연스런 일이다. 후흑이 그렇듯이 바로 '난세의 군도'에 부합하기 때문이다. 하드웨어와 소프트웨어가 하나로 융합된 21세기의 새로운 지식 창조 사회에서 난세의 군도는 모든 수준의 지도자에게 매우 절실한 리더십이기도 하다. '상사上司 리더십'으로 요약할 수 있다. 서양의 리더십 이론에서는 이를 통상 정치학 차원의 '대통령 리더십', 경영학 차원의 'CEO 리더십', 군사학 차원의 '장군 리더십' 등으로 나눠 설명하고 있다.

동양에서는 이를 제왕학 차원에서 접근했다. 앞에서 말한《한비자》의 〈주도〉편이 대표적인 실례다. 〈주도〉편의 리더십 이론은 비단 통치 차원에 머무는 게 아니다. 글로벌 경제 전쟁의 총사령관 역할을 수행하고 있는 최고 통치권자를 비롯해, 과거의 장수처럼 나라 안팎의 수많은 산업 전사를 총지휘하는 글로벌 기업의 총수와 일선 지휘관처럼 부품생산을 담당하고 있는 수십 명 단위의 작은 중소기업 사장에 이르기까지 공히 적용된다. 이들 모두 규모의 차이만 있을 뿐 휘하 임직원과 그 가족의 삶을 직접적으로 책임지고 있다는 점에서 하등 차이가 없다. '상사'의 리더십을 후흑의 관점에서 파악한 '처세술'의 요체를, 사례를 통해 살펴보기로 하자.

① **부하에게 의중을 보이지 마라**

삼국시대 위나라 감로 4년(259) 정월, 황룡이 두 번이나 영릉寧陵의 우물 속에 나타나는 일이 일어났다. 이에 앞서 돈구頓丘와 관군冠軍, 양하陽夏의 우물 속에서도 여러 번 황룡이 나타났다. 위나라의 신하들이 이구동성으로 길조라고 말했다. 그러나 황제 조모曹髦는 반대로 풀이했다.

"용은 군주를 상징한다. 황룡은 출현할 때 위로는 하늘에도 없고 아래로는 전야에도 없는 법인데 여러 번 우물 속에서 그 모습을 드러내니 이는 좋은 징조가 아니다."

그는 곧 〈잠룡시潛龍詩〉를 써 자신의 처지에 빗댔다.

> 슬프다, 곤욕을 치르는 용이여, 傷哉龍受困
> 연못에 갇혀 날지 못하는구나! 不能躍深淵
> 어금니 발톱 모두 숨겨놓으니, 藏牙伏爪甲
> 슬프다, 내 신세 너와 같구나! 嗟我亦同然

이는 권신 사마소에 휘둘리는 자신의 처지를 풍자한 것이다. 언젠가는 권신을 제거하여 황권皇權을 바로잡겠다는 뜻을 담고 있다. 이 소식을 전해들은 사마소가 매우 불쾌해하며 휘하의 가충賈充에게 은밀히 말했다.

"조모를 일찍 제거하지 않았다가는 오히려 내가 죽게 되겠소."

경원 원년(260) 4월, 조모가 조령을 내려 해당 관원 모두 이전에 내려진 조명을 철저히 준수하도록 명했다. 이는 사마소를 비롯한 권신들이 황제의 명을 제대로 봉행하지 않는 것을 꾸짖기 위한 것이었다. 하루는 사마소가 칼을 차고 전상에 올랐다. 그러자 사마소의 속셈을 읽고 있던 백관이 모두 일제히 입을 모아 조모에게 이같이 말했다.

"대장군의 공덕이 심히 높으니 상국으로 삼아 진공晉公에 봉하고 구석九錫을 더하는 것이 합당할까 합니다."

사마소는 짐짓 겸양하는 모습을 취했다. 그는 자신을 반대하는 인물을 철저히 가려내고 조모를 안심시킨 뒤 마지막 단계에서 조모를 제거하고자 했던 것이다. 조모는 사마소의 전횡이 더욱 극심해지는 것을 보면서 분노를 참지 못하고 있었으나 불행하게도 우군이 될 수 있는 세력이 모두 제거된 나머지 달리 손을 쓸 방도가 없었다.

그러던 중 조모가 시중 왕침王沈과 상서 왕경王經, 산기상시 왕업王業을 불러놓고 자신의 속마음을 털어놓았다. 조모는 사마소에 대한 분을 삭이지 못하고 이내 울먹이며 이같이 말했다.

"사마소의 속셈은 길을 가는 사람조차 모두 알고 있소. 나는 앉아서 폐출당하는 모욕을 참을 수 없소. 지금 경들과 함께 내가 직접 나가 그를 토벌할 것이오."

그러자 왕경이 급히 만류했다.

"춘추시대 당시 노나라 소공昭公은 계손씨季孫氏의 전횡을 참지 못해 이를 제거하려다 오히려 패주하여 나라를 잃고 천하의 웃음거리가 되었습니다. 사마씨 문중이 권력을 잡은 세월이 매우 오래되어 조정과 지방의 관원들 모두 사마씨를 위해 목숨을 바치며 충역忠逆의 도리를 생각지 않는 것이 비단 어제오늘의 일이 아닙니다. 게다가 숙위宿衛 군사가 매우 적은 데다 무기 또한 빈약한데 폐하는 무엇을 이용하려는 것입니까? 일단 이런 일이 벌어지게 되면 병을 없애려다 오히려 병을 더욱 깊게 만드는 것이 아니겠습니까? 화난은 예측하기 어려우니 응당 신중히 생각해야 할 것입니다."

노 소공은 기원전 6세기 후반 권신인 계손씨의 전횡을 참지 못하고 토벌에 나섰다가 오히려 패해 망명 생활을 하다가 망명지에서 비참하게 죽음을 맞이한 인물이다. 조모는 왕경의 얘기가 다 끝나기도 전에 가슴속에서 황색 비단 위에 쓴 조서를 꺼내 바닥에 내던지며 이같이 소리쳤다.

"그를 토벌하는 일은 이미 결정되었소. 설령 죽은들 무엇을 두려워하겠소. 하물며 반드시 죽는 것도 아닌 바에야 머뭇거릴 이유가 어디 있겠소."

조모가 말을 마친 뒤 곧 안으로 들어가 자신의 생각을 곽 태후에게 알렸다. 사태가 심각하게 전개되자 왕침과 왕업이 왕경에게 이같이 말했다.

"사세가 이미 급하게 되었는데 우리가 멸족의 화를 스스로 당할 수는 없으니 속히 사마공에게 가서 자수하고 죽는 것이나 면할까 보오."

그러자 왕경이 힐난했다.

"주군이 근심하면 신하는 욕을 당하고, 주군이 욕을 당하면 신하는 죽음을 당하는 법인데 어찌 감히 다른 마음을 품을 수 있겠소."

그러나 왕침과 왕업은 그 길로 사마소에게 달려가 이 사실을 고했다. 얼마 후 조모가 검을 빼들고 수레에 오른 뒤 전중殿中에 근무하는 숙위와 노복, 시종 등 300여 명으로 하여금 북을 치고 고함을 지르며 나가게 했다. 이때 사마소의 동생 둔기교위 사마주司馬伷가 동쪽 궁궐 문 앞에서 조모 일행을 만났다. 조모가 큰소리로 꾸짖어 말했다.

"어서 길을 비켜라. 나는 천자다. 너희들이 감히 천자에게 대항하겠다는 것인가?"

이에 사마주의 무리가 모두 사방으로 도주했다. 이때 중호군 가충이 융복戎服을 입고 말 위에 높이 앉아 수천 명의 군사들을 이끌고 궁 안으로 들어가려다가 조모 일행과 남쪽의 궁문 앞에서 만나게 되었다. 가충이 군사들에게 명하여 달려들게 했다. 싸움이 불리하게 전개되자 조모가 친히 칼을 들고 싸움에 나섰다. 크게 놀란 가충의 부하들이 뒤로 물러나려 하자 태자사인太子舍人 성제成濟가 앞으로 나와 다급한 어조로 가충에게 물었다.

"일이 매우 급하게 되었는데 어찌해야만 합니까?"

가충이 목소리를 높였다.

"사마공이 너희들을 키운 것은 바로 오늘 같은 일을 위해서였다. 물을 것이 무엇이 있단 말인가?"

성제가 곧 창을 들고 가충을 돌아보며 물었다.

"죽일까요, 사로잡을까요?"

가충이 화를 냈다.

"사로잡았다가 뒷감당을 어찌할 것인가!"

성제가 즉시 창을 틀어쥐고 조모를 향해 달려갔다. 조모가 성제의 무례한 행동을 보고 큰 소리로 꾸짖었다.

"필부가 참으로 무엄하구나!"

조모의 이 말이 채 끝나기도 전에 성제가 창을 들어 조모의 가슴을 찔렀다. 당시 조모의 나이는 겨우 20세에 불과했다. 조모는 함부로 속마음을 털어놓은 까닭에 비참한 최후를 맞이하고 만 셈이었다.

이와는 약간 경우가 다르지만 속마음을 함부로 털어놓았다가 비명횡사한 제왕이 또 한 사람 있다. 동진의 효무제 사마요司馬曜가 그 주인공이다. 그는 평소 주색을 매우 밝혔다. 문제는 그의 주량이 날이 갈수록 늘어가면서 말을 마구 내뱉은 데 있었다.

그가 보위에 오른 지 24년 만인 태원 21년(396) 9월 병자일, 건강의 청서전淸暑殿 내에서 무희들이 음악에 맞춰 춤을 추고 있었다. 효무제가 곁에 있던 장 귀인張貴人에게 농담조로 말했다.

"장 귀인, 낭신도 곧 30세가 되겠구려. 나이로 따지면 응당 폐출당할 나이요. 나는 젊고 예쁜 여인들이 좋소!"

효무제는 껄껄 웃으며 잔을 들이킨 뒤 얼마 후 대취한 나머지 어탑御
榻 위에 쓰러져 그대로 잠이 들고 말았다. 장 귀인이 태감들을 불러 효
무제를 숙소로 모시게 했다. 이때 그녀는 네 명의 시첩을 시켜 효무제
의 몸 위에 이불을 덮은 뒤 4면의 귀퉁이를 단단히 묶게 했다. 얼마 후
그녀는 몇 겹이나 되는 이불 속에 있는 효무제의 머리를 깔고 앉았다.
숨이 막힌 효무제가 고통스럽게 발버둥 쳤으나 비단 이불의 사방을 단
단히 묶은 까닭에 아무 소용이 없었다. 효무제는 이처럼 허무하게 죽었
다. 당시 35세였다.

동진의 효무제 사마요는 중국의 역대 황제 중 가장 황당하게 죽은 황
제 중 한 사람으로 기록되어 있다. 당시 장 귀인은 황제가 악몽을 꾸다
가위눌려 급서했다는 식으로 둘러댔다. 태자 사마덕종司馬德宗은 백치였
고, 효무제의 동생 사마도자司馬道子는 흑심을 품은 데다 방탕한 인물인
까닭에 이 문제를 더 이상 추궁하지 않았다. 결국 장 귀인은 아무 처분
도 받지 않았다. 이는 중국의 역대 궁중 비사 중 기괴한 사안 중 하나로
꼽힌다. 효무제 사마요의 횡사는 속마음을 함부로 드러낸 후과가 아닐
수 없다.

② 부하의 재능을 적극 활용하라

삼국시대 위나라에는 뛰어난 장수들이 매우 많았다. 이들 중 후대에 가
장 왜곡되어 알려진 인물을 고르라면 단연 장합張郃을 들 수 있다. 《삼
국지연의》는 그를 힘만 있고 지혜가 없는 여포와 같은 인물로 그려놓
았지만 그는 용맹과 지략을 겸비한 뛰어난 장수였다. 실제로 제갈량의
제1차 북벌을 실패로 만든 장본인이 바로 그였다. 그는 무장이면서도
음악과 학문을 매우 좋아한 고상한 인물이었다. 사람을 천거할 때에도

학식이 있는 사람을 가려서 추천했다.

그럼에도 많은 사람들이《삼국지연의》의 영향으로 그를 힘만 있고 꾀는 없는 인물로 알고 있다. 이는《삼국지연의》가 건안 20년(215)에 일어난 소위 '3파三巴 전투'를 건안 23년(218)의 한중대전 와중에 일어난 국지전으로 둔갑시켜놓은 데 따른 것이다. '3파'는 통상 촉蜀으로 표현되는 익주의 관문에 해당하는 파동군과 파서군, 파군 등 파巴의 3군을 의미한다. 당시 파군 태수로 있던 장비가 3파 전투에서 패했다면 물밀듯이 밀려오는 조조군의 기세에 눌려 익주마저 내놓아야만 했을지도 모를 일이었다.

원래 한중대전의 첫 접전이라고 할 수 있는 소위 '3월 전투'는 촉한의 수비대장인 장비의 일방적인 패배로 끝났다. 그러나《삼국지연의》는 교묘하게도 앞서 벌어진 3파 전투를 한중대전의 와중에 일어난 것으로 둔갑시켜 3월 전투마저 장비의 승리로 묘사해놓았다. 독자들은 장합이 연이어 장비에게 패한 것으로 생각할 수밖에 없다.

《삼국지연의》가 3파 전투의 시점을 3년이나 늦춰 마치 한중대전 와중에 일어난 것처럼 묘사해놓은 것은 유비의 한중대전 승리를 과장하고 제갈량을 미화하기 위한 억지였다. 장합이 힘만 믿고 덤비다가 장비에게 연이어 패하는 형편없는 인물로 인식된 배경이 여기에 있다.

당초 장합은 한복의 휘하로 종군해 황건적의 토벌에 나섰다가 한복이 패하자 이내 병사들을 이끌고 원소에게 의탁했다. 원소는 그를 교위에 임명해 공손찬 토벌에 동원했다. 이때 큰 공을 세워 중랑장이 되었다. 이후 그는 원소를 위해 누차 공을 세웠음에도 원소의 지우知遇를 얻지 못했다. 그러던 중 관도대전 때 곽도의 모함을 받게 되자 마침내 조조에게 투항하게 되었다. 투항의 직접적인 계기는 원소가 장합의 계책을 받아들이지 않은 데서 비롯되었다. 당시 원소가 부장 고람과 장합 등에게 명하여 조조의 군영을 치도록 하자 장합이 이같이 건의했다.

"조조는 정예병을 이끌고 갔기 때문에 반드시 군량미를 지키고 있는 순우경을 격파할 것입니다. 순우경 등이 패하면 대사는 곧 끝나는 것이니 우선 순우경을 먼저 구해야만 합니다."

그러나 원소는 곽도의 말을 좇았다가 패배를 자초하고 말았다. 조조의 병사들이 원소의 병사 1천여 명의 코를 베고 우마牛馬의 주둥이와 혀를 잘라 보내자 원소의 병사들이 크게 두려워했다. 곽도는 자신의 계책이 실패한 사실에 부끄러운 나머지 장합을 헐뜯었다.

"장합은 우리 군사가 패한 것을 통쾌하게 여기고 있습니다."

장합은 분하고 두려운 마음에 이내 고람과 함께 공격 장비를 불태운 뒤 조조의 군영으로 가 투항했다. 하지만 조조의 장수 조홍은 조심성이 지나친 나머지 그가 거짓 항복을 하는 게 아닌지 크게 의심해 감히 받아들이려고 하지 않았다. 이에 순유가 조홍을 질책했다.

"장합은 자신의 계책이 채택되지 않아 화가 나 투항하는 것인데 군은 무엇을 의심하는 것이오."

장합의 투항은 원소 패배의 결정타가 되고 말았다. 조조는 장합의 공을 높이 평가했다. 조조가 농우隴右의 평정에 장합을 전면에 내세운 배경이다. 한중 태수였던 장합 역시 자신을 알아주는 주군을 만나 비로소 자신의 재능을 마음껏 펼치게 되었다.

당시 조조가 3파의 백성을 한중으로 옮길 생각으로 장합에게 명해 탕거(宕渠: 사천성 거현)로 진군케 하자 유비는 파서태수로 있던 장비를 시켜 이를 결사 저지케 했다. 이로써 근 2달 가까이 장비와 장합이 맞붙은 3파 전투가 일어났다. 익주의 뒷덜미에서 일어난 이 전투는 유비의 처지에서 볼 때 무조건 승리를 거둬야만 했던 필사의 방어전이었다. 장비가 50여 일 만에 마침내 장합의 군사를 깨뜨렸다. 유비는 장비 덕분에 일촉즉발의 위기 상황에서 벗어났던 셈이다. 그러나 하후연이 한중을 거점으로 호시탐탐 익주를 노리고 있었던 까닭에 익주를 점거한 지 얼마 안 된 유비로서는 늘 불안할 수밖에 없었다.

장합의 뛰어난 면모는 곧이어 벌어진 한중대전 때 유감없이 발휘되었다. 당시 조조는 조홍에게 명하여 군사 5만 명을 이끌고 가 한중을 지키고 있는 하후연과 장합을 돕게 했다. 유비는 법정의 계책을 받아들여 양평관으로 진출한 뒤 진식을 보내 마명각의 길을 끊게 했으나 진식은 오히려 서황에게 패하고 말았다. 유비 역시 군사들을 이끌고 가 장합을 쳤으나 아무 소득도 얻지 못했다. 유비군은 한중대전의 서두에 연이어 패했던 것이다.

다시 전력을 정비한 유비는 법정의 계책을 이용해 조조군의 선봉대인 두습을 격파했다. 두습이 도망쳐온 사실을 보고받은 하후연이 직접 군사를 이끌고 출전하려고 하자 장합이 만류했다.

"적의 계교에 빠질 수 있으니 장군이 출전해서는 안 됩니다. 그저 굳게 지키고 있는 것이 좋습니다."

그러자 하후연이 역정을 냈다.

"적이 맞은편 산을 차지해 우리의 허실을 빤히 들여다보고 있는데 어찌 나가 싸우지 않을 수 있단 말인가?"

결국 하후연은 장합의 만류를 뿌리치고 출전했다가 패사하고 말았다. 황충이 승세를 타고 정군산으로 진격하자 장합은 양평으로 철군했다. 당시 총사령관을 잃은 위나라 군사들이 갈피를 잡지 못하자 독군 두습과 사마 곽회가 장병들을 모아놓고 호령했다.

"장합 장군은 국가의 명장으로 유비가 두려워하고 있다. 그가 없으면 이 위기를 벗어날 수 없다."

이에 장합이 임시 총사령관이 되어 병권을 장악하자 군심이 비로소 안정되었다. 조조가 곧 사자를 보내 장합에게 총사령관의 부절符節을 전해주었다.

당시 촉한의 장수들은 하후연보다 장합을 두려워했다. 이는《삼국지》에 배송지가 주를 단《위략》의 다음 내용을 보면 쉽게 알 수 있다.

"하후연이 비록 도독이었다고는 하나 유비는 하후연을 가벼이 보고 장합을 두려워했다. 하후연이 죽었다는 보고를 접한 유비가 말하기를, '진짜를 잡아야지 하후연 정도를 무엇에 쓰겠는가'라고 했다."

장합의 진면목은 제갈량의 제1차 북벌을 저지한 데서 극명하게 드러났다. 마속을 가정街亭에서 패퇴시킨 장본인이 바로 장합이다. 당시 장합은 탐마(探馬; 척후 기병)를 보내 마속이 군사들을 이끌고 가정을 지키고 있다는 사실을 알아내는 치밀한 모습을 보였다. 그는 마속이 산 위에 영채를 차렸다는 보고를 듣고 크게 기뻐했다. 곧 이를 확인하기 위해 100여 기를 이끌고 현장으로 달려갔다. 그의 머릿속에는 이미 마속을 깨기 위한 계책이 서 있었다.

그는 산 위에 세워진 영채를 오가는 촉병들의 모습이 매우 무질서한 것을 보고 쾌재를 불렀다. 곧 산 아래를 둘러보고는 급수 통로를 끊는 자신의 계책이 적중하리라는 것을 예감했다. 당시 마속도 그가 말머리를 돌려 영채로 돌아가는 모습을 내려다보고 있었다. 그럼에도 마속은 그의 속셈도 모른 채 부장 이성에게 자랑스럽게 말했다.

"장합이 산을 에워싸는 무모한 짓은 하지 않을 것이다."

이성이 맞장구를 쳤다.

"병법에 이르기를, '높은 곳을 먼저 점거하라'고 했으니 적들이 함부로 쳐들어오지는 못할 것입니다."

마속이 크게 기뻐하며 제장들에게 이같이 하령했다.

"만일 위나라 군사가 오거든 산꼭대기에서 홍기를 휘두를 터이니 곧 사면으로 내려가 치도록 하라."

두 사람은 《손자병법》의 〈행군〉 편에 나오는 "전망이 트인 고지를 점거해야 하니 적이 고지에 있으면 대적해서는 안 된다"는 원론을 고식적으로 좇고 있었던 것이다. 이때 영채로 돌아온 장합은 이들과는 정반대로 움직이고 있었다. 그는 곧 일부 장수에게 야음을 틈타 군사들을 이끌고 가 마속과 떨어져 영채를 세운 왕평王平이 진출하는 길을 차단케 했다. 이는 협공을 방지하기 위한 사전 조치였다. 이어 나머지 제장들을 모두 이끌고 가 산을 에워싼 채 촉병들이 물을 긷는 길을 차단했다.

이튿날 먼동이 트자 촉병들은 장합의 군사가 산과 들을 까맣게 덮은 모습을 보고 감히 산에서 내려갈 엄두를 내지 못했다. 마속이 칼을 빼어들고 위협하자 촉병들이 마지못해 산 아래로 내려가기 시작했다. 그러나 위나라 병사들이 까닥도 하지 않자 이내 다시 산 위로 올라갈 수밖에 없었다. 마속은 일이 꼬이는 것을 보고 당황했다. 곧 부장 이성에게 명하여 영채의 문을 굳게 지키도록 한 뒤 오직 왕평이 공격해 오기만을 기다렸다. 당시 왕평은 협공을 가할 생각으로 군사들을 이끌고 위나라 군사와 접전했으나 이내 기운이 다해 퇴각한 뒤였다.

이로써 산 위의 영채에 있던 마속의 군사들은 완전히 고립되고 말았다. 시간이 지나면서 밥을 지어 먹지 못하게 되자 군심이 크게 어지러워졌다. 한밤중이 되자 남쪽에 있던 군사들이 영채 문을 활짝 열고 산 아래로 내려가 항복하고 말았다. 마속도 이내 남은 군사들을 이끌고 곧장 서편으로 말을 달려 포위를 뚫고 달아났다. 장합이 곧 군사들을 몰아 이들의 뒤를 쫓아갔지만 30여 리쯤 추격했을 때 위연이 앞을 가로막자 혹여 퇴로가 끊겨 협공을 받을까 염려해 곧바로 퇴각했다.

당시 왕평의 군사들은 전고戰鼓를 쳐가며 산 아래의 영채를 군건히 지킨 까닭에 무사했다. 장합 역시 복병이 있을까 우려해 감히 나아가지 못했다. 왕평은 패잔병을 수습한 뒤 이들을 이끌고 서서히 추병들을 막으면서 철군할 수 있었다. 제1차 북벌에서 빚어진 가정의 전투는 제갈량의 생애에서 가장 큰 실패에 해당한다. 결과적으로 장합이 지략에서 제갈량을 이겼던 셈이다. 그럼에도 《삼국지연의》는 이 싸움에 출전하지도 않은 사마의를 등장시킨 뒤 제갈량이 제1차 북벌 직전에 반간계를 이용해 그를 완성 쪽으로 쫓아낸다는 허구를 삽입시켰다. 장합의 공은 눈을 씻고 봐도 찾을 길이 없다.

장합은 사서의 기록을 토대로 평가할 때 지략이나 용맹 어느 면에서도 나무랄 데 없는 명장이었다. 《삼국지》의 〈장합전張郃傳〉에도 "제갈량이 가장 두려워한 인물은 장합이었다"는 기록이 나온다. 그럼에도 《삼국지연의》는 위나라의 총사령관을 사마의로 바꿔놓고, 장합은 일개 선봉대장으로 격하해놓았다. 제갈량이 위나라의 일개 무장에게 패했다는 사실을 인정하기 어려웠던 것이다. 장합을 시종 꾀가 없는 용부勇夫로 그려놓은 것도 이런 심리가 작용한 결과로 볼 수 있다.

장합은 제갈량의 제2차 북벌 당시 진창이 촉군의 급습을 받았다는 보고를 받고도 매우 태연했다. 그는 구원차 출동하면서 촉군의 군량이 다해 조만간 철수할 수밖에 없다는 사실을 이미 훤히 내다보고 있었다. 당시 위나라 황제 조예는 전송차 성 밖까지 나아가 연회를 베풀며 그에게 물었다.

"장군이 도착할 때쯤이면 제갈량은 이미 진창을 손에 넣지 않았겠소?"

장합이 손가락을 꼽아가며 계산한 뒤 이같이 대답했다.

"신이 도착할 때쯤이면 제갈량은 이미 철수했을 것입니다."

그가 진창을 향해 나아갔을 때 제갈량은 기산의 영채에 있으면서 매일 사람을 시켜 싸움을 걸었으나 아무 반응이 없어 무진 애를 먹고 있었다. 더구나 진창으로는 길이 통하지도 않는 데다 그 밖의 소로를 통해서는 양초糧草의 운반이 곤란했던 까닭에 촉병들은 크게 고통을 겪었다. 제갈량은 마침내 제장들을 모아놓고 비밀리에 철군할 것을 명했다. 그러자 제장들이 의아해하며 물었다.

"위나라 군사들의 예기를 다 꺾어놓은 터에 무슨 이유로 철군코자 하는 것입니까?"

제갈량이 대답했다.

"우리 군사는 양식이 없어 급히 싸워야만 이로운데 저들이 굳게 지키고 나오지 않으니 큰일이오. 틀림없이 중원에서 원군이 올 터인데 만일 경기輕騎로 우리의 양도를 끊기라도 하면 그때는 돌아가고 싶어도 못 가게 되오."

이날 밤 촉군은 야음을 틈타 일제히 퇴각했다. 사실 이때 철군을 머뭇거렸다면 양도가 끊긴 채 협공을 당해 일거에 궤멸될 수밖에 없었다. 당시 장합은 제갈량의 제4차 북벌 때까지 촉한의 주력군을 저지하는 역할을 차질 없이 수행했다. 제갈량의 북벌이 초반에 실패로 끝난 것은 위나라에 바로 장합과 같이 뛰어난 용장이 있었기 때문이다.

장합은 비록 청류 사대부 출신은 아니었으나 음악을 좋아하고 인재를 좋아한 점 등으로 미루어 청류 사대부의 풍도를 많이 보유하고 있었다. 전장에서도 손에서 책을 놓지 않았던 조조는 장합의 이런 측면을 높이 평가했을 듯싶다. 조조의 상사 리더십이 하사下司의 용력과 지력을 적극 활용하는 데 있었음을 뒷받침하는 대목이다.

③ 부하를 널리 포용하라

한 고조 유방은 체계적인 학문을 연마하지 못했다. 그럼에도 그는 누대의 명문가 출신인 항우를 제압하고 천하를 거머쥐었다. 이는 자신의 잘못을 지적하는 주변의 말을 곧바로 수용할 줄 아는 미덕을 지니고 있었기에 가능했다. 그럼에도 그는 천하를 거머쥔 뒤 수많은 공신들을 가차 없이 토사구팽했다.

삼국시대의 조조는 비록 천하를 통일하는 위업을 이루지는 못했으나, 위나라를 세우는 과정 중 토사구팽을 전혀 행하지 않았다는 점에서는 유방보다 훨씬 뛰어난 면모를 보였다고 평할 수 있다. 일각에서는 순욱의 죽음을 토사구팽의 실례로 거론하고 있으나 이는 잘못이다. 순욱은 사실상 패망한 것이나 다름없는 한나라의 신하로 계속 남기를 고집하다가 스스로 울분을 참지 못해 무너졌다. 이를 조조의 토사구팽으로 해석하는 것은 비약이다.

오히려 조조는 천하 통일을 위해 유방과 같은 인물이 흉내 내기 어려울 정도의 탁월한 용인술을 보여주었다. 대표적인 예로 배신을 일삼은 위충魏种을 끝내 껴안은 일화를 들 수 있다. 건안 4년(199) 《자치통감》에 조는 그 배경을 이같이 기록해놓았다.

> 당초 조조가 연주에 있을 때 위충을 효렴孝廉으로 추천한 적이 있었다. 연주에서 반란이 일어났을 때 조조가 장담하기를, "오직 위충만이 나를 배반하지 않을 것이다"라고 했다. 이후 조조는 위충이 도망갔다는

얘기를 듣고 크게 노해 말하기를, "위충은 남쪽으로 도망해 월나라 땅으로 가지는 않고 북쪽으로 도주해 호인들이 있는 곳으로 갔을 것이다. 내가 그를 그대로 가게 하지는 않을 것이다"라고 했다. 원소를 대파한 후 위충을 사로잡게 되자 조조는 "나는 단지 너의 재주를 아낄 뿐이다"라고 말하면서 그의 결박을 풀어주고 하내태수에 임명해 황하 이북의 일을 그에게 맡겼다.

상식적으로 볼 때 위충처럼 배신을 일삼은 경우는 당시의 정황에 비춰 능지처참을 면하기 어려웠다. 실제로 모든 사람들은 조조가 위충을 죽일 것이라고 생각했다. 그러나 조조는 일반인의 상상을 뛰어넘는 행동을 보였다. 그의 포승줄을 풀어주고 그를 또다시 등용했던 것이다. 조조가 중시했던 것은 오직 그의 재능이었다.

유방이 비록 '정예精銳주의'를 고집한 항우와 달리 소위 '잡색雜色주의'를 관철해 천하를 거머쥐었다고는 하나 위충과 같은 자까지 끌어안지는 못했다. 이는 그가 천하를 거머쥔 뒤 토사구팽을 행한 것과 무관하지 않다. 조조의 경우는 설령 당대에 천하 통일의 위업을 이뤘다고 하더라도 이런 식의 배신적인 행위는 하지 않았을 것이다. 이는 그의 식견과 그릇이 그만큼 컸다는 것을 의미한다.

난세에는 비상한 사고와 행보가 필요하다. 기존의 가치관과 관행에 얽매여서는 안 된다. 세상의 모든 것은 마치 세월이 그렇듯이 쉼 없이 바뀌며 순환하기 마련이다. 어제의 황제가 내일의 필부가 될 수도 있고, 오늘의 필부가 내일의 황제가 될 수도 있는 것이다. 병자호란 당시의 일화가 좋은 실례다.

인조 14년(1636) 겨울 청 태종은 12만 명의 군사를 이끌고 압록강을 넘었다. 조선의 군신은 황급히 남한산성으로 들어갔다. '독 안에 든 쥐' 신세를 자처한 셈이다. 그런데도 김상헌을 비롯한 척화파들은 척화의 목소리를 더욱 높였다. 이듬해 1월 2일, 청 태종이 인조에게 다음과 같은 조서를 보냈다.

"너는 정묘년의 치욕을 씻는다며 화를 자초해 후세에 웃음거리를 남기려 하니 이 치욕은 또 장차 어떻게 씻으려 하는 것이냐? 황제를 일컫는 게 옳고 그름은 너에게 달려 있는 게 아니다. 하늘이 도우면 필부라도 천자가 될 수 있고, 하늘이 화를 내리면 천자라도 외로운 필부가 되는 것이다."

당시 조선의 군신은 한때 야인野人으로 얕보았던 만주족이 부모의 나라로 섬기던 명 제국을 누르고 천하의 중심이 되고자 하는 것은 하늘이 무너져도 인정할 수 없다는 생각을 갖고 있었다. '하늘이 도우면 필부라도 천자가 될 수 있다'는 치란治亂의 기본 이치를 애써 무시한 것이다.

조조의 관용寬容 행보는 원소의 부대를 점령했을 때 가장 먼저 기밀 서류를 소각한 데서 잘 드러난다. 당시 원소가 가지고 있던 기밀 서류에는 엄청난 정보가 담겨 있었음에도 불구하고 그는 서류를 불태우도록 지시했던 것이다. 이것이 그 유명한 '분소밀신焚燒密信' 사건이다. 일부 사가는 이전의 잘못을 불문에 붙인 점에 초점을 맞춰 소위 '분서불문焚書不問' 사건으로 부르기도 했다.

당시 조조가 수거한 원소의 서신 중에는 허도에 있는 일부 인사는 물론 자신의 휘하에 있는 일부 장령이 보낸 서신도 있었다. 조조의 좌우가 입을 모아 건의했다.

"그 이름들을 일일이 조사해 모조리 잡아 죽여야 합니다."

그러나 조조는 머리를 내저었다.

"원소가 강성할 때는 나 또한 스스로를 보호할 길이 없었다. 하물며 다른 사람들이야 말할 것이 있겠는가!"

그러고는 이내 이들 밀신들을 모두 불태우도록 했던 것이다. 이 분소밀신 사건으로 인해 몰래 원소와 교신했던 허도의 인사들과 일부 장령들은 조조의 관인한 도량에 크게 감복했다. 진수가 쓴 《삼국지》의 〈위서·무제기〉에는 조조가 편지들을 불태웠다는 얘기만 간략히 기록해놓았다. 그러나 배송지가 주를 단 《위씨춘추魏氏春秋》에는 당시 조조가 한 말을 자세히 인용해놓았다. 사마광의 《자치통감》 역시 이를 그대로 인용해놓았다. 양자 모두 분소밀신 사건을 후세인들에게 귀감으로 전하고자 한 것이었다.

사실 조조의 분소밀신 행보는 그가 처음으로 행한 게 아니었다. 이미 그에 앞서 200년 전에 후한 제국을 세운 광무제 유수가 행했던 것이기도 하다. 갱시更始 2년(24) 5월, 황제를 칭하며 하북 일대를 호령했던 왕랑王郎의 부하들은 광무제 유수의 포위 공격을 견디지 못해 마침내 성문을 열고 항복했다. 왕랑은 도주하다가 죽임을 당했다. 왕랑이 한단에 세운 궁에 머물던 유수는 부하들에게 모든 문서를 조사토록 했다.

대부분 각 군현의 관원과 지방 유지들이 왕랑과 주고받은 서신들이었다. 왕랑을 칭송하고 유수를 헐뜯는 내용이 주를 이뤘다. 심지어 유수와 그 무리를 어떻게 소탕하면 좋을지를 적어놓은 서신도 있었다. 유수는 서신들을 보지도 않은 채 모두 궁 앞 광장에 쌓아놓은 후 관원과 호족들을 전부 불러들여 놓고는 그들이 보는 앞에서 불살라버렸다. 누군가 깜작 놀라 유수에게 말했다.

"왜 이러십니까? 저희를 반대하던 자들이 모두 이 안에 기록돼 있는데 이제 이름조차 알아볼 수 없게 되었습니다."

"내가 이것들을 불사르는 이유는 더 이상 과거의 은원을 문제 삼지 않겠다는 나의 의지를 보여주고자 하는 것이다."

비밀이 밝혀질까 가슴을 졸였던 지방 호족과 관원들은 증거물이 불태워지자 안도의 한숨을 내쉬었다. 유수는 문서를 태움으로써 그들이 보복을 두려워하여 반反유수 진영에 들어가는 일을 사전에 차단했던 것이다.

이는 조조의 분소밀신과 같은 맥락이다. 간첩 행위를 했거나 잠재적 배신자를 제거할 수 있는 절호의 기회였음에도 불구하고 짐짓 아무것도 아닌 것처럼 소각을 명령한 분소밀신은 난세의 득인술이 어떤 것인지를 극명하게 보여준다.

조조는 난세에 능력 있는 자들이 강한 자의 편에 붙어 일신의 안전을 보전할 수밖에 없는 인간의 약점을 깊이 이해하고 있었다. 대개 재능이 많은 자는 어느 곳에서도 중용될 수 있으므로 지조를 가벼이 여기는 경향이 있다. 이런 태도는 바람직하지 못한 것이 사실이나 동시에 능력 있는 사람이 목숨을 보존하는 방법이기도 했다. 조조는 인간의 이런 습성을 통찰하고 이를 오히려 당연한 것으로 간주했던 것이다. 그는 한마디로 말해 그릇이 큰 인물이었다.

부하의 처세술

무릇 유세의 어려움은 자신의 지식을 갖고 남을 설득하는 게 어렵다는 뜻이 아니다. 또한 변설을 통해 자신의 의중을 충분히 드러내는 게 어렵다는 뜻도 아니다. 나아가 대담한 행보로 자신의 능력을 다 발휘하기가 어렵다는 뜻도 아니다. 유세의 어려움은 상대의 마음을 헤아려 자신의 의견을 그것에 맞추는 게 쉽지 않다는 것을 뜻한다.

상대가 명예를 떨치는 데 관심을 갖고 있는데 많은 이익을 얻는 것으로 유세하면 지조가 없다고 여겨 비천하게 대우하고 반드시 멀리 내칠 것이다. 또 상대가 많은 이익을 얻고자 하는데 명예를 떨치는 것으로 유세하면 생각이 부족하고 세상 물정에 어둡다고 여겨 반드시 받아들이지 않을 것이다.

또 상대가 속으로는 많은 이익을 얻고자 하면서도 겉으로는 명예를 내세울 경우 명예를 떨치는 것으로 유세하면 겉으로는 이를 듣는 척하지만 실제로는 멀리하고, 정반대로 많은 이익을 얻는 것으로 유세하면 속으로는 이를 채용하면서도 겉으로는 자신의 속마음을 들키지 않기 위해 내치게 된다.

상대가 어떤 허물이 있을 때 예의를 언급하며 그 잘못을 들춰내면 신변이 위험하다. 상대가 어떤 계책을 얻어 이를 자신의 공적으로 삼고자 할 때 그 내막을 알게 되어도 신변이 위험하다. 상대가 할 수 없는 일을 억지로 권하거나 그만둘 수 없는 일을 억지로 그만두도록 권할 경우도 신변이 위험하다.

군주와 가깝지도 않고 은총도 크지 않은데 대신大臣을 평하면 군주는 군신 사이를 이간하려는 것으로 생각하고, 소신小臣을 평하면 군주의 권력을 팔아 아랫사람에게 사적인 은혜를 베풀려는 것으로 생각한다. 군주가 총애하는 자를 평하면 그들의 힘을 빌리려 하는 것으로 생각하고, 군주가 미워하는 자를 평하면 군주의 속마음을 떠보려는 것으로 생각한다.

유세할 때 거두절미하고 요점만 말하면 지혜가 없는 졸렬한 자로 여기고, 장광설을 늘어놓으면 말만 많은 조잡한 자로 여긴다. 사실을 생략한 채 결론만 말하면 겁이 많아 할 말도 제대로 하지 못하는 자라고 질책하고, 일을 충분히 헤아려 자세히 진술하면 야비한 자가 오만한 모습을 보인다고 질책한다.

무릇 유세의 요체는 상대가 자랑으로 여기는 것을 은근히 칭찬하고, 부끄럽게 여기는 것을 은근히 덮어주는 데 있다. 상대가 급히 하고 싶어 하는 일이 있을 때는 공의公義로써 이를 드러내 장려하고, 상대가 자신의 지혜와 재능을 자랑하고 싶어 할 때는 모르는 척하며 상대의 지혜가 돋보이도록 도와준다. 상대를 칭송할 때는 직접 칭송하는 대신 유사한 예를 들어 칭송하고, 과실을 지적할 때는 직접 지적하는 대신 다른 사례를 들어 충고한다. 더불어 불미한 일을 했을 때는 반드시 상대에게 해로울 것이 없음을 역설하고, 더불어 실패했을 때는 반드시 상대에게 실책이 없음을 역설한다.

상대가 자신의 역량을 자랑할 때는 굳이 다른 어려운 일을 예로 들어 그가 남과 같다는 것을 밝혀서는 안 된다. 상대가 자신의 결단을 자랑할 때는 굳이 그의 잘못을 지적해 화나게 만들어서는 안 된다. 상대가 자신의 계책을 현명하다고 여길 때는 굳이 실패한 사례를 들어 궁지에 몰아넣어서는 안 된다.

유세하는 자는 자신이 말하고자 하는 것이 상대의 뜻에 거슬리지 않도록 해야 하고, 말씨가 상대의 감정을 자극하는 일이 없도록 조심해야 한다. 그런 연후에 자신의 주장을 능히 펼쳐야 한다. 이것이 상대와 능히 가까이하면서 의심받지 않고, 하고 싶은 말을 다해 채택될 수 있도록 하는 길이다.

그래서 군주에게 간언을 하거나 논의를 하고자 하는 자는 먼저 자신이 과연 군주에게 총애를 받고 있는지 아니면 미움을 받고 있는지부터 잘 살핀 연후에 유세해야 한다. 무릇 용이란 짐승은 본래 유순해 사람이 잘 길들이면 능히 타고 다닐 수 있다. 그러나 용에게는 턱 밑에 한 자나 되는 역린이 달려 있다. 만일 이를 잘못 건드리면 용을 길들인 자라도 반드시 죽임을 당하게 된다. 군주 역시 용과 마찬가지로 역린이 있다. 유세하는 자가 역린을 건드리지 않으면서 설득할 수만 있다면 거의 성공을 기할 수 있다.

이는 《한비자》의 〈세난〉 편에 나오는 대목이다. 〈주도〉 편에서 역설한 '난세의 군주 리더십'의 덕목과 대비되는 '난세의 신하 리더십'에 해당한다. 《맹자》를 비롯한 유가의 고전은 이를 '신도臣道'로 표현하고 있다. 《맹자》는 어떠한 위험이 닥칠지라도 직언하는 것을 신도의 핵심 덕목으로 내세우고 있다. 《한비자》의 〈세난〉 편의 내용과 완전히 배치되는 것이다.

난세를 방불케 하는 21세기 글로벌 경제 전쟁 상황에서 만일 《맹자》의 주장을 좇아 직언을 일삼을 경우 과연 설득력을 발휘할 수 있을까? 맹자 자신이 열국의 군주들로부터 경원시되었듯이 아무런 효험을 얻지 못할 뿐만 아니라 자칫 역린을 건드려 이내 내쫓길 가능성이 높다. 한비자가 역설했듯이 난세의 시기에는 '유세'의 기술이 필요하다. 이종오가 《후흑학》에서 역설하고 있는 여러 유형의 '처세술'이 바로 이에 해당한다.

주의할 것은 글로벌 경제 전쟁의 총사령관 격인 최고 통치권자를 비롯해 일부 글로벌 기업의 총수를 제외하고는 대부분 '상사'와 '하사'의 리더십을 공히 발휘해야 한다는 점이다. 문제는 '상사'와 '하사'의 리더십이 충돌하는 데 있다. 난세의 군주는 자신의 속마음을 내보여서는 안 되고, 반대로 난세의 신하는 군주를 설득하기 위해서라도 먼저 군주의 속마음을 정확히 헤아려야 한다. 또한 난세의 군주는 자신의 지혜와 힘을 써서는 안 되고, 반대로 난세의 신하는 자신의 지혜와 힘을 함부로 드러내서는 안 된다.

그렇다면 정부와 기업의 최고 통치권자와 글로벌 기업의 총수 밑에 있는 층층시하의 수많은 간부들은 과연 어떤 리더십을 구사해야 하는 것일까? 말할 것도 없이 '하사'의 리더십을 발휘해야 한다. 그래야 총수의 신임을 바탕으로 자신의 지략과 소신을 펼칠 수 있고, 휘하의 하사에게도 존경을 받을 수 있다. 하사의 리더십을 제대로 발휘하지 못한 채 성급하게 상사의 리더십을 발휘하는 것은 역린에 해당한다. 이내 커다란 위세로 군주를 떨게 만드는 진주지위震主之威로 인해 내쫓길 수밖에 없다.《한비자》와《후흑학》이 난세의 '하사 리더십'을 언급하면서 거듭 상사의 의중부터 정확히 헤아리라고 당부하는 이유가 여기에 있다.

① 상사의 의중을 헤아려라

건륭제 때의 권신이었던 화신은 비록 건륭제 사후 비참한 최후를 맞이하기는 했으나 건륭제가 죽을 때까지 가장 총애한 인물이기도 했다. 대다수 사람들은 그를 일언지하에 폄훼하면서 그가 왜 역대 최고의 황제 중 한 사람으로 꼽히는 건륭제의 총애를 받게 되었는지에 대해서는 아예 연구할 가치조차 없다는 자세를 보이고 있다. 그러나 이는 잘못이다.

당시 건륭제가 화신을 극도로 신임하게 된 데는 다 그럴 만한 배경이 있었다. 당시 건륭제는 스스로를 소위 '십전노인十全老人'으로 칭했다. '평생 10번 출전해 모두 전승을 거둔 백전노장'이라는 뜻이다. 물론 10

회의 원정이 모두 성공한 것만은 아니었고, 명분이 불분명하고 내용 또한 부실한 것도 적잖이 있었으나, 그의 치세 때가 중국 역사상 가장 큰 판도를 자랑한 것 또한 사실이다. 당시의 판도는 오늘날의 중국 전체와 러시아령 연해주 및 몽골인민공화국을 포함하고 있었다.

더구나 건륭제의 치세는 경제와 문화 면에서도 최고의 성세를 구가했다. 예수교 선교사들이 다투어 서양의 최신 학문과 기술을 전수하면서 중국 전래의 문물을 대거 유럽에 소개한 것과, 이웃한 조선에서 실학이 꽃을 피운 것도 이와 무관치 않았다. 실제로 그의 치세 때 유럽에서 인문주의를 기반으로 한 계몽주의 사상이 만개한 것은 선교사들이 중국 전래의 수많은 고전을 번역해 소개한 데서 비롯된 것이다.

당시 건륭제는《한비자》의〈세난〉편에서 지적했듯이 자신의 공과 재능을 자랑하고 싶은 생각이 차고 넘치는 상황이었다. 여러 면에서 그의 공업이 워낙 컸던 까닭에 이를 탓할 수만도 없었다. 문제는 이를 제대로 챙겨주는 신하가 거의 없었던 데 있다. 바로 이런 상황에서 화신이 그런 역할을 수행했던 것이다. 화신의 아첨을 탓하기 전에 건륭제의 속마음을 제대로 헤아리지 못한 한족 신사층紳士層에 더 큰 책임을 물어야 한다.

사실 이들의 편협함은 적잖은 문제가 있었다. 대표적인 예로 건륭 20년(1755)에 빚어진 소위 '호중조胡中藻 사건'을 들 수 있다. 사건의 발단은 호중조의 시집 속에 나온 '일세무일월一世無日月'과 같은 불경스런 구절에서 비롯되었다. '일월日月'을 합치면 '명明'이 된다. 이는 명조의 세상이 아닌 것을 슬퍼한다는 뜻을 담고 있었다. 뒤이은 '논탁청論濁淸'이라는 구절도 도마 위에 올랐다. 운을 맞추기 위해 '청탁'을 '탁청'으로 바꾼 것이라고 변명했으나 '탁한 청조'라는 취지로 쓴 것이 분명했다. 호중조는 결국 사형을 당했다.

건륭제는 소위 '문자지옥文字之獄'으로 인해 오랫동안 적잖은 비판을 받아왔으나 이는 지나친 면이 있다. 청조의 황제는 이전의 황제와 달리 '황제-칸'의 성격을 띠고 있었다. 원 제국의 황제 역시 '황제-칸'의 성격을 띠고 있었으나 정복 왕조의 기본 틀에서 벗어나지 못했다. 그러나 청조의 황제는 순치제 이후 강희제, 옹정제, 건륭제에 이르기까지 무덕武德은 말할 것도 없고 한족 신사층도 입을 다물 수밖에 없을 정도의 놀라운 문덕文德을 자랑했다. 이는 같은 '황제-칸'일지라도 원 제국의 황제에게서는 전혀 찾을 수 없는 것이었다. 중국의 전 역사를 통틀어 볼지라도 강희제에서 건륭제에 이르는 소위 '강건성세康乾盛世'의 시기처럼 모든 면에서 최고의 성세를 구가한 때는 없었다.

이는 청조가 출발 때부터 한족이 세운 한·송·명대와 달리 만주족과 몽골족, 한족 등 세 민족을 중심으로 한 다민족의 세계국가였던 사실과 무관치 않다. 화이론華夷論에 입각해 만주족 등을 이적시夷狄視하는 것은 결코 용납할 수 없는 일이었다. 이는 청조가 누르하치 이래 한족을 특별히 차별한 게 아니라는 사실을 보면 쉽게 알 수 있다. 건륭제 역시 제국 내의 모든 민족을 동일하게 대했다. 다만 만주족의 통치를 거부할 경우에 이를 단호히 응징했을 뿐이다. 그럼에도 한족 신사층들은 이를 인정하지 않으려고 했던 것이다. 그 결과가 바로 '문자지옥'의 참사로 나타난 것이다.

건륭제 때 이뤄진 문덕의 구체적인 실례로는 역사상 최대 최고의 편찬 사업에 해당하는 《사고전서四庫全書》의 완성을 들 수 있다. 그는 재위 37년(1772)에 고금의 모든 양서를 모은 뒤 이를 필사시켰다. 이같이 필사된 《사고전서》는 3천400여 종으로 약 8만 권에 달했다. 그는 이를 7

부로 작성하게 했다. 총 50여만 권의 책이 필사되었던 셈이다.《사고전서》속에는 이탈리아인 마테오 리치Matteo Ricci의《건곤체의乾坤體義》와《기하원본幾何原本》, 독일인 아담 샬 폰 벨Johann Adam Schall von Bell의《신법산서新法算書》, 벨기에인 페르디낭 베르비스트Ferdinand Verbiest의《곤여도설坤輿圖說》등 서양인의 저서도 있었다. 이는 강희제가 이들 선교사들로부터 수학과 천문학 등을 배운 사실과 무관치 않았다.

　문학에 조예가 깊었던 건륭제는 생전에 수많은 시와 문집을 남겼다. 그는 문무를 겸비한 초세의 영걸이었다. 여기서 주목할 점은 화신이 짧은 학문에도 불구하고 시문을 좋아하는 건륭제의 취향에 부응하기 위해 밤낮으로 열심히 시문에 매달렸다는 점이다. 화신은 건륭제가《사고전서》를 출간하기로 결정하자 학문이 일천했음에도 불구하고 밤낮으로 시서를 외더니 얼마 후에는 과연 제법 명시를 줄줄 읊는 경지에 이르게 되었다.

　건륭제가 산책할 때나 수레를 타면서 수시로 질문을 던질 때마다 그는 막힘없이 술술 외우면서 자신의 견해를 덧붙이기도 했다. 화신이 호부상서와 의정대신을 거쳐 나중에《사고전서》출간을 총괄하게 된 배경이 여기에 있다. 이는 조정에서 최고의 학문을 자랑하는 한림원의 대학사들이 맡는 자리였다. 건륭제가 단지 총애를 이유로 화신을 이런 중차대한 자리에 앉혔을 리 없다. 화신이 결코 아부나 일삼는 일개 환관이 아니었음을 방증하는 대목이다.

　여기서 주목할 점은 화신이 중국의 전 역사를 담은《24사》를 간행할 때 결정적인 역할을 수행했다는 점이다. 당시 건륭제는 이를 매우 중시해 자신이 직접 교열했다. 당대 최고의 지식인을 자처한 건륭제는 오자를 찾아낼 때마다 스스로 대단한 일을 했다고 생각하며 매우 뿌듯해했다. 화신을 비롯한 몇몇 대신들은 건륭제의 이런 심리에 영합하기 위해 교정지 초안에 일부러 틀린 글자를 필사해 교열을 청하곤 했다. 건륭제가 이를 찾아내면서 얼마나 기뻐했을지는 불문가지다.

여러 정황에 비춰 화신은 원래 총명했던 인물이었음에 틀림없다. 게다가 두뇌 회전이 빨라 건륭제의 심리를 훤히 꿰뚫어보았으니 그가 건륭제의 지극한 총애를 입은 것은 당연한 일이었다. 뇌물 수수를 통한 치부 등 부정적인 측면에만 초점을 맞춰 화신을 보지 말고, 그가 건륭제의 성격과 기호를 알아내기 위해 얼마나 세심한 주의와 노력을 기울였는지를 감안할 필요가 있다. 최고 통치권자를 비롯해 총수의 심기와 생각, 기호 등을 화신처럼 열심히 탐구하는 자세를 보이고도 출세를 하지 못하는 것이 오히려 이상한 일이다.

화신의 '하사 리더십'을 발휘할 경우 건륭제가 아닌 그 누구일지라도 총애할 수밖에 없다. 당시 영국 특사로 청나라를 방문했던 조지 매카트니George Macartney가 술회했듯이 건륭제는 친아들보다 화신을 더 총애했다. 건륭제가 가장 총애한 딸 화효공주和孝公主를 화신의 아들에게 시집을 보낸 데에는 바로 화신의 이런 열성에 대한 찬탄이 바탕에 깔려 있었다. 상식적으로 생각할지라도 중국 역대 최고의 성군 중 한 사람인 건륭제가 단순히 화신의 아첨에 넘어가 그를 총애했다고 생각하는 것 자체가 어불성설이다. 화신은《한비자》의 〈세난〉 편에서 역설한 '유세방략'을 몸으로 실천한 산 증인에 해당한다.

② 상사에게 공을 돌려라

삼국시대 당시 관우는 탁월한 무용을 지니고 있었다. 여포를 제외하고는 그를 당할 자가 없었다. 그러나 그는 지나치게 오만한 나머지 끝내 비명횡사하고 말았다. 관우처럼 오만한 모습을 보일 경우 설령 유비가 천하를 차지했을지라도 능히 목숨을 부지하기가 쉽지 않았을 것이다. 이를 경계할 만한 사례가 있다.

서기 280년 서진의 무제 사마염은 마침내 동오를 정복하고 천하를 재차 통일했다. 곧바로 그는 논공행상을 시행했다. 계책을 낸 가충에게는 식읍 8천 호를 더하고, 왕준王濬은 보국대장군에 임명한 뒤 양양현후襄陽縣侯에 봉했다. 이밖에도 제장들과 공경 이하의 관원들에게도 차등 있게 상을 내렸다.

당시 동오의 도성인 건강(建康; 남경)을 함락시킨 장본인은 왕준이었다. 그가 동오 정벌에 여념이 없었을 때 조정에서는 그를 헐뜯는 자가 있었다. 안동장군 왕혼王渾이었다. 그는 왕준이 지휘에 복종하지 않았고, 건강성에 입성한 뒤 금은보화를 약탈했다고 무함誣陷했다. 하지만 왕준은 자신의 무고함을 열심히 해명해 위기를 넘겼다.

그러나 이후 왕준은 못내 억울한 생각에 사마염을 배견할 때마다 자신이 공을 세웠을 때의 고생스런 일화와 누명을 받았을 때의 정황 등을 구구절절이 얘기했다. 어떤 때는 심중의 분노를 참지 못해 언사가 매우 공경스럽지 못했다. 심지어 사마염에게 하직 인사도 하지 않은 채 몸을 돌려 퇴청하는 일도 있었다. 하루는 그의 친척인 익주호군 범통范通이 이같이 충고했다.

"경이 세운 공업은 대단히 훌륭하오. 다만 너무 자만하는 것이 유감이오."

왕준이 화를 냈다.

"그게 무슨 소리요?"

범통이 말했다.

"경은 깃발을 휘날리며 개선했을 때 응당 평복으로 갈아입고 집으로 가 오나라를 평정한 사실을 입 밖에도 내지 말았어야 했소. 만일 사람들이 물으면 단지 '이는 모두 성명한 군주의 덕과 제장들의 노력 덕분이지 노부老夫야 무슨 애쓸 일이 있었겠소'라고 말했어야 옳았소. 이는 전국시대 말기 조나라의 인상여가 염파를 능히 감복시킨 이유이기도 했소. 그리했으면 왕혼도 심히 부끄럽지 않았겠소?"

왕준이 크게 감복한 나머지 범통에게 이같이 사과했다.

"나도 처음에는 등애가 죄 없이 죽은 것을 귀감으로 삼아 재난이 이 몸에 닥칠까 우려했으나 부득불 변명하지 않을 수 없었소. 그러나 끝내 이를 흉중에 담아두지 못한 나의 기량이 사실 협애狹隘하기 그지없었소."

이후 왕준은 자기의 공을 내세우지 않았다. 그러자 그에 대한 무함도 자연스레 사라졌다. 오히려 사람들은 왕준의 공이 큰 데도 포상이 너무 가볍다고 생각해 그를 대신해 불평했다. 이에 박사 진수秦秀 등이 왕준의 억울함을 상주하자 사마염이 마침내 왕준을 진군대장군으로 승직시켰다.

주군을 모시면서 자신의 공과 재능을 자랑하지 말아야 하는 것은 바로 '진주지위'의 역반응 때문이다. 이와 관련해 본보기로 삼을 만한 일화가 《한서》의 〈공수전〉에 나온다.

전한 선제 때 잇단 가뭄과 관원들의 착취로 궁지에 몰리자 발해군의 백성들이 연이어 난을 일으켰다. 한 선제가 신하들의 천거를 받아들여 공수龔遂라는 인물을 발해태수에 임명해 이를 진압케 했다. 당시 공수는 이미 70세를 넘긴 데다 체구 또한 왜소했다. 선제가 미덥지 않은 생각에 이같이 물었다.

"경은 장차 어떻게 민란을 평정할 생각이오?"

공수가 대답했다.

"백성들이 난을 일으킨 것은 생활이 곤궁한 탓입니다. 이는 마치 폐하의 무지한 아이들이 누런 흙탕물이 괴어 있는 웅덩이에서 병장기를 가지고 장난하는 것에 지나지 않습니다."

여기서 '농병황지弄兵黃池'라는 성어가 나왔다. 백성들의 반란을 아이들의 전쟁놀이에 비유한 것은 무력보다는 설득으로 회유해야 한다는 취지를 담고 있었다. 과연 공수는 이런 수법으로 민란을 진정시켰다. 이후 선정을 펼치자 그 명성이 널리 퍼졌다. 이 소식을 들은 선제가 크게 기뻐하며 곧 그를 조정으로 불렀다.

당시 공수의 휘하에는 왕생王生이라는 인물이 속리인 의조議曹로 있었다. 공수가 그에게 함께 장안으로 갈 것을 제의하자 다른 속리들이 일제히 반대했다.

"왕생은 주정뱅이에다 허풍쟁이입니다. 그를 데리고 가면 골치만 아플 뿐입니다."

공수가 말했다.

"왕생이 가겠다고 하니 함께 갈 것이오."

장안에 도착한 후 왕생이 종일 술에 취해 있는 바람에 공수마저도 그의 얼굴을 볼 수 없었다. 하루는 선제가 공수를 부른다는 말을 전해들은 왕생이 시종에게 말했다.

"속히 가서 공 대인을 모셔오도록 해라. 내가 드릴 말씀이 있다."

사람들은 왕생이 또 술주정을 하는 것으로 생각했으나 공수는 급히 왕생을 찾아왔다. 왕생이 물었다.

"폐하께서 대인에게 발해를 어떻게 다스리고 있냐고 하문하면 어찌 대답할 것입니까?"

공수가 대답했다.

"현재賢才를 등용해 그 재능을 모두 발휘케 하고, 국법을 엄수해 상벌을 분명히 하고 있다고 할 것이오."

왕생이 고개를 가로저었다.

"안 됩니다. 그것은 자화자찬하는 말이 아닙니까? 황제께서 하문하면 '그것은 소신의 공로가 아니라 폐하의 신령한 위엄이 백성들을 감화시킨 덕분입니다'라고 말해야 합니다."

다음 날 선제를 배견하는 자리에서 왕생이 가르쳐준 대로 대답하자 선제는 과연 크게 기뻐하며 그의 벼슬을 높여주고 자신의 곁에 두었다. 자신의 공을 내세우지 않고 모두 군주에게 돌리라는 왕생의 가르침 덕분이었다.

청조 말기에도 참고로 삼을 만한 인물이 있다. 당시 천하는 매우 어지러웠으나 제국은 오랜 관성으로 인해 수렴청정의 당사자인 서 태후에 의해 일사불란하게 움직이고 있었다. 많은 사람들이 서 태후를 청조 패망의 원흉으로 지목하고 있으나 이는 지나치다. 안팎의 여러 상황이 청조의 쇠망을 부른 것이지 서 태후 때문에 그리된 것은 아니다. 서 태후 역시 흔히 알고 있듯이 보수 반동의 주범도 아니었다. 그가 의화단 사건 이후에 내세운 신정新政 개혁 방안은 강유위 등이 내세운 것보다 훨씬 앞서 나간 것이었다. 그녀는 당 제국 때의 측천무후에 이어 사실상의 황제 역할을 한 태후였다.

당시 서 태후 곁에는 건륭제 때의 화신에 버금하는 인물이 있었다. 바로 태감의 우두머리인 이연영李蓮英이었다. 청일전쟁이 터지기 직전인 광서 20년(1894) 서 태후의 환갑잔치가 성대히 거행됐다. 잔치 비용이 1천만 냥이나 들었는데, 이는 국가 예산의 6분의 1에 달했다. 곧이어 '방생 의식'이 거행되었다. 새장 속에 가둬두었던 새를 한꺼번에 풀어주는 행사로, 이연영이 기획한 행사였다. 새를 날려 보낸 서 태후는 흐뭇해했다. 이때 날려 보낸 새 가운데 몇 마리가 되돌아왔다. 모두 서 태후의 덕을 사모해서 되돌아온 것이라고 입을 모아 칭송했다. 이는 오랫동안 훈련시킨 새였다. 화신을 뺨치는 수법이 아닐 수 없다.

그러나 이연영도 서 태후의 눈 밖에 날지 모르는 위기를 맞은 적이 있었다. 하루는 서 태후가 궁궐 밖으로 행차를 나왔다가 이연영의 저택 앞을 지나게 됐다. 문에 '총관總管 이우李寓'라고 쓴 편액이 걸려 있었다. '총관'은 이연영이 태감太監을 총괄하는 관직에 있음을 뜻한 것이고, '이우'는 이연영의 관사라는 뜻이다. 크게 나무랄 일도 아니다. 문제는 이를 굳이 편액으로 써 드러내놓았던 점이다.

서 태후가 그 편액을 유심히 살펴보자 이연영은 등에 식은땀이 흘렀다. 이연영은 환궁하자마자 일시 휴가를 얻어 집으로 돌아가서는 편액을 부숴버렸다. 이어 곧바로 입궁해 서 태후에게 이같이 보고했다.

"소인이 집에 자주 가지 않은 탓에 소태감이 멋대로 대문에 '총관 이우'라는 편액을 걸어놓았습니다. 그 편액은 소인도 처음 본 것입니다. 그래서 곧장 집으로 가 그 편액을 부수고, 소태감에게 곤장을 친 후 관부로 보내 조사토록 했습니다."

서 태후가 크게 기뻐하며 곧 소태감의 석방을 명했다.

또 한 번은 이런 일이 있었다. 당시 서태후는 서양에서 만든 신기한 물건을 매우 좋아했다. 이연영이 바친 프랑스제 뮤직박스는 서 태후의 사랑을 독차지했다. 그 안에는 춤추는 금발 인형이 들어 있었다. 그가 바친 물건 중에는 운모를 박은 프랑스제 구리 침대와 색깔이 아름다운 프랑스제 사기 접시 등도 있었다.

하루는 한 대신이 서 태후에게 바치기 위해 서양식 시계를 구입했다. 시계는 정교하게 만들어진 매우 비싼 제품이었다. 그는 막상 시계를 바치려고 하니 혹여 서 태후의 심기를 거스르지나 않을까 크게 걱정이 되었다. 이에 먼저 이연영을 불러다가 이를 보여주고 의견을 물었다.

이연영은 한참 동안 생각하다가 고개를 가로저었다. 매 시간마다 시계 안에서 작은 인형이 나오면서 '만수무강萬壽無疆'이라는 글씨를 펼치는 게 마음에 걸렸던 것이다. 그가 말했다.

"이는 훌륭한 시계임에 틀림없소. 그러나 만일 기계가 잘못 작동해 인형이 펼친 글씨가 '만수무萬壽無'라는 세 글자밖에 보이지 않을 경우 이를 어떻게 감당할 수 있겠소? 과연 목숨을 부지할 수 있겠소?"

얼마 후 이연영이 시계를 구해왔다. 이 시계 역시 매 시간마다 인형이 나와 시간을 알렸다. 다만 인형이 펼쳐 보이는 글자가 '수수수수壽壽壽壽'로 되어 있는 점만이 이전의 것과 다를 뿐이었다. 고장이 날지라도 큰 화를 부를 염려가 전혀 없었던 것이다. 이연영의 신중함이 돋보이는 일화다.

고금동서를 막론하고 자신이 세운 공을 자신의 입으로 공치사功致辭하고도 잘된 경우는 없었다. 오히려 술에 취해 함부로 떠벌이다가 비명횡사한 경우가 부지기수다. 아무리 자신의 갖은 노력으로 큰 공을 세웠을지라도 절대 자신의 입으로 이를 떠벌여서는 안 된다. 시기하는 자들이 곳곳에서 털을 불어가며 허물을 찾아내고, 사안을 침소봉대해 무함에 나서기 때문이다. 상사를 모시는 하사는 큰 공을 세웠을 경우 반드시 그 공을 상사에게 돌릴 줄 아는 처세술을 터득하고 있어야만 한다. 그게 고속 출세의 비결이기도 하다.

③ 끝까지 충성을 다하라

당 현종 이융기$_{李隆基}$는 풍류를 아는 인물이었다. 젊었을 때 놀기를 좋아했지만 나름 기백도 있었다. 그는 위 황후$_{韋皇后}$의 정권을 뒤엎고 스스로 보위에 올랐다. 즉위 초기의 정치는 당 태종과 비교해도 손색이 없을 정도였다. 이로 인해 개원지치라는 칭송을 받기도 했다.

그러나 후기에 들어 양귀비에게 빠지면서 정사를 소홀히 하기 시작했다. 당시 당나라에는 패망의 조짐이 뚜렷이 나타나기 시작했다. 소작농의 몰락, 관료들의 부패, 거대한 무역 적자, 장성 밖 북방 민족의 잦은 내습 등이 그 징표였다. 이 와중에 당나라를 패망의 위기에서 구해낸 후 끝까지 충성을 다해 후대의 귀감이 된 인물이 있었다. 바로 곽자의$_{郭子儀}$였다.

남북조 때 북조의 관료 집안 출신인 그는 무과에 급제해 무관의 길로 나아갔다. 현종이 양귀비에게 빠져 있던 천보$_{天寶}$ 연간에 그는 하곡$_{河曲}$ 일대의 변경군 사령관을 역임했다. 천보 4년(755) 절도사 가운데 가장 강력했던 안녹산이 17만 명의 병력을 이끌고 반기를 들었다. 이는 당시 당 제국이 보유한 병력의 40퍼센트에 이르는 수였다. 호전적이고 잘 훈련된 그의 군사는 대부분 기마전에 능숙한 북방 유목민 용병들이었다.

당시 곽자의는 조정의 명령이 끊어진 상황에서 독자적으로 반란 진압에 나섰다. 1만 5천 명의 군대를 가지고 수도인 장안을 기습해 안녹산의 군대를 둘로 나누는 데 성공했다. 보급로가 끊어지자 다급해진 반군은 전력의 대부분을 장안에 투입했다. 이를 예상한 곽자의는 소규모의 별동대를 매복시켰다가 협공을 가해 대승을 거뒀다. 이를 계기로 반군의 기세는 완전히 꺾였다.

이듬해인 천보 5년(756) 7월 현종이 죽자, 숙종$_{肅宗}$ 이형$_{李亨}$이 뒤를 이어 즉위했다. 숙종은 즉위하자마자 후에 대종代宗으로 뒤를 잇는 황태자 광평왕廣平王 이예李豫를 대원수로, 곽자의를 부원수로 삼았다. 그러나 실질적으로 군대를 움직인 이는 곽자의였다. 그는 지형의 이점을 최대한 활용해 낙양 등지에서 적들을 잇달아 격파했다. 반군은 전황이 불리해지자 우호적인 위구르에게 원군을 청했다. 당시 15만 명에 달한 위구르 군사는 한때 중국의 3분의 1을 석권할 정도로 그 위세가 대단했다. 곽자의는 위구르 군사의 기병을 무력화시키기 위해 산악지대로 유인해 섬멸하는 작전을 구사했다.

당시 곽자의에게는 제대로 된 기병이나 궁수병도 없었다. 대부분 농민들을 모아 급조한 경무장의 보병이었다. 그러나 그는 이들의 전투력을 최대한 활용했다. 그것은 바로 밀집 대형을 형성해 적의 기병을 정면으로 맞닥뜨리는 것이었다. 이는 일종의 모험이었다. 그 자신이 직접 병사들과 함께 선두에 서서 군대를 독려했다. 수만 명에 달하는 반군 기병의 쇄도에도 불구하고 단 한 명의 병사도 대열에서 이탈하지 않은 기적 같은 일이 일어난 배경이 여기에 있다. 그가 복병과 함께 협공을 가해 승리를 거둔 것은 말할 것도 없다. 그러나 조정에는 그를 질시하는 사람이 매우 많았다. 대표적인 인물이 환관 어조은魚朝恩이었다. 그는 곽자의를 이같이 헐뜯었다.

"곽자의에겐 안녹산의 사악함이 있고, 그 힘과 명성은 오히려 열 배나 크다. 어찌 한 사람의 신하에게 이렇게 지나친 힘을 줄 수 있는가!"

많은 사람들이 숙종에게 곽자의의 병권을 회수할 것을 건의하자 숙종이 이에 따랐다. 곽자의는 아무 불평도 하지 않고 귀향한 뒤 야채를 심고 물고기를 기르며 국사에는 일절 간여하지 않았다.

이 와중에 서강족西羌族이 난을 일으켰다. 아무도 이들을 당해내지 못했다. 숙종이 다시 그에게 출병을 요구했다. 그는 명을 받자마자 곧 군복으로 갈아입었다. 그리고 군사를 모아 부대를 편성하여 난을 평정했다. 그 뒤 숙종이 다시 곽자의의 병권을 빼앗자 그는 다시 묵묵히 귀향해 농사를 지었다.

당시 조정은 군대에 대한 통제력을 완전히 상실한 상태였다. 이들을 통제할 수 있는 사람은 곽자의밖에 없었다. 당시 군대의 3분의 2가 황제의 지휘를 거부했다. 스스로 황제를 칭한 장수만 일곱 명이나 되었다. 이들 중 토번(吐蕃: 티베트)계 혼혈인인 복고회은僕固懷恩의 세력이 가장 막강했다. 그는 이전에 곽자의에게 패한 위구르뿐만 아니라 돌궐까지 우군으로 끌어들였다.

다급해진 조정은 곽자의를 다시 대장군으로 임명했지만 그에게 줄 병사는 물론 지원해줄 군자금도 거의 없었다. 곽자의는 사비를 털고 각 지역을 직접 돌아다니며 호소해 2달 만에 7만 명의 군대와 일정한 군자금을 모을 수 있었다. 이후 각지를 돌아다니며 여러 군벌을 차례로 제압했다. 마지막으로 그는 복고회은이 이끄는 연합군 40만 명과 대치하게 되었다.

객관적으로 볼 때 병력의 양과 질에서 모두 열세였다. 그는 최대한 소모전을 피하면서 때를 기다렸다. 당시 조정에는 복고회은이 중국 각지를 횡행하는 데도 장군들이 손을 쓰지 않는다고 비방하는 자들이 많았다. 그는 이같이 상주했다.

"몸을 살리기 위해 사지를 내주는 것일 뿐입니다. 의사에게 병을 맡겼으면 환자는 일단 의사를 믿어야 합니다."

여름이 와 날씨가 무더워지자 그는 낙양을 내주는 척하면서 적을 유인한 뒤 황하가 범람해서 진흙 밭이 된 회남 일대를 봉쇄했다. 더운 날

씨에 익숙하지 않은 연합군은 약탈한 물품이 너무 많아 움직임이 크게 둔해졌다. 곽자의는 이를 놓치지 않았다. 그는 대대적인 반격을 가했다. 유목 민족 특유의 강력한 돌파력을 상실한 연합군은 제대로 힘도 써보지 못하고 궤멸했다. 사망한 유목민의 족장만 76명에 달했다.

그러나 연합군 세력은 여전히 막강했다. 곽자의는 마지막으로 반간계를 구사했다. 전황이 불리하게 돌아가고 있는 상황에서 마침내 티베트인들이 그의 반간계에 넘어가면서 반란은 종식됐다.

반군 토벌이 끝나자 곽자의의 명성과 권력은 황제를 능가했다. 당나라 조정도 그를 어찌할 수 없는 상황이었다. 만일 그가 마음만 먹는다면 능히 새 왕조를 열 수도 있었다. 그러나 그는 그리하지 않았다.

보응寶應 2년(763) 6월, 숙종이 죽자 대종이 뒤를 이어 즉위했다. 그는 어려서부터 곽자의를 흠모한 까닭에 그를 상부(尚父: 부친처럼 숭상함)로 호칭했다. 명실상부한 제사(帝師: 황제의 스승)로 대하겠다는 취지에서 나온 것이었다. 광덕廣德 2년(764) 대종이 그를 상서령으로 임명하자 그는 다음과 같이 말하며 극구 사양했다.

"소신에게는 너무도 과분한 직책입니다. 일찍이 선황 태종께서 즉위하시기 전에 상서령으로 있었던 까닭에 후대 황제들은 감히 신하들에게 상서령의 직책을 내린 적이 없습니다. 어찌 이 늙은 신하를 편애해 선황의 규율을 어기려 하시는 것입니까? 게다가 소신은 재주가 변변치 못하고 덕 또한 얇은데도 지금까지 분에 넘치는 성은을 입었습니다. 어찌 감히 더 높은 관직을 바라겠습니까?"

대력大曆 2년(767) 10월, 곽자의가 군사를 이끌고 영주靈州로 출격해 토번군과 치열한 접전을 벌이고 있을 때 그에게 앙심을 품은 어조은이 몰래 사람을 보내 곽자의 부친의 묘를 허물었다. 곽자의가 경양涇陽에서 돌아오자 대종을 포함한 군신 모두 곽자의가 이 사실을 알고 대로해 이내 피바람이 일까 크게 두려워했다. 대종이 먼저 이 일을 언급하며 사죄하자 곽자의가 이같이 말했다.

"신이 폐하의 성은으로 이렇듯 오랫동안 군권을 쥐고 있으면서도 포학한 무리를 단속하지 못해 병사들이 무고한 무덤을 파헤친 일이 많았습니다. 이번에 저희 선영이 도굴을 당한 것은 신의 불충에서 비롯된 것입니다. 이 또한 인과응보인 듯합니다."

당시 대종에게는 승평升平이라는 공주가 있었다. 승평 공주는 어렸을 때부터 고집스러워서 자기 마음먹은 대로만 하려고 들었다. 그녀는 나이가 들어 곽자의의 아들 곽난郭暖에게 시집을 갔다. 하지만 시집을 가서도 공주 행세만 했다. 곽자의의 생일날 일가친척을 비롯한 수많은 손님이 몰려와 축하 인사를 했지만 유독 며느리인 승평 공주만 참석치 않았다. 잔치가 끝난 후 곽난이 집에 돌아와 분통을 터뜨렸다. 승평 공주가 대꾸하자 곽난이 홧김에 이같이 말했다.

"당신의 아버지가 황제라고 대단하게 생각하지 마라. 나의 아버지도 마음만 먹었다면 황제가 되고도 남았을 것이다."

이는 대역부도에 해당하는 말이었다. 승평 공주가 발끈했다. 곧바로 궁궐로 들어가 대종을 만나 남편을 조정에서 쫓아내라고 졸랐다. 대종이 타일렀다.

"그것도 몰랐더냐? 확실히 그렇다. 만약 곽자의가 황제가 되고 싶었다면 이미 하고도 남았을 것이다. 충분히 그럴 능력이 있는 사람이다. 그리했다면 천하가 어찌 우리 것이 될 수 있었겠느냐!"

곽자의는 나중에야 사건을 알게 되었다. 곧바로 아들 곽난을 잡아 가두고서는 황제 앞에 무릎을 꿇고 처벌을 요청했다. 그러나 대종은 젊은 아이들의 사소한 다툼이라며 오히려 곽자의를 위로했다. 곽자의는 그래도 집에 돌아와서 아들을 가법家法으로 다스리려고 했다. 결국 승평공주가 남편을 위해서 빌어야 했다.

곽자의의 뛰어난 행보는 분양왕汾陽王에 봉해질 당시의 일화가 뒷받침하고 있다. 당시 그는 장안성 내에 왕부王府를 갖게 되었다. 왕부가 완성되자 그는 밤낮으로 대문을 활짝 열어놓고 누구나 마음대로 드나들게 했다. 하루는 휘하의 관원이 외지로 부임하게 되자 하직 인사차 그를 찾았다. 그는 곧장 내실로 들어갔다가 곽자의 부인과 두 딸이 화장을 하고 곽자의가 그 곁에서 시중을 드는 모습을 보게 됐다. 이 소문이 장안성 내에 삽시간에 퍼져나갔다. 사람들이 둘만 모이면 이를 화제로 삼아 얘기꽃을 피우며 킬킬거렸다.

곽자의가 태연한 표정을 보이자 부친의 체면이 크게 상한 것으로 생각한 아들들이 그에게 왕부의 문을 굳게 닫고 외부인의 출입을 통제할 것을 건의했다. 곽자의는 껄껄 웃기만 할 뿐 이를 묵살했다. 한 아들이 말했다.

"아버님은 혁혁한 무공을 세워 온 백성이 존경하고 있습니다. 그런데 정작 아버님은 누구나 멋대로 내실에 들어올 수 있도록 하고 있습니다. 전한의 명장 곽광霍光도 아버님처럼 하지는 않았습니다."

곽자의가 정색을 하고 말했다.

"내가 아무나 왕부를 드나들 수 있도록 한 것은 허영을 위해서가 아니라 우리 가족 모두를 지키기 위한 것이다."

아들들이 어리둥절한 표정을 짓자 곽자의가 길게 탄식하며 이같이 말했다.

"너희들은 가문의 권세만 생각할 뿐 그로 인한 위험은 보지 못하고 있다. 난 이미 분양왕으로 봉해져 더 이상 큰 부귀를 누릴 수 없다. 달이 차면 기우는 게 자연의 법칙이다. 부귀가 극에 달하면 이내 쇠하는 것 또한 필연의 도리다. 그래서 전성기 때 용퇴해야 한다고 말하는 것이다. 지금 조정에서 날 쓰려고 하는데 어떻게 물러날 수 있겠느냐? 설령 물러난다 해도 1천 명이 넘는 가솔을 모두 감당할 만한 곳을 찾을 수 있겠느냐? 나는 지금 진퇴양난의 처지에 놓여 있다. 이런 상황에서 내가 대문을 닫아걸고 외부와 왕래를 끊을 경우 어찌되겠느냐? 우리 가문에 원한과 시기심을 갖고 있는 사람들이 무함을 할 경우 이를 어찌 감당할 수 있겠느냐? 소인배들이 여기에 가세해 누명을 씌울 경우 우리는 멸문지화를 면치 못할 것이다!"

난세의 시기에 그가 자신의 집에서 선종善終한 이유가 여기에 있다.

같은 시대를 산 이백李白은 곽자의를 두고 전장에서는 항상 노고를 마다하지 않고, 평시에는 언제나 겸양했다고 칭송했다. 이백이 동시대 위인들을 다루면서 작품 속에서 존경심을 표시한 장군은 곽자의가 유일했다.

훗날 태평천국의 난으로 청조가 위기에 처했을 때 이를 구제한 증국번이 끝까지 청조에 충성을 다한 것도 바로 곽자의를 모범으로 삼은 결과였다. 21세기에 들어와 중국인들은 진충보국盡忠報國의 삶을 산 증국번을 제갈량보다 더욱 높이 평가하고 있다. 곽자의가 새삼 각광을 받는 이유다. 곽자의는 '하사' 리더십의 전범에 해당한다. 요체는 혼신의 노력을 기울여 맡은 바 임무에 충실하며 상사에게 충성하는 데 있다. 사실 이같이 하는 것이야말로 곽자의처럼 당대에 생명과 명성을 두루 보전하고, 청사에 이름을 길이 남기는 길이기도 하다.

|참고문헌|

기본서

《공자가어》,《관자》,《구당서》,《국어》,《근사록》,《노자》,《논어》,《논형》,《맹자》, 《명사》,《묵자》,《사기》,《삼국지》,《상군서》,《설원》,《세설신어》,《손자병법》,《송명신언행록》,《송사》,《수서》,《순자》,《신감》,《신당서》,《신어》,《신오대사》,《안자춘추》,《안씨가훈》,《양자》,《여씨춘추》,《열자》,《염철론》,《오자》,《원사》,《윤문자》, 《입이사차기》,《자치통감》,《잠부론》,《장자》,《전국책》,《정관정요》,《진서》,《청사고》,《춘추곡량전》,《춘추공양전》,《춘추번로》,《춘추좌전》,《포박자》,《한비자》,《한서》,《회남자》,《후한서》

저서 및 논문

1 — 한국

- 가지이 아쓰시,《고사성어로 배우는 경제학》(이동희 역, 모티브북, 2008)
- 공학유,《삼국지역사기행》(이주영 역, 이목, 1995)
- 과화,《삼국지 인간력》(차혜정 역, 스마트비지니스, 2008)
- 곽말약,《중국고대사상사》(조성을 역, 도서출판 까치, 1991)
- 권경자,《유학, 경영에 답하다》(원앤원북스, 2010)
- 기타카타 겐조,《영웅삼국지》(이계성 역, 서울문화사, 1999)
- 김엽,《동양사학연구》,〈전국·진한대의 지배계층〉(1989)
- 김문경,《삼국지의 영광》(사계절, 2002)

- 김용장,《또 하나의 삼국지》(범우사, 1997)
- 김운회,《삼국지 바로 읽기》(삼인, 2006)
- 김재웅,《나관중도 몰랐던 삼국지 이야기》(청년사, 2000)
- 나관중 저 모종강 평개,《삼국지》1~10(황석영, 창비, 2007)
- _____ , _____ ,《삼국지》1~10(이문열 평역, 민음사, 2002)
- 나채훈,《제자백가의 경영정신》(지오북스, 2001)
- 노중호,《삼국지 용병학》(중명출판사, 2002)
- 다께다 아끼라,《조조평전》(정벽탁 역, 제오문화사, 1978)
- 다카시마 도시오,《삼국지 오디세이》(이유성 역, 심산문화, 2004)
- 둥예쥔,《진퇴의 법칙》(심재석 역, 김영사, 2006)
- 뤄지푸,《삼국지 사실과 허구를 말하다》(양성희 외 역, 아리샘, 2009)
- 리동혁,《삼국지가 울고 있네》(금토, 2003)
- 리빙옌 외,《삼국지 처세학》(허유영 역, 신원문화사, 2008)
- 모리야 히로시,《삼국지로 접근하는 인간학》(김욱 역, 중명출판사, 2004)
- 밍더,《왼손에는 사기, 오른손에는 삼국지를 들어라》(홍순도 역, 더숲, 2009)
- 박광희,《리더십, 삼국지에 길을 묻다》(천케이, 2008)
- 박한제,《영웅시대의 빛과 그늘》(사계절, 2003)
- 부낙성,《중국통사》(신승하 역, 우종사, 1998)
- 사마광,《자치통감: 삼국지》(신동준 역, 살림, 2004)
- 사마열인,《조조의 면경》(홍윤기 역, 넥서스 북스, 2004)
- 사마천,《사기열전》(김원중 역, 민음사, 2007)
- 서울대동양사학연구실 편,《강좌 중국사》1~7(지식산업사, 1989)
- 세토 타츠야,《삼국지 100년 전쟁》(임희선 역, 애니북스, 2003)
- 쉬여우,《삼국지로 배우는 직장 성공학》(황보경 역, 비즈포인트, 2006)
- 시바 료타로,《항우와 유방》(양억관 역, 달궁, 2002)
- 신동준,《CEO의 삼국지》(청림출판산, 2010)
- 심백준,《삼국만담》(정원기 역, 책이 있는 마을, 2001)

- 야마구치 히사카즈,《사상으로 읽는 삼국지》(전종훈 역, 이학사, 2003)
- 요시가와 에이지,《삼국지》(이인광 역, 1973)
- 위쉐빈,《삼국지 인간을 말하다》(이해원 역, 뿌리깊은나무, 2006)
- 유동환,《조조병법》(바다출판사, 1999)
- 이나미 리츠코,《삼국지 깊이 읽기》(김석희 역, 작가정신, 2007)
- 이재하,《인간 조조》(바다출판사, 1998)
- 이전원 · 이소선,《삼국지고증학》1~2(손경숙 외 역, 청양, 1997)
- 이종오,《후흑학》(신동준 역, 효형, 2003)
- 이중톈,《삼국지 강의》1~2(김성배 외 역, 김영사, 2007)
- 전기환,《삼국지에서 배우는 인생의 지혜》(지영사, 1999)
- 전략경영연구소 편,《경영전략과 삼국지》(21세기북스, 1992)
- 전해종 외,《중국의 천하사상》(민음사, 1988)
- 정원기,《최근 삼국지연의 연구동향》(대구, 중문, 1998)
- 조병덕,《하룻밤에 읽는 초한지》(발해그후, 2010)
- 증선지,《십팔사략 3: 항우와 유방》(천승세 역, 중원문화, 2009)
- 진수,《정사 삼국지》(김원중 역, 민음사, 2007)
- 진순신,《중국의 역사》1~13(권순만 외 역, 한길사, 1995)
- 창얼,《사무실 삼국지》(김지연 역, 럭스미디어, 2006)
- 최명,《삼국지 속의 삼국지》1~2(인간사랑, 2003)
- 최우석,《삼국지경영학》(을유문화사, 2007)
- 카노 나오사다,《제갈공명》(임종삼 역, 동국출판사, 1983)
- 크릴,《공자-인간과 신화》(이성규 역, 지식산업사, 1989)
- 판후이성,《후흑》(허유영 역, 한스미디어, 2007)
- 하라 요헤이,《핵심 삼국지》(김정환 역, 에버리치홀딩스, 2008)
- 하야시다 신노스케,《제갈공명평전》(심경호 역, 강, 1998)
- 한국경제사회연구소 편,《삼국지인간학》(배재서관, 1992)
- 한자오치,《사기 교양강의》(이인호 역, 돌베개, 2009)

- 황의백 편,《삼국지의 지혜》(범우사, 2004)

2 — 중국

- 金德建,《先秦諸子雜考》(北京, 中州書畵社, 1982)
- 童書業,《先秦七子思想硏究》(濟南, 齊魯書社, 1982)
- 謝祥皓,《中國兵學》1~3(濟南, 山東人民出版社, 1998)
- 徐復觀,《中國思想史論集》(臺中, 臺中印刷社, 1951)
- 蕭公權,《中國政治思想史》(臺北, 臺北聯經出版事業公司, 1980)
- 蕭統 著, 李善 注,《昭明文選》1~3(北京, 京華出版社, 2000)
- 孫祖基,《中國歷代法家著述考》(臺北, 進學書局, 1970)
- 沈展如,《新莽全史》(臺北, 正中書局, 1977)
- 梁啓超,《先秦政治思想史》(上海, 商務印書館, 1926)
- 楊榮國 編,《中國古代思想史》(北京, 三聯書店, 1954)
- 楊幼炯,《中國政治思想史》(上海, 商務印書館, 1937)
- 吳辰佰,《皇權與紳權》(臺北, 儲安平, 1997)
- 王德保,《司馬光與'資治通鑑'》(北京, 中國社會科學出版社, 2002)
- 王文亮,《中國聖人論》(北京, 中國社會科學院出版社, 1993)
- 王亞南,《中國官僚政治研究》(北京, 中國社會科學出版社, 1990)
- 袁閭琨 主編,《中國兵法十代名典》1~2(瀋陽, 遼寧人民出版社, 2000)
- 李錦全 外,《春秋戰國時期的儒法鬪爭》(北京, 人民出版社, 1974)
- 李宗吾,《厚黑學》(北京, 求實出版社, 1990)
- _____ 著, 劉泗 編譯,《李宗吾與厚黑學》(北京, 經濟日報出版社, 1997)
- 李澤厚,《中國古代思想史論》(北京, 人民出版社, 1985)
- 人民出版社編輯部 編,《論法家和儒法鬪爭》(北京, 人民出版社, 1974)
- 張豈之,《中國儒學思想史》(西安, 陝西人民出版社, 1990)
- 張岱年,《中華的智慧-中國古代哲學思想精髓》(上海, 上海人民出版社, 1989)
- 鄭良樹,《商 及其學派》(上海, 上海古籍出版社, 1989)

- 曹謙 編,《韓非法治論》(上海, 中華書局, 1948)
- 趙光賢,〈什 是儒家 什 是法家〉,《歷史教學》1(1980)
- 趙守正,《管子經濟思想研究》(上海, 上海古籍出版社, 1989)
- 趙翼,《廿二史箚記》1~2(王樹民 校證, 中華書局, 2001)
- 曹操,《曹操集》(北京, 中華書局, 1959)
- 周立升 編,《春秋哲學》(山東, 山東大學出版社, 1988)
- 周燕謀 編,《治學通鑑》(臺北, 精益書局, 1976)
- 曾小華,《中國政治制度史論簡編》(北京, 中國廣播電視出版社, 1991)
- 文甫,《春秋戰國史話》(北京, 中國青年出版社, 1958)

3 ― 일본

- 加藤常賢,《中國古代倫理學の發達》(東京, 二松學舍大學出版部, 1992)
- 加賀榮治,《中國古典解析史》(東京, 勁草書房, 1973)
- 岡田武彦,《中國思想における理想と現實》(東京, 木耳社, 1983)
- 高須芳次郎,《東洋思想十六講》(東京, 新潮社, 1924)
- 高田眞治,〈孔子的管仲評-華夷論の一端として〉,《東洋研究》6(1963)
- 溝口雄三,《中國の公と私》(東京, 研文出版, 1995)
- 宮崎市定,《アジア史研究(I~V)》(京都, 同朋社, 1984)
- 吉川英治,《三國志》(六興出版社, 1953)
- 渡邊信一郎,《中國古代國家の思想構造》(東京, 校倉書房, 1994)
- 木村英一,《法家思想の探究》(東京, 弘文堂, 1944)
- 尾藤正英,《日本文化論》(東京, 放送大學教育振興會, 1993)
- 小野勝也,〈韓非,帝王思想の一側面〉,《東洋學學術研究》10-4(1971)
- 小倉芳彦,《中國古代政治思想研究》,(東京, 靑木書店, 1975)
- 松浦玲,〈'王道'論をめぐる日本と中國〉,《東洋學術研究》16-6(1977)
- 守本順一郞,《東洋政治思想史研究》(東京, 未來社, 1967)
- 狩野直,《韓非子の知慧》(東京, 講談社, 1987)

- 守屋洋,《韓非子の人間學-吾が存に善なる恃まず》(東京, プレジデント社, 1991)
- 安岡正篤,《東洋學發掘》(東京, 明德出版社, 1986)
- 伊藤道治,《中國古代王朝の形成》(東京, 創文社, 1985)
- 日原利國,《中國思想史》1~2(東京, ペリカン社, 1987)
- 張柳雲,〈韓非子の治道與治術〉,《中華文化復興月刊》3-8(1970)
- 中村哲,〈韓非子の專制君主論〉,《法學志林》74-4(1977)
- 貝塚茂樹 編,《諸子百家》(東京, 筑摩書房, 1982)
- 戶山芳郎,《古代中國の思想》(東京, 放送大教育振興會, 1994)
- 丸山松幸,《異端と正統》(東京, 每日新聞社, 1975)
- 丸山眞男,《日本政治思想史硏究》(東京, 東京大出版會, 1993)
- 荒木見悟,《中國思想史の諸相》(福岡, 中國書店, 1989)

4― 서양
- Ahern, E. M., *Chinese Ritual and Politics*(London: Cambridge Univ. Press, 1981)
- Ames, R. T., *The Art of Rulership - A Study in Ancient Chinese Political Thought* (Honolulu: Univ. Press of Hawaii, 1983)
- Bell, D. A., "Democracy in Confucian Societies: The Challenge of Justification," in Daniel Bell et. al., *Towards Illiberal Democracy in Pacific Asia*(Oxford: St. Martin's Press, 1995)
- Cohen, P. A., *Between Tradition and Modernity: Wang T'ao and Reform in Late C'ing China*(Cambridge: Harvard Univ. Press, 1974)
- Creel, H. G., *Shen Pu-hai. A Chinese Political Philosopher of The Fourth Century B.C.*(Chicago: Univ. of Chicago Press, 1975)
- Cua, A. S., *Ethical Argumentation- A study in Hsün Tzu's Moral Epistemology* (Honolulu: Univ. Press of Hawaii, 1985)
- De Bary, W. T., *The Trouble with Confucianism*(Cambridge, Mass./London:

Harvard Univ. Press, 1991)

- Fingarette, H., *Confucius: The Secular as Sacred*(New York: Harper and Row, 1972)
- Machiavelli, N., *The Prince*(Harmondsworth: Penguin, 1975)
- Moritz, R., *Die Philosophie im alten China*(Berlin: Deutscher Verl. der Wissenschaften, 1990)
- Munro, D. J., *The Concept of Man in Early China*(Stanford: Stanford Univ. Press, 1969)
- Peerenboom, R. P., *Law and Morality in Ancient China - The Silk Manuscripts of Huang-Lao*(Albany, New York: State Univ. of New York Press, 1993)
- Rubin, V. A., *Individual and State in Ancient China - Essays on Four Chinese Philosophers*(New York: Columbia Univ. Press, 1976)
- Sabine, G., *A History of Political Theory*(New York: Holt, Rinehart and Winston, 1961)
- Schwartz, B. I., *The World of Thought in Ancient China*(Cambridge: Harvard Univ. Press, 1985)
- Taylor, R. L., *The Religious Dimensions of Confucianism*(Albany, New York: State Univ. of New York Press, 1990)
- Tu, Wei-ming, Way, *Learning and Politics- Essays on the Confucian Intellectual* (Albany, New York: State Univ. of New York Press, 1993)
- Waley, A., *Three Ways of Thought in Ancient China*(New York: doubleday & company, 1956)